聚焦与反思——

近距离观察职业学校课堂

刘景忠　著

西安电子科技大学出版社

内 容 简 介

　　作者从事职业教育 35 年,对职业学校的教书育人有许多独到的见解和体会。在本书中,作者以职业学校课堂为切入点,通过聚焦、反思职业学校课堂教学现状,就职业学校教师如何备好课、上好课,如何激发职业学校学生的学习动力,如何改善职业学校课堂教学生态,提供了一份说真事、讲真话、动真情的职业学校课堂教学观察报告。透视全书,可以体会作者对职业学校课堂教学现状的深深忧虑及对职业学校优质课堂的殷切期盼。

　　全书分为"近距离观察职业学校课堂"、"职校生学习动力不足的难题如何破解"、"听课杂感"、"课堂之外话教学"四篇,为职业学校教师如何改进课堂教学提供了一些视角、方法、手段和路径,不失为职校教师改进课堂教学及职业学校教师培训的一本好的参考书。

图书在版编目(CIP)数据

聚焦与反思:近距离观察职业学校课程/刘景忠著.
—西安:西安电子科技大学出版社,2015.3(2016.3 重印)
ISBN 978-7-5606-3672-6

Ⅰ.① 聚…　Ⅱ.① 刘…　Ⅲ.① 职业教育—课堂教学—教学研究　Ⅳ.① G712

中国版本图书馆 CIP 数据核字(2015)第 033616 号

策　　划　高　樱
责任编辑　张晓燕　高　樱
出版发行　西安电子科技大学出版社(西安市太白南路 2 号)
电　　话　(029)88242885　88201467　　　　邮　编　710071
网　　址　www.xduph.com　　　　　　电子邮箱　xdupfxb001@163.com
经　　销　新华书店
印刷单位　陕西华沐印刷科技有限责任公司
版　　次　2015 年 3 月第 1 版　　2016 年 3 月第 3 次印刷
开　　本　710 毫米×1000 毫米　1/16　印 张 16
字　　数　268 千字
印　　数　6001~9000 册
定　　价　35.00 元
ISBN 978 - 7 - 5606 - 3672 - 6/G
XDUP 3964001-3
如有印装问题可调换

自　序

　　课堂，一直是我关注的焦点。即使是在各种评估、检查、视导对正常的教学工作造成严重干扰的情况下，我的目光也始终没有离开过课堂。我以为，看一所学校、一个专业办得如何，看教师队伍的素质如何，最能说明问题的不是硬件、不是材料，而是活生生的课堂生态。这个道理本应该是妇孺皆知的，然而职业教育的现实却并非如此。有人说"职业学校什么都变了，就是课堂还是老样子"。从我在不少职业学校听课的情况看，这句话是真实的。每当我在不同场合引用这句话的时候，总是有教师对我说："不仅是老样子，而且是一年不如一年"。

　　如果说我们的课堂生态还是"老样子"，甚至"一年不如一年"，那么，职业教育迅猛发展的伟大成就基础何在、根基何在呢？

　　正因为如此，我认为，回归课堂、聚焦课堂、反思课堂、提升教学质量，就成为职业教育需要解决的一个重大问题，而且是不容回避的、刻不容缓的。

　　2012 年 7 月，在校党委和校长的支持下，我在自己的学校开展了"打造魅力课堂"专题活动。活动的目标是"让课堂充满魅力，让学生满怀期待，让教师享受幸福"。我提出，至少要用两年的时间来做这件事情。有的同志质疑，教学专题活动最多搞一个学期，哪有花两年时间做一件事情的？而我坚持认为，两年时间也不能完全实现预期目标，少于两年时间就更是走过场了。两年时间只是开启"打造魅力课堂"的旅程，能够让大部分教师都愉快地踏上这个"旅程"，只能算是阶段性成果。从某种意义上来说，我们的目标是终极性的，是理想化的。我们会一直"在路上"。2013 年寒假，我校召开了"打造魅力课堂"活动阶段表彰大会，第一批"魅力教师"走上主席台发表获奖感言。他们并不全是平时表现突出拔尖的，而是愿意改变自己、勇于改变自己、积极探索课改的教师。他们的发言非常精彩。我感触最深的是，不少"魅力教师"说出了他们的心声：过去从来没有想过，在职业学校的课堂上还有魅力可言，更没有想到自己也是一个有魅力的教师！

魅力，离开职业学校的课堂太久了，离开职业学校的教师和学生太久了……当魅力和教师骤然联系在一起的时候，他们心潮澎湃，他们感慨万千，他们信心百倍，他们充满激情。在表彰会中，我讲了下面这段话：

"昨天晚上才从南通赶回来，没有回家，也没有吃晚饭，先回到办公室准备今天会议的讲话内容。按照会议的安排，今天上午是我的一场报告。为了今天的报告内容，我收集了很多素材，也想就打造魅力课堂谈谈自己的想法。打开电脑后，我看到了教务处传给我的部分教师的发言材料。我想先翻阅一下教师的发言材料，也好丰富我讲话的内容。阅读着教师们的发言材料，我的想法改变了。准确地说，我被教师们的发言材料感染了、感动了。准备发言的教师从不同的侧面，阐述、诠释了自己对魅力课堂的理解，内容丰富而精彩，举例翔实而生动，包括我要讲的什么是魅力课堂、魅力课堂的要素等，他们准备得比我还充分呢。我顿时感悟到，魅力课堂这个话题，最有发言权的莫过于教师了。大家在教学第一线摸爬滚打，对什么是魅力课堂有着深切的体会，我的讲话或许有些多余了。于是，我大幅度地删减了我的讲话内容，把更多的时间留给教师。下面我作一个简短发言"。

也就是从那时起，我更加清醒地认识到：职业学校的各项工作必须回归课堂，然后从这里出发。恰如余文森教授所言："真正的教育学是活在课堂里的。"课堂对学生来说，意味着生活，意味着生命时光，意味着青春。就像教育学者朱永新教授说的——"不只具有智育的意义，更具有生活的意义。"课堂对于教师来说，具有同样的意义。基于这一认识，我开始有意识地撰写关于课堂教学方面的文章，开始把平时听课的记录整理成文。写作的时候没想太多，写完之后反倒犹豫起来：我写这类文章有没有价值呢？

经过思考，我认为，我所写的这类文章还是有一定价值的。

研究职业学校课堂，是专家们要做的事情，我不是专家，自然干不了这个活。实践职业学校课堂，是一线职校教师每天必做的工作，我虽在职业学校，但担任学校领导多年，上课不多，谈不出多少实践经验和体会。我的身份——教学副校长，给了我这样一种机缘：既贴近课堂（随时可以下班听课），又与课堂始终保持着一定的距离。这样一种特殊的站位，使我避免了教育科研领域容易出现的两个问题：一是身在课堂，容易陷于纷繁琐屑的课堂实务中而无法自拔；二是远离课堂，空谈理论，议论空泛，不着边际。

与课堂太近，往往无法思考课堂；与课堂太远，常常无法畅谈课堂。这正是职业学校课堂鲜有人研究的现状。

当然，事物要从两个方面看。正由于我的站位与课堂教学不远不近，因而，我的思考、观点乃至结论极容易流入不深不透、不伦不类之弊端，最后落个不痛不痒、不三不四的下场。果真如此，我所写的文字一文不值是小事，对一线教师形成误导才是罪莫大焉。

"教学者如扶醉人"，写作者如履薄冰。这正是我写作这类文章时贯穿始终的心情。

为了避免误导教师，我将部分文章贴到博客上，果然不出所料，专家、职教同仁、学生和朋友纷纷发表议论，赞同者有之，质疑者有之，反对者也有之。从这些议论中，我发现了一个有趣的现象：赞同我的人中，专家们认为我的文章来自实践的思考，具有很强的实证价值；职教同仁及学生则认为我为他们提供了理论指导。反对我的人中，专家们认为我的文章缺乏理论深度和系统思考，而职校师生则认为我不了解实际情况，缺乏实践依据。

这个有趣的现象给了我很大的启发：我的文章本来就属于边缘性的"四不像"，既有理论的碎片，也有实践的印迹。我不是专家，不必讲究理论的系统性；我不是一线教师，不以写课堂反思见长。因而，我既没有必要因为理论深度不够而羞愧，也没有必要为不那么贴合实际而不安。换言之，处在特殊站位上的我，也只能写出这样的文章。

我的文章价值说得高一些，或许就在于给专家研究课堂提供一些参考，给职校师生提供一些思考课堂的角度；如果说得低一些，我文章中涉及的话题或许能引发人们讨论职业学校课堂问题的兴趣。倘能如此，我也就心满意足了。

说心里话，一直没有将这类文章编辑出书的想法。不断有职教同仁询问：你为什么不写一本教学方面的专著呢？反躬自问：已经出版的三本书都是针对"教育"而非"教学"的。作为曾多年担任教学副校长的我，似乎有点不务正业了。然而系统地写一本教学方面的专著，又非我能力所及。于是，勉为其难地将自己观察到的职业学校课堂教学现状及思考凑成一本小册子。如果让我给这本小册子定位，我看它至多只能是一份"职业学校课堂教学观察报告"吧。既然是"观察报告"，"一孔之见"在所难免，衷心地希望职教同仁予以批评指正。

是为序。

2014 年 9 月 11 日夜，2015 年 1 月 10 日夜修改

目　　录

第三篇　听课杂感

第四篇　课堂之外话教学

第一篇

近距离观察职业学校课堂

学生动力不足，教师束手无策，

不应成为职校课堂的常态

　　为办好职业教育，国家层面不断出台新政，现代职教体系的框架已初步构建；为提高职业教育教学质量，专家学者不断支招，各种先进的职教理念、各种针对职教的教学模式亦不断涌现。从表象上看，无论是顶层设计的战略方面，还是课程改革的战术方面，都已基本到位——职业教育可谓"万事俱备，只欠东风"了。然而，如果深入观察职业学校课堂就会发现，无挑战、无障碍、无生成，是职校课堂的普遍现象，"学生动力不足，教师束手无策"已成为常态。更加令人不解的是，人们似乎不愿意过多地谈论这个严峻的现实。职业学校的课堂现状成了"皇帝的新衣"：明知"东风不与周郎便"，职校课堂上的师生状态却依然锁在"铜雀春深"里。

　　提出这个问题，绝不是和职业教育的"大好形势"唱反调，恰恰相反，本人从事职业教育三十多年，感情深厚，心无旁骛。面对教师的无助无奈，我感到焦虑心痛。当然，要从根本上解决这个问题，是篇大文章，绝非一己之力所能为之，也绝非一朝一夕之功。但绝不能让"学生动力不足，教师束手无策"，成为职校课堂的常态。为此，我呼吁：职校教师要找回职业尊严！职校生要找到人生方向！职校课堂要成为职校生人生的拐点，要成为职校教师生命的联结点！

　　我毫不怀疑，绝大多数教师是想上好课的，是想成为一名好老师的。是什么原因阻碍了他们？教育行政部门、专家学者、学校领导乃至职校教师自身都需要进行深刻反思。以下抛砖引玉，谈几点浅见。

　　原因之一，外部环境导致教师投入教书育人的精力不足。教书育人是需要教师"静心"、"潜心"的，由于职校生的特殊性，更需要职校教师全身心投入。即便如此，要攻克这个难题，职校教师同时要有"衣带渐宽"的执著精神，打"持久战"的思想准备，攻坚克难的科学态度，大爱无疆的职业操守。没有这样的气概和志向，是难以成为职校生成长的导师和引路人的。然而职校教师的生存现状告诉我们，当下的职业学校，工作的重心是各级各类竞赛、各种评估视导、争取各种"有经费支持"的项目等。所有这些事关学校发展的大计，无不需要教师的积极参与。教师分身无术，牺牲的自然会是没有量化指标评价的"育人"工作。

原因之二，现行的教师培养、评价机制，把教师的精力引向了"课堂"之外。教师也是食人间烟火的"凡人"。写论文、做课题、参加竞赛拿奖牌，然后过考核、评职称、提待遇、获地位，这是每一个"理性"的职校教师的必然选择。在这样的机制下，对教师提出置外在功利于不顾，一心扑在学生身上的要求，在道德上无懈可击，在现实中实在是有失公平的。事实上，相当一部分学校管理人员不也是把评职称、落实惠摆在了首位吗？

原因之三，"苏霍姆林斯基难题"给职校教师带来严峻挑战。"苏霍姆林斯基难题"是笔者读苏霍姆林斯基《给教师的建议》一书时概括总结出来的一个"概念"。苏霍姆林斯基在研究了儿童发展的特点后，深刻指出了一个人从儿童时期到青年时期的一些规律性的东西。而这些规律性的东西反映在职业学校里，就构成了我们难以解决的问题。主要包括两个方面：一方面是德育领域的一些内容只有在儿童时期才会收到好的效果，过了这个时期，就不会收到任何效果。苏霍姆林斯基说："我们应当让儿童在童年时代成百上千次地体验到这种正义的思想取得胜利的心情，感到自己是这种胜利的参与者。只有儿童才善于对不良行为表示愤慨。如果已经到了少年时期，你再想激起他们对类似行为的愤慨，那就不会收到任何效果，因为已经错过了那个年龄期。"另一方面是学习领域里的一些核心问题是要从小加以细心培育的，一旦错过了一定的年龄，恶习一旦养成，就很难从根本上得到解决。苏霍姆林斯基说："学习的愿望这个产儿是娇嫩的、任性的、调皮的，需要时时刻刻照料它。你要每一分钟地接触它，否则它就会变得无人照料，而且你不得有任何一次粗暴地、疏忽大意地去对待它。只有当你学会保育这个产儿时，服从、纪律、责任感、义务感在你手里才会变成精巧而得力的工具。"他还说："学生不善于学习，如果教师不重视这件起初的小事，那就会酿成大祸——懒惰和散漫。"不幸的是，职业学校教师目前正面临着苏霍姆林斯基所说的这两种情况。在德育方面，我们总感到目前进行的一些德育活动，基本上收不到任何效果。在教学方面，我们面对的学生正是处在一种"懒惰和散漫"的状态。

原因之四，教师自身缺乏教育智慧，职业倦怠严重，把"学生厌学"当作了"不作为"的借口。尽管职业教育面临着"苏霍姆林斯基难题"挑战，但我们应该清醒地认识到：其一，职校生并非全部属于"苏霍姆林斯基难题"的范畴；其二，随着时代的发展，加之职业教育的特性，完全有可能使"难题"变成"课题"，把"挑战"变成"机遇"。事实上，职校生虽然文化基础相对薄弱，但在情商、适应能力、动手能力、人际交往、沟通合作等方面一点不比普通高中生差，在某些方面甚至还优于后者。要把职校生这些潜在的优势发挥出来，既需要教师有责任感和使命感，也需要教师有着更加宽阔的视野，更加厚实的素养，更加丰富的教育智慧。一言以蔽之，需要职校教师在情感、心智和精力方面做出艰苦努力和辛勤付出。然而，当职校教师的努力和付出在短期内没有看到相应的回报时，极容易产生职业倦怠。职业倦怠一旦产生，"学生厌学"自然就会成为教师不再努力和付出的理由。

我认为，职业教育领域的当务之急是，如何让校长的主要精力用于教师和教学？如何让教师的主要精力回归课堂、回归学生？如何让潜心育人的教师"受苦"、"受累"而"不受委屈"？解决了这三个问题，学生在学而不厌的过程中实现健康发展，教师在诲人不倦的过程中体验到生命价值，就会成为职校课堂的新常态。

2014 年 12 月 20 日

职业学校呼唤魅力课堂

(2013 年 9 月 3 日《中国教育报》，发表时有删节)

去过不少职业学校，听过不少课，总的感觉是：职业教育似乎什么都变了，唯独课堂还是老样子。我所领略过的课堂，基本上没有"教育"，没有"生成"，很少有智慧的启迪，很少有人格的感染；有的只是知识的传授、技能的训练，更不要说还有照本宣科、干巴巴地满堂灌的。至于学生的状态就更是五花八门了。

课堂是教学活动的主要场所，是传授知识、培养技能的主要渠道，是实施教育教学的主要途径。当课堂成为教师职业倦怠的主要原因，当课堂对学生毫无吸引力的时候，职业教育所有的改革就成了无源之水和无本之木。因此，聚焦课堂，呼唤"魅力课堂"，关注学生个性化成长，是当前职业教育亟待解决的紧要问题。

职业学校课堂存在的主要问题

(1) 教师缺乏实践知识，对实际工作需要的核心知识和关键能力不甚了了，因此，教师只能教给学生自己熟悉的却未必有用的知识和技能。尤其是专业课教师，这个现象更为普遍。

(2) 职校生缺乏良好的学习习惯，教师缺乏调动学生积极性的能力和手段，于是，课堂上只能就教材讲教材。

(3) 多数职校教师备课的顺序仍然是传统的备教材、备教法、备学生，而不是倒过来根据职业学校实际备学生、备教法、备教材。

(4) 教学做合一的推进非常困难，"我讲你听"、"我做你看"的现象仍然非常普遍。

(5) 一些教师并不热爱自己任教的学科，把教书作为自己的谋生手段，因而也就很难影响学生，带动学生，感染学生。

(6) 关注学生个性化的成长明显不够，尤其是对两头的学生关注不够，导致职业学校学习氛围不浓，混日子的现象较为严重。

(7) 学生在课堂上找不到自信，找不到成就感。教师们说得比较多的是"将来你们参加工作如何如何"，而学生"眼下"的困惑、彷徨、障碍等却鲜有人做细致的思想工作。

(8) 教师们忙于应付学校的各项检查、评估、技能大赛以及写论文、做课题等，没有把主要精力放在上好每一节课上，课堂教学处于应付状态。

什么样的课堂才算得上魅力课堂？

什么样的课堂才算是魅力课堂，魅力课堂有没有具体的标准？什么样的教师是真正的好教师，好教师有没有标准？这既是许多教师关心的问题，也是我们要解决的首要问题。

笔者认为，职业学校的魅力课堂既不能没有标准，更不能由领导或专家"拍脑袋"制定出一个标准。这个标准一定需要一个探索的过程；这个标准一定要从教师中来，从学生中来；这个标准一定是多样化的；这个标准一定是动态的、不断更新的。

探索性、实践性、多样性、动态性，是职业学校魅力课堂的基本特征。"一千个读者就有一千个哈姆莱特"。同样，一千个教师也就有一千种魅力课堂。正因为如此，魅力课堂不拒绝任何一位教师，每一位教师都应该追求属于自己的"魅力课堂"。但无论什么样的魅力课堂，都应该体现以下共性：课堂成为师生愉快生活的家园，教师倾心于课堂，学生留恋于课堂，教学更加有效、高效，学习更加有活力、动力。魅力课堂一定是充满了责任感和使命感，也一定是充满了智慧和情趣的。魅力课堂一定是师生双方都得到了成长，都享受着课堂的魅力的。

打造魅力课堂需要多方共同努力，但教师应担当主要责任

南京师范大学吴康宁教授在《课堂教学社会学》一书中深刻指出：课堂本身确实是一个"小社会"。在这个小社会中，存在着特殊的社会组织——班级与小组；特殊的社会角色——作为权威的教师与有着不同家庭及群体背景的学

生;特殊的社会文化——作为"法定文化"的教学内容及作为亚文化的教师文化与学生群体文化;特殊的社会活动——有目的、有计划的教育人际交往;特定的社会规范——课堂规章制度;以及由此而发生的各种基本的社会行为。吴康宁教授的精辟论述告诉我们一个基本事实:课堂是一个由多种要素组成的"集合体"。因而,要打造魅力课堂,必须要依靠各要素之间的相互作用,需要各方面的共同努力才行。

但是,教学工作的常识告诉我们:课堂主要是由教师和学生构成的。那么,一个基本问题也就浮出了水面:职业学校的课堂缺乏魅力,缺乏吸引力,责任主要在教师还是学生?不弄清这个问题,打造魅力课堂也就失去了抓手。我对这个问题的回答是:课堂缺乏魅力,主要责任在教师而不在学生。可以支撑我这一观点的理由很多,我仅举两点来说明问题。

其一,在每一所职业学校里,在职业学校的每一个专业、每一门学科中,都有少数这样的教师,他们无论到哪个年级、哪个班级上课,都会受到学生的热烈欢迎。尽管在他们的课堂上学生充满了紧张感,得不到放松的机会,但学生却感到自己"疲劳并快乐着"。只要我们发现并承认在自己的周围的确存在着"少数这样的教师",那么我们也就能够明白,自己的课堂缺乏魅力责任在谁了。

其二,每学期开学伊始,学生对新教师、新课程原本都是有期待心理的。但是过了一段时间后,少数优秀教师将学生的期待心理转化成了持久的学习兴趣和动力,而多数教师则使学生的期待心理慢慢消失殆尽。

通往魅力课堂的基本途径

(1) 一切从职校生的实际出发,找到他们的学习起点,跟他们一起出发,也就找到了魅力课堂的"入口"。

众所周知,在目前的教育体制下,职校生既非优秀的"考生",也非优秀的学生;既没有应试教育所需要的考试能力,也缺乏积极向上的人生态度。这是当前职业学校的生源现状。面对这样的生源,教师首先要做的不是教教材,而是用教材教。"用教材教"就要求教师必须准确掌握学生原有的知识基础、知识结构以及他们实际的接受能力,即要求教师必须准确了解学生的起点。在此基础上,教师方能有的放矢地备学生、备教法、备教材。只有做好了上述基础性工作,在课堂上,教师的教学内容才是学生需要的,教师的教学方法才是学生愿意接受的，教师制定的教学目标，才是学生经过努力可以实现的。简言之，教师只有和学生一起出发，课堂才会对学生产生吸引力，才会有魅力，才会避免"教师很流畅，学生很惆怅"的尴尬局面。

(2) 一切着眼于职校生的个性化发展需要，找到他们的生长点，激发他们的生长愿望，教师也就踏上了魅力课堂的大道。

相对于普通高中而言，职业学校没有了高考的压力，师生都获得了自由。关注职校生的个性化成长也就顺理成章地成为职业学校及广大教师的使命。然而长达九年的义务教育似乎让一切教育形式产生了一种惯性：我们更习惯于以"我"为主、以统一的教材和大纲为依据、按照单一的评价标准、批量地把学生"加工"成同一类型、同一模式的人，同时也就忽略了学生原有的天分，忽视了学生的个体差异，扼杀了学生的个性追求。黄达人先生提倡大学教育应该"扬长"而不是"补短"，其目的就是为了培养学生朝着个性化发展。我认为，职业教育更应该如此。

笔者认为，无论在何种情况下，无论在何种条件下，学习首先是学生自己的事情，学校、教师、图书资料、实训条件等都只不过是辅助的力量和因素，都不可能代替学生自己的学习。不仅如此，由于学生存在着个体差异，每个学生在需要学些什么，需要什么样的学习方法，应该怎样去学习，能够学些什么，能够学好什么等方面有着很强的个性化的特点和需求，这就要求职业学校教师必须着眼于职校生的个性化发展需要，关注每一个学生的成长点，激发他们的学习动力，这是职业教育的应有之义，也是职业学校教师义不容辞的责任。

职校生个性化的成长需求，还给了我们这样的启示：在课堂上，教师固然要传授知识，但在当今信息时代，学生获取知识的手段已远非课堂和教师所能满足，这说明职校教师在传授知识方面的作用是有限的，但在帮助学生、影响学生、激励学生、感染学生方面的作用是无限的。也就是说，在课堂上，教师的一切知识、技能和智慧等都不是为自己讲课服务的，也不是为学生的考试服务的，而是为学生的成长服务的。当教师满足了学生个性化成长的需要时，课堂自然会魅力四射。就像医生必须要掌握相关药品的疗效及相关疾病的治疗手段，但这样的知识储备和技术手段并不是医生水平高低的标志，只有当他们根据病人的情况开出适当的处方、采取适当的治疗手段将病人治愈时，他们的医术、医德也就在其中了。

(3) 魅力教师是魅力课堂的第一要素，每一个教师若都能"做最好的自己"，魅力课堂就会不期而至。

课堂魅力从何而来？如果只能用一句话来回答这个问题，答案恐怕就是：

有了魅力教师，才有魅力课堂。根据笔者在职业学校三十多年的工作经验来看，这个说法是能站得住脚的。

在职业学校中，如果我们仔细观察就可以发现这样两种现象：一是在受学生欢迎的教师中，其中有些教师并不特别注重与学生打成一片，更没有刻意地去激发学生的学习动力，但他们努力"做最好的自己"，同时拥有学生喜欢的个人魅力，学生被这些教师的努力所感动，被他们的个人魅力所折服。因此，这些教师的课堂总是充满了魅力。二是有的教师责任心很强，也非常关心学生，但他们缺少能吸引学生的个人魅力，其课堂教学也就毫无魅力可言了。

综合思考以上问题，笔者琢磨出一个道理：学生的学习动力原本是存在的，只有触动了其关键部位，这个动力才被激发出来。就像一辆汽车停在那里，无论你对它多么爱惜，无论你把车身擦得多亮，汽车也不会发动起来。只有用钥匙发动引擎，这辆汽车的发动机才会高速运转起来。也就是说，无论教师多么关爱学生，如果手里没有一把能发动引擎的"钥匙"，也是无济于事的。反过来说，也许教师没有花时间盯住学生的学习，只要他手里有这样一把"钥匙"，学生的学习动力照样会被激发出来。这把"钥匙"就是——做有魅力的教师，让学生喜欢你、敬佩你。

没有魅力的教师都大体是相似的，有魅力的教师却各有各的魅力。作为职业学校教师，当然要关爱学生，尊重学生，努力提高自己的任教能力，但与此同时，教师也要努力让自己成为学识丰富的人、风趣幽默的人、情趣高雅的人、爱好广泛的人。这是增加个人魅力不可或缺的几个方面。

如果从更深的层次来探讨教师个人魅力与魅力课堂之间的关系，笔者认为，无论是教师的个人魅力还是魅力课堂都离不开有效教学这个根本。因为只有教师从内心深处深深热爱自己所任教的学科，才能有效激发学生强烈的学习愿望和持久的学习动力。这样的课堂才是真正的魅力课堂。远离了有效教学，其课堂所呈现出来的"魅力"必然是肤浅的、迎合学生低层次趣味的。打个比方来说，真正的魅力课堂一定是"淡妆浓抹总相宜"的，而远离了有效教学的"魅力课堂"一定是"浓妆艳抹"、"庸俗不堪"的。

(4) 打造魅力课堂，需要教育行政部门和职业学校的高度重视，营造良好的环境，激励教师回归课堂，潜心教书育人。

当前，职业学校教师除繁重的教学任务外，还要承担大量的"非教学工作量"。这些"非教学工作量"不仅重要，同时也是构成对教师考核评价的重要组成部分。因此教师不得不疲于应付，以求考核合格。在这种状况下，教师的确很难把主要精力用在备课上课和教学研究上。这恐怕也是职业学校课堂缺少魅力的一个不可忽视的原因。

　　鉴于目前现状，笔者呼吁，教育行政部门和职业学校要对教师的"非教学工作量"予以梳理，该"松绑"的"松绑"，该"减压"的"减压"，该"减负"的"减负"，最大限度地给教师创造一个"静下心来教书，潜下心来育人"的良好环境。不仅如此，教育行政部门还要把课堂是否"优质"、是否具有"魅力"列入对学校、对教师的考核评价机制，同时还应出台相关政策，对在实现"优质课堂"和"魅力课堂"活动中取得显著成绩的学校、教师予以表彰奖励。倘能如此，笔者相信，职业学校的魅力课堂将会如雨后春笋般源源不断地涌现出来。

　　"呼唤魅力课堂"是对当前职业教育现状的一种挑战。当前，加强内涵建设，提升教学质量，已成为职业教育的主要任务。回归课堂，聚焦课堂，关注学生个性化成长，是提升教学质量绕不开、躲不掉的必由之路。因而，魅力课堂进入职业学校之日，就是职业教育的课程改革大见成效之时。

2013 年 8 月 20 日夜

"备学生"要先行，师生才能获双赢

——关于"备学生"的几点思考

一堂课上得好不好，学生心中有数，听课人心中有数，教师本人心中更有数。如果追问这堂课上得好或上得不好的原因是什么，恐怕学生、听课人和教师本人的看法就不会完全一样了。如果上得好，学生会觉得这个老师有魅力，听课人会认为这个教师教学经验丰富，而教师本人则会归功于自己准备充分。如果上得不好，学生对教师常常很宽容，认为是自己没有跟上教师的思路和节奏，听课人会做出"备课不充分"的评价，而教师则往往会归因于学生不主动、不配合。

在以上提到的几个因素中，教师的魅力、教学经验、学生反映等是教师无法把握的，即使存在这样的问题，一时也是难以改进的。唯有备课是否充分，是教师可以把握、可以改进的。因此，对教师备课问题的探讨，虽然是老生常谈，但仍旧有其现实意义。

做教师的都知道，备课包括备教材、备教法、备学生三个方面。在这个传统的说法中，教材、教法、学生这三个方面内容的排序，深刻影响了教师的备课。相信许多教师在备课环节也正是这样做的，即备教材为重，备教法次之，备学生再次之。这个顺序是否适用于基础教育，我不敢妄加断言，但对职业教育来说，实在是本末倒置的。

在课堂教学中，如果一名教师做到了表达流畅、内容熟练、思维清晰、重点突出、环节完整、详略得当，我们往往就认为这位教师"备课充分"。其实，考察一名教师备课是否充分，还有一个重要指标被我们忽视、忽略了，即学生的接受程度、接受进度、接受效果。缺少了"学生接受情况"这个指标，我们很难确定授课教师的备课是否充分。如果不考虑"学生接受情况"这个指标，我相信，很多教师都可以做到"表演很精彩"。但遗憾的是，教学不是演戏，教师不是演员。演员只要得到观众的喝彩，就算演出成功了，而教师即使得到了学生的喝彩，距离成功也还有很大的距离。因为演出的重心在"演"，而教学的重心在"学"。梅兰芳即使面对不懂戏的观众，他照样可以一板一眼地表演他的《贵妃醉酒》，没有人会说他的演出不成功。而在教学活动中，如果学生没有收获，那么，教师的精彩也就无从谈起。即使教师自己认为课上得很精彩，我们只能说是教师的表演很"精彩"，而且还要加上一句话：这样的"精彩"毫无价值。

个人天赋是无法检测的，教学经验也不是一日形成的。剔除这些无法相比的因素后，那么，教师之间在课堂教学中的差距，我认为主要体现在备课环节。进一步地说，在备课环节，不同的教师在教学内容的把握、教学重难点的确定、教学环节的设计、教学设备的使用等方面不会有质的不同和大的差异。教师在备课环节出现的差距主要反映在"备学生"这一方面。

我以为，在职业学校，教师备课的顺序应该倒过来，即备学生、备教法、备教材。即在充分了解学生的基础上，精心设计适合学生的教学方法，恰当处理教材内容和顺序，按照"最近发展区"理论，确定教学内容，明确教学重点。

把备教材、备教法、备学生颠倒为备学生、备教法、备教材并非文字游戏，我之所以提出这个观点，主要是基于这样的认识：教师的一切工作都是为学生的学习服务的，备课环节也不例外。教师备课从终极目的来说，不是为自己的课堂教学服务而是为学生学习服务的。因此，把备学生放在首位，我以为是天经地义、毋庸置疑的。备课能否做到备学生，既是课堂教学的起点，也是课堂教学取得实效、高效的关键点。

当然，备课备学生，绝非只是"充分了解学生情况"这么简单。备学生，可以说是包罗万象的，它不仅包括了解学生情况、了解学生现有的知识水平、把握学生的接受能力等基本方面，严格地说，它还包括对学生所处年龄段的认知水平和认知规律的把握等。我们都知道"教师要用一辈子来备课"这句名言，我们也常说备课是"常备常新"的。但在私下里，一些教师并不是这样做的。他们的疑惑是：教材没变，学生也没有根本的变化，备课还能怎么"出新"？是的，教学内容是专家审定过的，是人类文化的结晶，不可能"常新"；教学方法也是有限的，要做到"常新"绝非易事；但学生是在不断变化的。因此我理解，"常备常新"主要"新"在如何备学生上。面对不同的学生，教师的备课当然要有"新"的变化，即使是同一个班的学生，也就是在教学对象不变的情况下，教师的备课也不应该是一成不变的。学生刚开始接触这门课时、学到重点章节和单元时、考证前和考证后、期中考试前和考试后等，学生在上述不同阶段、不同情况下，学习态度和学习心理都会发生微妙的变化，这就要求教师要不断调整教学内容，不断变换教学方法。

在教学实践中，我们常常可以发现，有些"教学经验丰富"的教师拿着发黄的讲稿或是带着几年前做的课件，非常从容地对付所有年级、班级的学生，正所谓"以不变应万变"。对于这样的"教学经验丰富"的教师学生很不待见，也就不足为奇了。相反的情况是：有些青年教师，他们知道自己缺乏教学经验，全身心地投入到备课中，不敢有丝毫的懈怠。不仅如此，他们还把学生能不能听得懂作为检验自己教学效果好坏的一个重要指标。学生对这样的青年教师常常报以善意的理解和宽容的鼓励，学生甚至会用自己的努力学习、主动学习来弥补教师教学经验的不足和教学中存在的缺陷。这样的事例难道不值得我们反思吗？

2013 年 4 月 2 日

刍议职业学校教师的课堂教学思维

一、职业学校课堂现状

从教师的角度看职业学校课堂，的确令人一筹莫展。职校生基础差，缺乏良好的学习习惯，又不愿意动脑筋。概括地说，不少学生的心思根本就不在课堂上。然而，每一门课都有规定的教学任务，教师只好硬着头皮、耐着性子讲下去。起初，教师对不听课的学生还进行适当的教育和批评，时间久了，学生还是老样子，教师只好随他去了。反正总有学生是愿意听课的。在许多教师的心里就悄悄地给自己的教学定了位：无论有多少学生听课，我只要尽到教师的责任就问心无愧了。这或许就是当前职业学校课堂的现状。

我所思考的问题是：这种现状就真的没有办法改变了吗？职业学校的课堂就只能是这个样子吗？不，绝不应该是这样的！我们一定有办法，把学生的注意力吸引到课堂上来。这个办法需要我们全体教师进行长期的艰苦努力，积极探索。我相信，只要我们探索的脚步不停，就一定能找到解决问题的办法。

我常常用优秀教师的做法来说明自己观点的正确性，比如，为什么同样是职业学校，同样的专业，同样的课程，同一个年级，有的教师上课深受学生的欢迎呢？既然有这样的教师存在，就说明学生不是都不愿意学习，而是我们大多数教师没有找到调动学生学习积极性的办法。我的这一观点虽然没有听到多少反对意见，但也没有解决多少实际问题。

经过反思我认为，无论在什么时候，优秀的教师总是少数，换言之，我们不能用优秀教师的做法来要求每一位教师。我们应该寻找对大多数普通教师都适用的教学方法和教学规律。找到了这些方法和规律，多数教师的教学就会有比较大的改观，到那时，职业学校的课堂一定会发生巨大的变化。

二、我所理解的课堂教学思维

正因为如此，我想到了另外一个规律：思想支配行动。要改变职业学校课堂现状，就必须改变教师的教学方法；要改变教师的教学方法，首先必须改变教师的课堂教学思维。因为教学思维，是教师备课、上课之前就已经存在的思想、思路和理念。它们存在于教师的头脑当中,看不见,摸不着,具有很强的隐秘性,但它们却决定着课堂教学的各个环节,决定着整个教学质量。

简单地说,我想从教学思维的视角来探索破解课堂教学难题。但是,教学思维属于教育哲学的范畴,从理论上分析教学思维的性质与作用,是我力不能及的。我只能从直观的、经验的视角看问题、谈问题。我的基本观点是:教师要在科学理论和成功经验的指导下,不断更新自己的教学思维,并且在新教学思维的指导下,尝试着不断改进教学方法,不断调整教学内容,不断增长教学智慧,不断进行运用新教学思维的反思和总结,反过来,进一步不断矫正、丰富自己的教学思维。我设想,如果每一位教师都能进行这样的工作,那么,职业学校的课堂教学就一定会出现百花齐放、生机勃勃的景象。

对普通教师而言,教学思维可以理解为在教学活动之前就已经拟定好了的"行动纲领"。举个例子来说,教学思维颇有点像教练的指导思路,比赛还没有开始,有经验的教练就要花很多时间来做一件事:"这场比赛应该怎么打?"这基本上就是我所说的教学思维了。也就是说,在没有备课上课之前,作为教师,就应该花时间用来确定"这堂课我应该怎么上?"

按照我的理解,教学思维显然不等同于教学计划或课程标准,也不等同于教学设计或教案讲稿。但无论是教学计划或课程标准,还是教案讲稿,都无不体现着教师的教学思维。因此,可以说,教学思维是超越这些具体事宜的、具有战略意义的、指导教师教学全过程的智慧结晶。

三、课堂教学思维应该包含的几个要素

既然课堂教学思维如此重要,那么,作为一般教师应该如何提升课堂教学思维品质呢?我想,这是所有职业学校教师都会关心的问题。然而遗憾的是,迄今为止,笔者还没有看到有哪一位专家能够指明提升课堂教学思维品质的有效路径。这是因为,课堂教学思维具有很强的个体性、独创性。甚至可以说,每个教师的课堂教学思维都是独一无二的、不可复制的。但这并不意味着课堂教学思维没有研究的必要和可能。换言之,我们不能决定或代替教师的课堂教学思维,但我们可以影响或触动教师的课堂教学思维。从这个视角看,笔者提出课堂教学思维的三个要素供教师们参考。

(一)发展性

职业学校学生是成长中的青少年,因而,关注学生的发展是教学思维的重要品质。教师传授知识,学生接受知识,并不等于学生的发展——虽然学生的

发展包括知识的掌握。发展性要素要求教师在备课时，要充分考虑学生发展的需要，要从学生身心发展的规律以及认知特点等方面满足学生发展的需要。这就要求教师要努力多学习一些教育学、心理学等方面的理论。

教师这个职业被认为是一种专门化、专业化的特殊职业，其根源就在于此。

（二）公平性

公平性也可以称之为全面性，即要考虑每一个学生的具体情况，考虑学生的差异性、特殊性，而不是要求学生"齐步走"。这里所说的公平性，不能简单地理解为平均化，即平均地把时间和精力分配给每一个学生，而是指根据不同学生的情况施以不同的教育。学生的情况千差万别，譬如，有的学生需要加压，有的学生则需要减压；有的学生需要鼓励、认可，有的学生则需要挫折、磨炼等，教师作为"人类灵魂工程师"就应该给每一个学生最需要的教育和影响。不放弃每一个学生，让每一个学生都得到成长锻炼的机会和激励，这才是教学思维的公平性，这才是教育的崇高性，这才是教育的真谛。

（三）预见性

课堂教学的细节可以设计，但课堂上会出现什么情况，学生会有什么样的反应，学生会提出什么样的问题，任何一个教师都无法准确地预测。我们常说的教育的生成性，即源于这种不可预测性。因此，"不可预测性"恰恰是教师需要重点考虑、精心应对的重要环节。对这一环节的处理，也是教师教学水平高下的分水岭。

从教学思维的角度看，正因为"不可预测性"的存在，教师才更应该在预见性上下工夫。显而易见的是，如果教师的课堂教学思维多一些预见性，课堂教学就会少一些盲目性。我们常常可以看到的情况是：许多教师没有在"预见"上下功夫，而是在"预设"上做文章。教师把课堂教学所有的环节都"预设"好了，甚至连无法把握的学生的提问、质疑、讨论结果等也都"预设"在PPT上。但凡教师的PPT上出现类似内容，我基本就可以判定，这堂课是不成功的。

上述三个要素也许很不全面，但却是教师的课堂教学思维不可或缺的品质。

苏霍姆林斯基说过，教学不等于教育。这句话说得通俗一点，就是教书不等于育人。笔者认为，只有具备了上述教学思维品质，才能将教学与教育、教书与育人有机地融为一体。

一孔之见，愿就教于职教同仁。

2013年10月28日夜

关于职业学校 "有效教学" 的几点思考

当下在教育领域，有效教学成为时髦的话题。基础教育在谈，职业教育也在谈。但我总觉得有效教学这个概念比较笼统、宽泛，人们在使用这个词语的时候，常常赋予它不同的含义。或者说，虽然甲和乙都在谈论有效教学，但极有可能甲所说的有效教学与乙所说的有效教学根本就不是一码事。

以基础教育为例，基础教育追求有效教学是以学生的成绩为衡量指标的。但同样是以学生的成绩为衡量指标，基础教育的有效教学起码可以分为三类：第一类，除了应试以外，还注重培养学生的综合素养，唤起学生追求知识的兴趣，最终取得了考试成绩的提高和素养的提高、个性的发展等多方面的收获；第二类，以应试为唯一目的，也可能有效，但却以学生学习兴趣的丧失殆尽为代价；第三类，坚持素质培养，保护学生天性，但应试成绩不理想。这三类情况的教师都说自己的课堂是有效教学，但对于学生和家长来说，却是大相径庭的。据我了解，在基础教育中，第一类教师依然是少数，属于大师、名师级的人物，而第二类教师才是普遍现象。

很明显，这三类情况会培养出不同的学生。对职业学校来说，能招到其中的任何一类学生都不是坏事。悲哀的是，到职业学校来的学生与这三类情况的学生基本无缘。职校生所接受的初中教育，基本上属于教师既没有追求"育分"的能力，也没有培养学生素养、激发学生兴趣的举措，或者反过来说，学生既没有学到多少学科知识，也没有在自己的兴趣爱好上予以发展。在这种情况下，学生既失去了上高中、上大学的机会，也丧失了原有的兴趣爱好。这就是今天职业学校生源的现实。换言之，职校生既非优秀的"考生"，也非优秀的学生；既没有死记硬背的吃苦精神和考试能力，也没有热爱生活、兴趣广泛的生活态度和人生态度。这样的学生(生源)给职业学校的教育教学带来了严峻的挑战。

因此，在职业学校提倡有效教学，一定要警惕以丧失学生学习兴趣和动力为代价，并且从一开始就要注意这个问题。职业学校教师的责任，是要保护好、发展好学生残存的那一点点兴趣爱好。或者说，职业教育的有效教学必须把培养学生的兴趣爱好放在首位。这里所说的兴趣爱好可以分为两类，一类是学生原有的兴趣爱好，对这类兴趣爱好，我们要做的是保护、呵护、宽容、鼓励、帮助；另一类是学生对专业、学科的兴趣爱好，这一类兴趣爱好问题较多，很大比例的学生对专业、学科不感兴趣，这是客观事实。因此，教师要在提升教学水平、教学艺术以及提升学科的吸引力上狠下工夫。著名的教育学者李镇西说过："教育的魅力就是教育者对学生的吸引力。当学生对教育者有了一种发自内心的崇敬甚至崇拜之情时，我们的教育已经露出希望的曙光。"

如果说基础教育的有效教学是着眼于应试的有效教学，那么，职业教育的有效教学就应该是着眼于人的发展的有效教学。

判断我们的有效教学属于哪一类可以用很多种方法，其中一个方法似乎比较能说明问题：学生在课余时间都在干什么？学生考试后、考证后的表现如何？如果学生在课余时间无所事事，在考试、考证后要么疯玩，要么重新陷入无聊苦闷当中，那么，我们基本可以判断，我们的教学是无效的、低效的或者是"着眼于应试的有效教学"。反之，如果学生在课余时间能在教师的引领下主动学习，如果考试、考证后立刻有了新的奋斗目标，那么，我们就可以说，我们的教学是着眼于人的发展的有效教学。

我一直想不明白的是，职业教育没有了应试教育的束缚，教师和学生本应获得了自由，从"育分"自然会过渡到育人。然而职业学校的现实却不是如此。没有了高考的紧箍咒，职业学校似乎一定要寻找一个替代物，否则就失去了抓手。于是，技能大赛、考证就成了职业学校的"高考"。技能大赛要求覆盖到每一所学校、每一个专业、每一个学生，学生无处逃避。至于考证，学校的理由就更加充分了：作为职业学校学生，如果连从业资格证书都拿不到，那怎么能说得过去呢？

对这两项职业学校的大事，我都有不同的看法。

先说技能大赛。我不否认，如果每一个学生都能积极参加技能竞赛，肯定不是一件坏事。但既然是竞赛，就应该是自愿的。就像学校的社团活动一样，学生可以参加若干个社团，也可以一个都不参加。要求学生必须参加技能大赛，于情可以说得过去，于理却说不通。试问，学生不参加技能大赛，违背了哪一条校规校纪？

再说考证。在职业学校里，无论什么专业都要求学生要获取"双证书"。如果不提出"双证书"的要求，似乎就显得落伍了。于是，绝大多数的职业学校都把"双证书"作为毕业的基本条件，而且都写进了人才培养方案。而现实情况又如何呢？据我所知，关于从业资格证书至少有四种情况：

第一种情况是，国家提供了从业资格考试，而且，学生只要努力，就应该考取。在这种情况下，要求学生获取"双证"是有道理的，也是应该的。

第二种情况是，有的专业根本就没有从业资格证书这一说法，学生无证可考。

第三种情况是，有"证书"可考，但"证书"并不是国家统一颁布的从业资格标准，而是一些公司提供的所谓"资格认证"。学生获取这样的证书究竟有什么意义呢？

第四种情况是，国家有从业资格考试，但通过率受到严格的控制。也就是说，从顶层设计层面，就不允许通过率过高。在这种情况下，我们还要求学生必须有"双证书"，这不是难为学生又是什么？

据我了解，有一部分专业是属于第一种情况的，还有相当一部分专业是分别属于另外三种情况的。这也就是说，要求学生获取"双证"，也只是口头上说说而已，根本就没有落到实处。但令人感到奇怪的是，在"双证"问题上，每个专业似乎都不甘落后，都说自己的学生获取"双证"的比例达到了规定标准。职业学校这样说了，有关部门也就这样认了，于是，你好我好大家都好。当每一所学校、每一个专业都说学生的"双证率"达到95%以上时，谎言也就变成了真理。"双证率"的问题也就变成了"皇帝的新衣"，谁都知道事实真相，但谁都不愿意点破。

在当前浮躁、功利的大背景下，人们似乎不愿意在教育的生成、人的发展、为未来培养人才等问题上下功夫，因为从上至下就没有这方面的要求。相反，关于技能大赛、双证率等却有非常明确的任务和要求。在这样的情形下，我们要求职业学校"从育人到教书，从教育到职业"，把关注学生的全面发展放在首位，的确是有失公允的。

以上只是从技能大赛和双证书这两个方面说明职业学校的有效教学是值得探讨的。其实，即使没有这两个因素，职业学校的有效教学也值得深入探讨。比如，判断教学是否有效，依据是什么？通常情况下，没有完全无效的教学，也没有百分之百有效的教学，有效与否，只是一个相对的概念。因此，不同的地域、不同的学校、不同的专业、不同的课程我们应该如何判断其教学是否有效？

我以为，在职业学校提倡有效教学，本身是无可非议的。问题在于，如果我们一定要给有效教学设定一些"看得见，摸得着"的外在的标准，就极有可能做出违背教育规律的蠢事和错事来。因为教育从来就不是"立竿见影"的，而是潜移默化的。"十年树木，百年树人"，"教育是农业而不是工业"，这些对教育本质的形象描述，都说明教育是需要耐心、需要等待的。教育的有效与无效，不是一堂课可以显现出来的，甚至也不是一学期、一学年可以证明的。判断一所学校教学质量的高低，往往不是到学校走一圈、听几节课就能下结论的。

从理论上来说，学生进入社会以后如何表现、如何发展，才是衡量学校教育质量高低的唯一途径。而现实情况是，对职业学校的检查视导多如牛毛，但就是没有哪一项检查视导是以毕业生为考察样本的。这就好比对工业企业的检查，只检查生产过程，不检查产品质量和用户反映。这样的导向就是把职业学校引导到只注重检查指标，不注重教学质量和用人单位满意度上来。这些情况都说明了一个问题：我们对学校教育的优点已经有了比较透彻的认识，然而，我们对学校教育存在的弊端，研究得还很不够。就像医学对人体奥秘的认识一样，还只是知道一些皮毛，对许多疾病和变异，医学还处于束手无策的初级阶段。

　　因此，在教育问题上，在对待人的发展问题上，怀有敬畏之心，永不满足现状，坚持不懈地探索其中的奥秘，是每一个教育工作者必须具有的素质和心态。

2013 年 3 月 22 日晚

教师备课应该想到、做到的几件事

　　教师备课是个说不尽的话题。用一本书来谈教师应该如何备课，恐怕也未必能说清楚，即使说清楚了，教师也未必能看懂。

　　经常听到一种说法：教师应该用一生来备课。这是指一种精神和境界，而非现实中的备课。

　　面对一篇课文、一个单元或一个章节，教师应该如何备课？除了根据课程标准，写出教案、讲稿，明确教学重点难点、教学步骤方法、教学目标等"规定动作"外，应该注意哪些问题呢？我以为，教师在备课时，要想到、做到的起码包括下面几件事。

> **哪些内容是学生看教材就可以学会弄懂的?**

　　在职业学校的教材中，这部分内容占了相当的比例。这些内容，学生一看就懂，根本不需要教师来讲。但现实情况是，许多教师恰恰是把这部分内容作为课堂教学的主要内容。余文森教授《有效教学十讲》(华东师范大学出版社)一书中把这种情况称之为"隐性的阻碍"。他说："老师讲的都是学生懂的东西，或者说都是学生看书都能看懂的东西，这个教也是阻碍学的。为什么？它阻碍了学生独立学习能力的发展。"

　　"隐性的阻碍"的另一面是"显性的阻碍"，即余文森教授所说的："有的老师条理不清楚，课堂毫无情趣、死气沉沉，这种教就是很直接地阻碍学生学——学生越学越没劲。"

　　根据我的课堂观察，职业学校经过这些年的教学改革，"显性的阻碍"已经越来越少，但"隐性的阻碍"却是非常普遍的。"隐性的阻碍"因为是看不见的，更容易流行、蔓延开来。特别是那些不深入课堂的领导，非常容易被"隐性的阻碍"所蒙蔽。我在职业学校听课遇到"隐性的阻碍"时，常常注意观察陪我听课的学校领导和系部负责人的反应，基本的规律是：学校领导感觉良好，系部主任心情沉重。这个现象说明，学校领导不了解课堂、不了解教材、不了解学生，只能看到表面的"热闹"，而系部主任对课堂、教师、教材、学情了如指掌，表面上的热闹蒙不住他们，他们看的是"门道"，看的是问题所在。同时，他们也看出我对"隐性的阻碍"不满意，因而心情自然沉重。

哪些内容是学生通过查阅资料就可以掌握的？

现在的资讯条件如此发达，学生获取知识的渠道比教师还要宽广(只要他们愿意去获取)，因此，许多教学内容完全可以安排学生查阅资料，或者提出问题，让学生准备，学生自会查阅有关资料。但奇怪的是，不少教师把"这个活"理所当然地看做是"教师的活"，不让学生插手。这种做法最直接的后果是，教师课余时间忙于找资料、做课件，学生在课余时间反倒无所事事。然后到了课堂上，就变成了教师苦口婆心、唾沫星乱飞地讲课，学生表情呆滞、无动于衷。于是，教师埋怨学生"厌学"，学生觉得课堂"没意思"。这时候的教师就成了"课本知识的可怜的解释者，课程的忠实执行者。"(余文森教授语)苏霍姆林斯基也说过类似的话："如果你们看到某一位教师在课堂上忠实地复述教科书，那就可以说，这位教师距离教育工作的高度素养的境界还相差甚远。"(苏霍姆林斯基《给教师的建议》)

举例来说，服装专业的教师讲服饰品牌，教材中提到的例子毕竟是有限的，教师想让学生多了解一些著名品牌。这样的教学设计思路当然是必要的。但我想不通的是，这件事为什么不让学生去做呢？教师的精力有限，最多只能找一两个品牌来补充说明，如果全班同学都发动起来了，找到几十个不同品牌的资料，简直是轻而易举的事情，教师何乐而不为呢？

再比如，语文教师讲《再别康桥》，网上关于这首诗以及徐志摩和林徽因的资料多了去了，为什么不能让学生先查阅这些资料再上课呢？不然怎么会在课堂上出现教师频频发问，学生无人回答的尴尬局面呢？

哪些内容是学生通过预习就可以部分掌握的？

有些教学内容当然不是看教材、查资料就能解决的，这就需要学生预先学习，预先思考。"凡事预则立不预则废"，凡是认真预习的学生，在课堂上不仅能紧跟教师的教学节奏，而且还有时间思考问题、提出问题，深化对问题的理解。

理论分析是一回事，现实状况是另一回事。如果教师根本没有安排学生预习，或是安排了学生预习却没有在学生预习的基础上进行教学，那么，预习对学生来说就成为多余的事情。久而久之，预习就从职业学校的课堂教学中消失了。

我听课时就遇到过这样的情形：教师首先问学生，上次课布置的几个问题大家看书了没有？思考了没有？学生无人应答。教师接着说："看来大家都没预习，那么下面我来讲讲这几个问题……"这位教师安排学生预习的做法应该予以肯定。但他检查学生预习的做法，显然等于否定了自己原先的做法。课后我在同这位教师交流时说：第一，学生不吭声，并不等于都没预习。作为教师，既可以随机提问，看看预习情况，也可以鼓励预习的同学主动发言。第二，即使学生都没预习，也不能这样轻飘飘地一带而过。第三，学生是很会配合教师的。教师有什么样的"规矩"，学生就有什么样的"习惯"。

学生很少预习，是影响职业学校有效教学的痼疾。其原因之复杂，应专题讨论。我想说的是，一旦不预习成为习惯，当遇到一位较真的教师，真让学生预习时，学生已经习惯成自然，不把教师的话当回事了。这样的教师就会发出"职校生怎么如此懒惰"的感慨，学生也会发出"这个老师有点另类"的质疑。

这种情况正是我心中的隐痛之一。当教师不要求、学生不预习、课堂容量小、教学无挑战、课堂无生成、思维无发展的职业学校课堂教学现状成为一种"势"、一种"场"的时候，其课堂生态也就破坏殆尽了。在这样的课堂生态环境中，谋变化、思进取、求生成、启思维的教师就显得非常孤立，甚至已无立足之地。

哪些内容是需要教师点拨、引领的？

点拨、引领作用，是教师价值的重要体现。与点拨相对应的是灌输、是直接告诉学生结果(包括在课件上预设好了结果)；与引领相对应的是"跟着教师齐步走"，其潜台词是：你不需要多想什么，跟着我走就可以了。

每次听课，我都希望看到教师在课堂上适时的点拨、引领，因为教师在发挥点拨、引领作用的时候，是最能彰显其教学水平、教育智慧的，也是激发学生积极思维、尊重学生学习主体地位的重要环节。遗憾的是，在职业学校的课堂上，鲜见教师在点拨引领方面发挥重要作用的。没有了点拨、引领的课堂，也就没有了疑问、没有了学生的积极思维。或者反过来说，正是由于没有了疑问和积极思维，所以才没有了教师的点拨和引领。授课不等于教学，教学不等于教育。没有了疑问和积极思维的课堂，也就远离了教学，更远离了教育。这样的课堂给了学生什么呢？恐怕连系统地传授知识都没有做到，更不要说给学生智慧和动力了。苏霍姆林斯基说："有经验的教师总是牢记着亚里士多德的那句名言：思维是从疑问和惊奇开始的。有经验的教师一般都是从学生已知的东西讲起，善于从已知的东西中在学生面前揭示出能够引起他们的疑问的那个方面，而疑问的鲜明的情感色彩则会产生一种惊奇感，引起学生探索奥秘的愿望。这种愿望是一种强大的推动力，是思维的情感——意志的源泉。在这里，极其重要的是，教师要善于这样来引导学生的思路，让他们一心一意地想看到不易看到的东西，想理解隐藏着的东西，以及从平常的、习惯的、随时随地可见的东西中看出不平常的东西来。"(苏霍姆林斯基《给教师的建议》)

苏霍姆林斯基所说的"引起学生探索奥秘的愿望"，当然需要教师的点拨、引领。其实，就是学生已知的东西，自己看教材就能懂的知识，也是需要教师的点拨和引领的。在教师的帮助下，学生可以更好更快地把知识清晰化、系统化，把已知和未知的串联起来。

说得苛刻一点，如果教师不能发挥点拨引领作用，那么在课堂教学中教师还有存在的必要吗？写作此文时，正巧读到李希贵在《中国青年报》(2014年11月27日)的文章《教育改革要顺应学生的天性》，文中举了一个例子："高密四中在20世纪80年代末期扩大学校规模，盖了一栋3层的教学楼，高一新生扩大两个教学班，但是有半年的时间这两个班没有语文教师。语文课有时候就是把学生带到图书馆读书。但我们没有想到的是，学期考试中，这两个班的语文成绩一点都不差，作文分数比其他班还要高。这让语文教师很尴尬：不知道我们天天在教室里干什么。"

上面这个例子，我们完全可以说是个个例。但就是这个个例，也足以让我们深思一个问题：教师的作用究竟应该如何发挥？

所有这些，不都是我们在备课时应该想到、做到的吗？

2014 年 12 月 14 日

从学生不能流畅地表达，我们应该反思什么？

记得几年前曾在电视上看到过一个谈话节目，除主持人外还有两位嘉宾，一位是著名的作家，另一位是北京大学中文系的教师。谈话的主题大约与语文教育有关。印象深刻的是北大教师的一番话。这位在北大中文系给本科生上课的女教师说：北大中文系应该算是国内一流的了，能考上来的都是佼佼者。但我发现，学生的口头表达能力真的非常糟糕。她举例说，她给学生(大一新生)一个情境：假如有陌生人向你咨询，去北大的餐厅、运动场、中文系楼或者宿舍、图书馆等，你将会如何回答？检测结果让她感到惊诧：居然没有一个学生可以做到清晰、简洁地表达出上述线路及注意事项。她很有感慨地说，现在的学生怎么不会说话了？北大的学生尚且如此，其他学校的情况也就可想而知了。

我在一些学校听课的过程中，也发现了类似的问题：学生在回答问题的时候，大多不能做到流畅、清晰地表达。有的语焉不详，有的口齿不清，有的不能使用普通话，有的甚至不能说出完整的句子。面对这种情况，教师们似乎司空见惯了，我没有发现一位教师对学生的表达提出要求的。

口头表达能力本应在小学阶段就应该着重培养的，但从实际情况看，小学阶段似乎并没有完成这个任务。听说读写本应是语文教学的基本要求，但我们的语文教师自觉不自觉地把重点放在了考试成绩上，因为语文课的考核方式是以卷面成绩为主的，至于学生是否能够流利地表达，并不在考核的范围内。这样一来，学生从小学到初中、到高中，都埋头做作业，都集中精力应付考试，语言表达似乎成为可有可无的了。由此造成的学生表达能力的缺失，到了大学，到了成人阶段，也就很难弥补了。

一个有趣的现象是，越是学历层次不高的，学习成绩不好的，口头表达能力往往无师自通。这大概与他们没有了考试的压力有关。这个现象给了我们两个重要的启示：一是我们的教学模式、评价方式的确面临着繁重的改革任务；二是口头表达能力应该纳入我们的视野。不仅语文课应该重视学生听说读写能力的培养，就是其他文化基础课和专业技能课，也应该高度重视学生表达能力的培养。

想到一个例子：汽车营销专业的学生为什么上不了汽车营销的岗位？为什么一些销售汽车的 4S 店宁愿聘用那些不是汽车营销专业但形象较好、表达沟通能力较强的学生？我觉得，这与我们的专业调研和课程体系的构建有着直接联系。汽车营销需要的核心能力并没有完全纳入我们的培养目标。学校脱离了岗位能力的实际需要另搞一套，看起来学了不少"专业知识"，但到了实际岗位往往派不上用场。

古今中外的教育家无一例外地都把学生的阅读能力摆在十分重要的位置。古人说"读书千遍，其义自现"。苏霍姆林斯基说，如果学生不能流畅地阅读，不能在阅读中思考，就谈不上智力的培养。

读书之所以称之为读书，是因为对儿童来说，书，是要"读"的，而不仅仅是"看"的。校园里的书声琅琅，本是学校特有的风景。而现在的校园，尤其是重点高中的校园，却是一片寂静，即使课间休息的十分钟，大部分学生都是在埋头做题。背诵重要的考试资料、大量做题，取代了琅琅读书声。学生的大脑在"装"进了大量知识的同时，也逐渐丧失了语言表达能力。其结果是，我们培养了一大批优秀的"考生"，同时也使他们成为不善言辞甚至不愿与人沟通的书呆子。我的这个结论绝不是危言耸听，因为我发现，从幼儿园到小学、到初中、到高中，学生的说话能力是一个递减的过程。我们的教育体制就像一架机器，把叽叽喳喳爱说话的幼儿园的孩子，慢慢培养成不爱说话、不敢说话、不想说话、没有时间说话、最后变成不会说话的"优秀考生"。

一个不正常的现象是：学生开始重视语言表达和沟通能力是从大学开始的。然而不幸的是，即使大学生意识到了语言表达的重要性，在网络时代、手机普及、短信流行、微信盛行的背景下，无疑又给大学生语言表达能力的培养设置了巨大的障碍。

我女儿读大二，据我所知，她们同宿舍的学生，哪怕是上铺和下铺"说话"，也往往是用短信或微信来代替。长此以往，语言表达能力还会提高吗？

教育如此，校园如此，职场却并非如此。没有较强的语言表达能力和沟通能力，在职场上是很难有所作为的。然而这个尽人皆知的道理，并没有引起学校教育和学生本人的重视。这恐怕是教育与社会脱节最为严重的情况。如何解决这个问题，已成为学校教育必须攻克的难题，而且远比我们目前所强调的校企合作、工学结合等更为紧迫。换言之，解决了学生语言表达问题，也是为校企合作、工学结合创造了有利条件。

  校园需要寂静，也需要青春年少的喧嚣；学生需要静下心来学习，也需要积极表达自己的见解；让书声琅琅在校园里重现吧！把课堂还给学生，让他们无所顾忌地说出自己的看法吧！搭建舞台，让豆蔻年华的学生畅谈理想吧！让校园成为学生练习"说话"、学会与人沟通的乐园吧！要实现上述愿望，更新教育理念，转变教师观念，来一场广泛而深入的教学改革，恐怕是自不待言的。

2013 年 9 月 23 日夜

对教师提问的"提问"

在课堂上，学生只要"得到"知识了就可以了吗？

学生获取知识的过程，不是简单地由不知道到知道的过程，更不是被动接受教师灌输的过程，而应该是在学生已有知识和生活经验的基础上，提出新问题、分析新问题、解决新问题的过程。在这个过程中，要尽可能地使学生成为主角。

这个道理似乎尽人皆知，但为什么许多教师没有做到呢？教师们通常的回答是：学生愿意听课就谢天谢地了，怎么可能要求他们参与到提出问题、分析问题、解决问题的过程中来呢？

从表面上看，职业学校的课堂真的如教师们所言：教师非常辛苦，学生非常被动。事实真的如此吗？有没有办法解决呢？从哪里着手才有效呢？

苏霍姆林斯基有一个观点："你要尽量使你的学生看到、感觉到、触摸到他们不懂的东西，使他们面前出现疑问。如果你能做到这一点，事情就成功了一半。"苏霍姆林斯基所说的"让学生产生疑问"，触及到了职业学校教学的核心问题。

我一直对教育界的人张口就是"苏霍"、"杜威"、"赞可夫"、"陶行知"有看法。我的内心活动是：时代发展可谓日新月异，为什么总是用几十年或一百年前的教育家说过的话来诠释当代的教育生活？"传统秘方"能治好眼下稀奇古怪的病症吗？为什么就不能说出点新意呢？然而看法归看法，要想深入地分析当下教育领域存在的问题，除了向"苏霍"等教育家求助外，似乎没有别的更好的办法了。因为"传统秘方"依然发挥着巨大的、不可替代的作用。

央视有个综艺栏目叫"重温时代经典，唱响回声嘹亮"。套用这句话说，"重温教育经典，破解课改难题"一点也不为过。

缺失了学生的"智力积极性"，就不能说"已经完成了教学任务"

我们的课堂是缺少疑问的。教师没有质疑，只有或只顾流畅地讲授。教师如此，学生自然没有疑问、没有思考。因此，教师要求学生必须记住这个，必须掌握那个；这个考试要考到，那个考证要用到。能按照老师的要求，该记住的都记住了，该掌握的都掌握了，就已经是一个非常优秀的学生了。我们还能奢望学生会主动地质疑教材、质疑教师的观点、质疑前人的说法吗？

没有疑问，不具挑战性，越来越像小学低年级的课堂，这是我到过许多职业学校听课后对当前职业学校课堂的基本判断和评价。

没有疑问，就没有思考，没有思考，何来创造？如果这些都没有，还需要教育吗？

因此，教学过程必须伴随着学生的质疑、思考、解惑、释疑的循环。无论什么课程，如果没有激发学生的积极思考，用苏霍姆林斯基的话来说就是"没有引起学生一定的智力积极性，那么，这堂课就不能说已经完成了教学任务。"

教师没有引起学生的"智力积极性"，原因何在？

教师有没有引起学生的"智力积极性"，只有到了课堂上才能得以验证。其实无论是有或没有，早在上课前，乃至教师备课前就已经确定下来了。这是因为，教师的学识素养，决定了教师的思维品质；教师的思维品质，决定了教师的备课质量；教师的备课质量，又决定了课堂教学效果。

远的不说，我们就说备课。教师备课的过程，也是检验教师思维品质的过程。如果教师缺乏自由之思想，独立之人格，那么，他在备课时注定是唯教材、唯教参、唯课程标准独尊，学生、学情等都不在他的考虑范围之内。备课不备学生，就像做饭做菜不考虑食客，也许自己很满意，但"食客"却未必买账。这样的教师虽然还没有走进课堂，却早已远离了学生。

我们再说上课。教师带着"没有学生"的教学设计走上讲台，就像戏剧演员心中装着剧本走上舞台一样，只管按照套路"演"下去就可以了。"观众"有掌声固然可喜，没有掌声也算完成了任务。

对教师提问的"提问"

我想以"提问"为例来说明问题。

教师提问的目的是什么？是检查学生对已学过知识的掌握程度吗？是检查学生预习、复习的情况吗？是防止学生走神所作的提醒吗？是对不听课学生的一种处罚和惩戒吗?所有这些问题,教师设计提问的时候是否斟酌过?以我的听课经验判断,在设计提问上花工夫的教师恐怕为数不多。较多的提问是属于机械的、随机的、缺乏明确目的的,好一些的提问也是只顾一点不计其余的。我所说的只顾一点,不计其余,是指教师在提问个别学生时,缺乏普遍的针对性,为了提问而提问。说得好听一点,就是为了个别问题提问个别学生。

在职业学校的课堂上,还有两种令人无法接受的"提问"现象:一种是教师煞有介事地提问,而问题的答案就在教材上。学生也煞有介事地起立回答(当然是拿着书本朗读)。教师居然说"很好,请坐下"。另一种情况是,教师所提问题,简单到全体同学可以齐声回答。每当遇到这样的提问,我都如坐针毡,非常难受。这就是我们职业学校的课堂吗?怎么和幼儿园的课堂气氛如此相像?这样的提问能培养出独立思考的学生吗?

综上所述,我想对教师的提问进行"提问":你提的问题是精心设计过的吗?你有没有想过,当你为了个别问题,提问个别学生时,对其他学生是否公平?对教学时间的使用是否科学合理?你的提问是激发了学生的智力活动,还是培养了学生懒惰的习性?

在我看来,提问是课堂教学中非常重要的环节。如果结合本文的话题,那么,提问是引起学生"智力积极性"的重要手段之一。当然,要达到这个目的,教师就必须对提问进行精心的设计。只有精心设计的提问,才有可能使提问的效益最大化,才有可能使提问成为激发学生智力活动的"导火索"。认真学习的学生在预习环节就有可能产生疑问,但学生的疑问往往是零散的、肤浅的、未涉及问题本质的,经过教师精心设计的提问这一环节,才有可能把学生对表象问题的疑惑上升为对深层次问题的质疑。当然,提问不是"引起学生一定的智力积极性"唯一的手段,甚至也不是必须采用的手段。但要提问,请用心问,这应该成为教师们的自觉追求。

2013 年 5 月 31 日夜

教师的范读为什么不见了？

记得在中学上语文课时，老师的范读，是我非常期待的。特别是学习新课的时候，教师声情并茂的范读，对我来说，是理解课文的最好启蒙和指路明灯。

每个人都是独一无二的，语文教师也不例外。因此，不同教师的范读，"味道"也是不一样的。写这篇文章时，我回忆起四十年前的中学语文教师，他们在课堂上的许多情形我大都忘记了，但每一位教师的范读，总还是有些印象的，尽管这印象已经十分模糊了。

近年来，在职业学校听了不少的语文课，一个奇怪的现象是：教师的范读不见了，取而代之的是 PPT 上丰富多彩的图片、被碎片化了的知识点以及教师指挥学生一遍又一遍地阅读课文。

教师为什么不再范读了？我没有进行过专门的调查，所以没有发言权。但是缺失了教师范读的语文课，我总觉得非常遗憾，十分不该。因此有话要说。

(1) 范读对语文课来说，是一种回归。

关于范读的作用，教育界已经讨论了多年，许多语文教师撰文谈了自己的看法和体会，基本形成了共识，诸如理解课文、培养兴趣、激发情感等等。这些我不想多说，我想说的是，除了以上作用外，在目前形势下，范读还是减少浮躁，贴近文本，向语文课的内涵与特质靠拢的一个有效手段。

在今天的课堂上，多媒体已经广泛地被教师采用，教师也从中尝到了甜头。于是，课件代替了板书，视频代替了举例，"机读"代替了范读。我们的语文课越来越现代化的同时，也越来越不像语文课了。语文课原有的教化、美育、素养等功能基本丧失殆尽。在这种情况下，范读对于语文课来说，是一种回归，是一种拨乱，甚至可以说是一种挽救。

(2) 范读对教师来说，既是一个挑战，也是一种救赎。

范读，顾名思义是要读得规范。何谓规范？虽然没有统一的标准，但是，读出作者要表达的思想感情应该是对教师范读的起码要求。正如叶圣陶说："设身处地，激昂处还它个激昂，委婉处还它个委婉……尽情地发挥作者当时的情感，美读得其法。不但了解作者当时说些什么，而且与作者心灵相通。"叶圣陶把范读称之为"美读"，实在妙得很！范读不就是要读出文字的美感、文章的魅力和文体的韵味吗？从这个意义上说，范读对语文教师是一个很高的要求，因此我说是一个挑战。

从另一方面来看，正因为要求很高，通常情况下，学生是做不到的。学生做不到的地方，也正是教师大显身手，发挥示范作用的地方。当然，准备范读，教师要下一番工夫，远比带一个"优盘"去上课来得复杂、辛苦。然而，教师一旦全身心地投入到备课中去，投入到范读的自我训练中去，必然会对自己的精神追求和文化底蕴产生正向的影响。从人生价值的高度看待这个问题，不是教师的一种自我救赎吗？

(3) "范读"也要与时俱进。

与时俱进这个词语具有普世意义。时代在发展，抱残守缺、因循守旧、故步自封、食古不化显然是不行的。教育领域也是如此，许多过去行之有效的教学方法、教学手段也面临着扬弃的任务，即使是应该保留的一些做法，也必须赋予时代特征，比如范读。今天的范读我觉得要注意这样几个问题：

第一，教师的范读不应再是学生阅读的标准。过去的范读是为学生树立一个榜样，具有标准意义，现在的范读应该是教师先读，带头读，带头读好。

第二，教师的范读不应是先入为主的阅读。我的意思是说，在教师范读以前，应该要求学生充分预习并充分阅读。学生带着阅读的体会和感受来到课堂，再听听教师的范读，再听听其他同学的阅读，取人之长，补己之短，相互借鉴，共同提高。如果学生没有充分的预习和练习，教师的范读极有可能造成先入为主的后果，从而限制了学生个体创造性的发挥。

第三，教师的范读不应是"孤"读。教师的范读好像开座谈会先发言一样，带个好头，与会者的思路被打开了，发言也就踊跃了。与会者都能积极发言，座谈会的目的也就不难实现了。教师的范读也应该是这样，不能自己读完就了事。能够激发学生阅读愿望的范读，才是我们所需要的、真正意义上的范读。

总之，教室里的书声琅琅，不应少了教师范读的抑扬顿挫。

回来吧，教师的范读！

2013 年 11 月 12 日

没有体现学生差异的课，不能算作好课

　　我上初中的时候，语数外三门主课成绩都很优异，尤其是数学更为突出。每次上数学课，都是我大显身手的时候。我的同学好友，语文成绩拔尖，语文课上老师常常读他的作文，自然也吸引了同学们羡慕的目光。那个年代就是这样，每一门课程都有学习尖子，上到哪一门课，哪一门课的学习尖子就显得气定神闲，举手投足都洋溢着成就感和优越感。正是在这些学习尖子的带动下，班上同学你追我赶，形成了浓厚的学习氛围。

　　这样的学习氛围，在现在的职业学校似乎大大淡化了。优秀学生得不到表现，落后学生没有压力感，是当前职业学校课堂教学的基本特征之一。进一步说，优秀学生得不到表现，也就等于没有激励；优秀的没有激励，中间的也就没有动力，落后的当然也就没有压力了。

　　有的职教同仁或许会提出质疑：为什么非要让学生之间存在差异呢？让学习成绩好的迁就一下，学习成绩差的努力一把，以学生的中等水平为依据来设计教学，不就可以做到皆大欢喜了吗？我的看法不是这样。下面，我就以这个观点为例，做一些简要的分析：

　　(1) 这个观点在逻辑上存在问题。

　　我们姑且承认这个观点是合理的、正确的，那么按照这个观点来实施课堂教学，"走得快"的学生要等一等后面的"大部队"，"走得慢"的要快走几步，撵上"大部队"，如此一来，全班的步调一致了，前进速度均匀了，那么还有所谓的"中等水平"吗？

　　(2) 这个观点对三类学生都是不公平的。

　　在任何一门学科的学习中，正常情况下，成绩都会呈现正态分布，即两头小，中间大。教师的任务是面向每一个学生，促进每一个学生的发展。由于学生所处的位置不同，促进的方法、目标也就不同。"走得快"的学生，教师应该想方设法让他们走得更快；"走得慢"的学生，教师应采取有效措施帮助他们赶上来；对于"中间大部队"，教师应该鼓励他们以"走得快"的为榜样，争取赶超。只有这样，才是对每一个学生真正地负责任。让"走得快"的学生等一等，无论从教育理论层面还是从实践操作层面，都是不公平的。不仅如此，没有了"走得快"的，"中间大部队"和"走得慢"的都失去了学习和赶超的目标，因此，对他们来说也是不公平的。

"以学生的中等水平为依据来设计教学"是无可非议的。但这并不等于对学生中原本存在的差异视而不见，更不等于把所有学生的水平框在中等水平上。

(3) 这个观点实施的结果是全体学生水平下滑。

现在的职业学校，领导层都在讲课程改革，到了课堂上就会发现，教师的教学由于没有硬性任务和指标(考证课除外)，就只讲最基础的知识，因此，学生的学习也就不会遇到任何障碍。在没有任何障碍的课堂上，师生获得的是轻松，失去的分别是职业价值和学习动力，相伴随的必然是职业倦怠和青春迷茫。

其实，学生中的差异是客观存在的，既不能人为地让它产生，也不能人为地让它消失。认识差异，承认差异，并不是为了消灭差异，而是要在体现差异的基础上，改变差异的静态性质，让差异变为动态的、更高水平上的差异，让差异的动态变化，成为激发学生学习积极性、提高教学质量的重要动力源。

因此，我的结论是，如果在课堂上没有体现出学生的差异，那么，这堂课就不能算作好课。

2013 年 11 月 14 日

教学时间是如何浪费掉的?

听课评课,常常对教师建议,能否进一步把课堂还给学生呢?教师的回答惊人地相似:我想过要这样做,我也知道应该激发学生自主学习的积极性,可是那样一来,教学时间就不够了啊!

不能说教师的回答是没有道理的。教师的授课计划对每一个单元和章节都规定了时间。如果在某一个环节拖延了下来,整个授课计划就无法完成了。于是,教师只能做到"双规":在规定的时间,讲完规定的内容。

我们应该如何看待这个问题呢?

一、培养学生自主学习能力,从教学时间的利用上看是划算的

学习首先是学生自己的事情,所有的教学工作都应该从这里出发。从这个视角看问题,教学目标是源于学习目标,教学任务是源于学习任务的。不能想象脱离了学习目标和学习任务,教学目标和教学任务还有什么实际意义?因此,我觉得,每一位教师都应该认真思考下面两个问题:

第一,我们为什么要教学?

我们为什么要教学呢?具体说,我们为什么要给学生开设一门门的课程呢?难道开设这些课程就是为了让教师完成任务的吗?显然不是。每一个教师都知道,所有课程都是根据学生的发展需要开设的,也就是说,都是为学生学习服务的。既然如此,教师为了完成教学任务而牺牲掉学生自主学习能力的提高,牺牲掉学生对知识的透彻把握,这不是本末倒置了吗?这不是典型的"我们知道从哪里来,但我们不知道往哪里去"吗?这不是典型的忘记了"我们为什么要出发"吗?

第二,激发学生自主学习能力,真的和教学进度相冲突吗?

为了让这个问题的答案更有权威性和科学性,我不想阐述什么"大道理",我想直接引用一些著名教育家和教学名师的观点来说明论证。

前苏联教育家赞科夫是这样看待这个问题的,他说:"我们不能忽视这样一点,就是让学生自己去寻求问题的正确解答。这不仅对他们领会知识和掌握

技巧，而且对他们的发展都具有重大的意义。"接下来他就说到我们想知道的答案了："这样日积月累下来，学生的发展水平提高了，就为提高知识质量打下可靠的基础。如果我们能在学生的发展上取得较大的进展，那么不需要额外增加教学时数就能够在教学上得到好的成绩，而且这样所花费的时间反而会大大减少。因此，单从所花费的教学时间上来说，这样做归根到底还是很合算的。"[1]

教学名师魏书生说他自己"不会教书"，他是这样解释自己为什么"不会教书"的："我不会教书，是学生教会了我教书；我不会改变后进生，是后进生帮我学会了怎样教后进生；我总是与学生商量着怎么学、怎么教。"[2]

教学名师李镇西也有类似的观点："教育者应具备明察秋毫的教育敏感、情不自禁的教育本能和化险为夷的教育机智。做到了这些，教育者所期待的'最佳教育时机'是随处可见，并且常常不期而至。"[3]

魏书生的"与学生商量着怎么学、怎么教"和李镇西强调的"教育敏感、教育本能、教育机智"会不会与教学进度相冲突呢？他们用自己的实际行动，验证了赞科夫观点的无比正确性。他俩因为名声在外，经常外出讲学，公务也十分繁忙。但他们的学生并没有因此受到影响。在他们所教授的班上，按计划要一学期才能学完的内容，学生最多只要三分之一的时间就掌握了全部内容，剩下来的时间主要用来阅读和拓展性、研究性的学习。

教育家的理论和教学名师的实践告诉我们，培养学生自主学习能力，不仅不会影响教学进度，相反，学生一旦有了自主学习的能力，他们花在学习教材上的时间会大大减少，学习效果则会取得更大的进展。

二、教学时间是如何浪费掉的？

前面已经论述了培养学生自主学习能力不仅不是浪费教学时间，而是对教学时间的充分利用和有效节约。那么，我们反过来是否就可以说，如果不注重培养学生的自主学习能力，不把课堂还给学生，不调动学生的积极思维，就会造成对教学时间的利用不充分甚至是浪费呢？

从对教学一线的观察中，我们很容易地发现，浪费教学时间的现象比比皆是。举两个课堂教学实例来说明：

（1）在某职业学校听课，教师讲授的是《伯格曼法则在北极》。总体看，这堂课上得成功精彩。但在教学时间的利用上也是值得商榷的。比如，教师在带领学生"让我们认识北极"后说："下面，给大家三分钟时间，阅读课文，找出生字词，分段。"依我听课的经验判断，教师说的三分钟只是个约数，很有可能是一两分钟，也有可能是四五分钟。在许多教师那里，几分钟的时间误差是无所谓的。我关注的不是这个问题，而是给学生这三分钟的必要性问题。我想和这位教师商榷的是：这三分钟的必要性何在？学生有没有预习过课文？如果预习了，还要再给这三分钟吗？如果没有预习，这三分钟能解决什么问题？

"三分钟"后，教师提了几个问题(用课件展示，答案也在课件上面)。这个套路不是这个教师独有的，而是职业学校一种比较普遍的现象。

(2) 一位教师讲鲁迅的《纪念刘和珍君》，整整一堂课没有触及到课文内容和鲁迅文章的特点。教师在提问了两个问题作为导入新课的过渡后，让学生看课文"找一找生字词"。就在学生看课文的时候，教师在黑板上书写了八个词语。

既然让学生找，教师为什么还要写到黑板上呢？

不知过了几分钟，教师说可以了。然后，他不问学生找到哪些生字词，而是叫一个学生上黑板，把那八个词语中加点的字注音。一名女生拿着教材上去，把注音标了出来。我拿过学生的教材翻看，教师写的八个词语中，有四个是教材注释上已经注音了的。

学生给加点的字注音后，教师带着学生开始读黑板上的八个词语。

我边听课边在想，职业学校的学生都是高中阶段的人了，还用得着教师带着读吗？更何况在信息时代的背景下，教师还需要花许多时间解决生字词吗？学生不会查字典吗？学生不会"百度"吗？把宝贵的教学时间用在这方面，有多少价值呢？

赞科夫早已对小学教师说过："使新的词汇进入儿童的语言，不是单靠直接地讲解词的意义，而是另有一条途径：学生第一次碰到一个生词，又第二次、第三次地碰到它，借助上下文就可以理解它的含义。如果对每一个生词都要讲解，势必把文艺作品的阅读课变成词汇讲解课。"

对小学生尚且不适宜这样"直接讲解词的含义"，更何况我们的学生呢？

三、教师浪费教学时间的原因浅析

公正地说，没有一位教师在课堂教学中是故意浪费教学时间的。之所以会出现浪费教学时间的现象，是教师对一些教学环节和教学方法的把握有待进一步探究。笔者认为，以下几个方面应引起教师的注意。

(1) 没有充分利用学生已有的知识。把学生已经知道或者学生轻易就可以查到的知识以及教材上写得清清楚楚的内容放在课堂上讲，是职业学校课堂另一个较为普遍的现象。我曾经撰文对这种现象做过描述：教师把教材上的内容搬到课件上，然后让学生把课件上的文字读一遍；接下来，让学生按照课件上提出的问题看书找答案；接着是提问，学生百分之百地回答正确(因为答案就在教材上)。最后教师把鼠标轻轻一点，课件上立刻出现了正确答案(当然也是来自教材或注释)。我过去只是从课堂教学容量小、学生没有遇到挑战的角度来评价这种现象。从浪费教学时间的角度看，这种现象同样也是应当予以批评的。

看一些教学名师的上课实录很受启发。他们无论是在自己任教的班级上课，还是在外校"借班"上课，都能取得成功。其中一个重要原因就是，他们善于找到学生的起点。学生已经掌握的他们不讲，需要学生未来掌握的他们也不讲，他们所讲的正好是学生当下所需要的，也正好是学生可以理解和愿意接受的。

(2) 教学方法不得当。最近一段时间比较集中地听了不同学校的语文教师讲授《静女》、《假如生活欺骗了你》、《再别康桥》等诗歌。采取的教学方法也非常雷同，那就是除了解决生字词、作品背景、作者介绍外，就是让学生多读。多读的手法是多样化的：提问个别学生读，分组读，集体读，同位之间相互读，分角色读等。一堂课下来不是读三五遍，而是读十多遍。

毋庸置疑，文学作品是需要多读的，更何况听说读写是学生要掌握的基本能力。问题在于读什么？怎样读？何时读？一篇课文或一首诗歌在一堂课上让学生读许多遍，这样的教学方法合适吗？

赞科夫对这种现象提出了批评，他说："同样这么一篇课文，就得重复地读上五遍！此外，编提纲和复述，还要求学生能回想起课文来。采用这种教学法不可能激发学生的创造性因素，而只能把它扑灭。"

赞科夫说出了我想说的话。我坚持认为，学习和欣赏艺术作品一定要坚持美感第一，一定要把触动激发学生的思想放在首位。职校教师的上述做法给我的感觉是把作品的美感和艺术魅力知识化、碎片化乃至技能化了。小学低年级学生需要书声琅琅，作为高职阶段的职校生更需要感悟联想。书声琅琅得到的是知识的积累和情感的启蒙，感悟联想得到的是心灵的触动和精神的丰富。

(3) 对学生的时间重视不够。我们通常强调的有效教学，从根本上来说，也可以理解为对教学时间的充分利用。

充分利用教学时间，培养学生自主学习的能力，并不是单纯为了提高学习效率。在职业教育领域，成长比成绩更重要，态度比效率更重要。美国教育家杜威在《经验和教育》一书中说:"也许人们对于教育最大的错误认识是,一个人学会的只有他当时正在学习的东西。其实,伴随学习的过程形成持久的态度……也许比拼写课或地理历史课更为重要……因为这些态度才是在未来发挥重要作用的东西。"毛泽东也说过:"学校的一切工作,都是为了学生的转变。"为了学生的态度,为了学生的转变,我们要重新审视我们是如何利用教学时间的,或者反过来说,我们是怎样浪费学生时间的?

笔者认为,在我们职业学校教师的头脑中,"学生的时间"这个概念并没有真正树立起来。在潜意识里,我们有可能没有把学生的时间当回事。客观地说,相当一部分学生也没有把自己的时间当回事。但作为教师,我们不能"跟着感觉走",我们必须树立"学生的时间我们浪费不起"的意识。正如一位学生在 QQ 上对我说的那样:我们还有多少时间可以浪费啊!

是的,学生的时间我们浪费不起。每一个做教育工作的,都应该谨记这一点。

2013 年 11 月 10 日

参 考 文 献

[1] [苏]JI.B.赞科夫. 和教师的谈话. 杜殿坤,译. 北京:教育科学出版社,1980.

[2] 魏书生. 教学工作漫谈. 南京:译林出版社,2013.

[3] 李镇西. 教育是心灵的艺术:李镇西教育论文随笔选. 上海:华东师范大学出版社,2015.

教师有没有进入状态，学生知道！

晚上，临睡前，我和女儿站在卧室外的走廊上聊了一会。女儿有点兴奋地告诉我，今天的"洒哥"(女儿的语文老师，在女生眼里，他很潇洒，女生在背后都这么叫他)课收获很大。然后絮絮叨叨地说了语文课上的事。主要内容是："洒哥"让同学们各选一个主题，然后议论发挥，目的是为了相互启发、借鉴，遇到多种题材、不同主题的作文，学生该怎么去写。别的同学都说了奋斗、毅力、坚持等主题，然后一一阐述自己的写作思路。轮到女儿时，女儿说出了"旅行"这两个字。"洒哥"转身在黑板上写下了"旅行"。突然，"洒哥"转过身来，眼睛瞪得大大的，有些激动地说："这个主题好！"然后"洒哥"旁征博引，才思泉涌，大谈特谈旅行对于人的身心是多么的重要！我插话说，"洒哥"有没有讲到，旅行是一个人精神的漂泊，是一个人和自然对话，是一个人在一种特殊的环境下，让自己的心灵受到洗礼，是一个人面向蓝天、大海，反思自己的人生，叩问自己的心灵？女儿说，对对对！"洒哥"讲的大意就是这样的，"洒哥"的语言可美了，"洒哥"的联想可丰富了。女儿还说，我一直等着说说自己的想法呢，谁知"洒哥"滔滔不绝地讲下去，越讲越激动，最后完全把我忘了。我又插话说，不是"洒哥"把你忘了，是他进入状态了。

女儿一边向卧室走去，一边嘴里还念叨着：旅行，旅行……

听完女儿的"汇报"，我大体弄清了女儿"有点兴奋"的原因：第一，是女儿提出的主题"旅行"，受到了"洒哥"的表扬，心里乐滋滋的；第二，"洒哥"进入了一种任思绪飞扬的"忘我"的状态，毫无疑问，"洒哥"的这种状态感染了学生。虽然女儿说她并没有完全听懂"洒哥"在"梦游"状态下说的每一句话，但这堂课让她有所触动，有所感动。

自己不感动，能感动学生吗？自己不激动，学生会有所触动吗？学生有所感动，有所触动，比学一大堆所谓的知识要有用得多。

女儿睡觉去了，我却进入了思考的状态：什么是一堂好课？一堂好课的标准是什么？一堂好课有没有固定的模式？作为老师，在课堂上突然"忘我"了，信马由缰了，这种状态符合有关"标准"吗？想来想去，不得要领。我没有多少理论水平，想到很多问题，却往往没有明晰的答案。于是，按照老的套路，还是回到常识的角度来看问题：把这些问号留给专家们去解答吧，我只能从直观感受出发。我认为，"洒哥"今天的这堂课，绝对是一堂好课！要问理由，只有一个：学生们喜欢，我也喜欢！

在我多年的教学生涯中，也有过多次"忘我"的状态，而且这种"忘我"的状态可遇不可求，正如写作中的神来之笔，是自己无法掌控、无法预料、当然也无法事先安排的。一旦遇到合适的环境、语境、氛围，这种状态便会不期而至，不请自来。而且每逢遇到这样的状态，事后我都有一种深深的满足感、成就感、自豪感。

平日乱翻书，加上自己的成长经历，这类例子似乎并不少见。

据说朱自清给学生讲诗词，"照本宣科"地朗读一遍，然后闭上眼睛，表现出无比陶醉的神情，嘴里轻轻吐出几个字："好诗！好诗！"然后把书合上，这首诗词就算讲完了。多年以后，学生忘记了许多在课堂上学到的知识，却对朱自清的"好诗！好诗！"记忆犹新。

读大学中文系时，徐师大(现在改为"江师"了，很不好听)的张良老师给我们讲鲁迅，讲到兴头上，张老师便会手捂胸前，闭上眼睛，开始大段大段地背诵起鲁迅的文章来："各自解放了自己的孩子，自己背着因袭的重担，肩扛住了黑暗的闸门，放他们到宽阔光明的地方去，此后幸福地度日，合理地做人。""真的猛士，敢于直面惨淡的人生，敢于正视淋漓的鲜血。这是怎样的哀痛者和幸福者……"对张良老师的课，我们有争议，有的同学认为，他的课貌似精彩，其实并没有教给我们什么。有的同学则认为收获很大。我是倾向于后者的。我的判断标准只有一个：张良老师在"闭着眼睛大段大段地背诵鲁迅作品"时，作为学生，是一种享受，还是一种煎熬？如果是前者，那么，就没有理由否定张良老师的授课。我每次听张良老师的课，都感觉是一种享受。

同样是"江师"的徐荣街老师给我们讲现代诗歌，也基本上是只介绍，不分析。就像一个偷懒的导游，只说明这是个什么景点，至于景点的妙处、稀奇处、绝佳处、5A级别等，一概不"导"，让你自己去"游"。记得他给我们讲徐志摩的《再别康桥》的时候，清爽地朗读了一遍，然后也是放下了讲义。环顾了坐得满满的阶梯教室的学生，有点狡黠地说："这首著名的《再别康桥》我就不做分析了。我的观点是，分析一首好诗，无异于践踏这首好诗。总之，你们记住，热恋的时候读这首诗，很有感觉；失恋的时候读这首诗，很有共鸣；寂寞的时候读这首诗，很有触动；高兴的时候读这首诗，很有味道。"

三十年过去了，我在"江师"学到的许多知识都已忘记，但张良老师的"闭目背诵"、徐荣街老师的"践踏好诗"、邓星雨老师的"出口成章"、顾易生老师的"幽默一笑"以及王进珊老师的"击节演唱"等，却在我的脑海里留下了深深的记忆。我相信，"洒哥"今天的"梦游"，也会在女儿心中刻下深刻烙印的。

2012 年 3 月 5 日夜

浅析职业学校课堂教学中的"互动"环节

在课堂教学评价指标体系中，学生积极参与、师生互动、生生互动等往往被列为重要的指标。为什么要把这些作为观测点？不少教师简单地理解为，课堂教学不能满堂灌，要调动学生的积极性，所以要求有互动。这种观点隐含着一个看法：教学活动是教师主导的，但为了活跃课堂气氛，为了完成教学任务，因而需要学生参与进来。概括地说，互动是为教师完成教学任务，并取得更好的教学效果服务的。有了这样的认识，"互动"就成为教师的"教学所需"，而非学生的"学习所需"。这样的"互动"就和学习主体——学生，有了不小的隔膜，因此，是值得质疑和探究的。

一、课堂教学"互动"环节的主要形式及存在问题

（一）频繁提问

目前，提问已经成为职业学校课堂上必不可少的教学环节。在听课时，我们总是可以看到教师在频繁提问。这种现象，教育学者程红兵称之为过去是"满堂灌"，现在是"满堂问"[1]。通过提问，看起来每一个问题、每一个环节都有学生参与了，但是，这样的提问就是"互动"吗？笔者曾写过《对教师提问的"提问"》一文，对这种单向的提问进行了分析并指出其弊端，这里不再赘述。笔者想补充说明的是，为了调动听课者的积极性，也为了约束听课者不能走神，企业培训的一些做法值得我们借鉴。企业的培训师在培训新员工时，也常常采取提问的方式，让员工回答问题。当这个员工回答问题后，培训师往往会提问下一个员工，让后者复述前者的观点，并表明自己的态度。如此一来，每一个参加培训的员工都必须全神贯注地听取每一个被提问者的发言，以备自己复述和评议。这种形式虽然有些强迫，但非常奏效。相比之下，我们的提问往往是单向的，当一个学生被提问时，其他学生也就成了"没事人"。

（二）分组讨论

为了彰显课堂上的互动，许多教师喜欢采用分组讨论的形式。笔者在观察了不少"分组讨论"后发现了几个问题：一是分组了，但未讨论。二是有参与

讨论的，也有未参与讨论的，教师并没有采取针对性的措施。三是讨论的问题本身没有难度，换言之，没有什么可供讨论的。四是讨论结束后，每个组只有一名学生起来发言，其他学生成了旁观者。五是组与组之间没有交流，更没有争论。这样的"分组讨论"，显然是走走形式，没有多少实质意义。

（三）上台演示

让学生走上讲台，发表看法，讲述故事，演示课件等互动方式，也是许多教师常用的招数。但据笔者观察，这种方式容易出现以下问题：一是上台的学生独来独往，缺少教师的点评和学生的"争鸣"。二是运用过度，占用了大量的教学时间。三是教师事先有安排，个别学生有预演，与多数学生毫无关系。

笔者曾发现一个政治学科的教师，让每一个学生讲一个爱国的故事，一堂课大约安排五六个学生。这个班的学生五十人左右，需要用八九节课的时间才能将这个项目进行完。很显然，这八九节课教师可以优哉游哉地休息一下了。这样的"上台演示"属于"变了味"的互动，应该予以制止。

（四）播放视频

根据教学内容的需要，在课堂上适时、适度、适当地播放一些视频、音频，当然是可以的，也是必要的。但有些教师没有做到适时、适度、适当。第一是不适时，即视频音频放的不是时候。学生没弄清楚教师的意图，视频音频就开始播放了。第二是不适度，有的教师配合教学的需要，播放一些很有教育意义的电影。两节课时间都用来看电影了。当笔者对这种做法提出异议时，有教师反驳说，学生不看完，怎么接受教育？如何组织讨论？笔者反问：(1)既然如此，为什么不能作为课外作业让学生在课余时间看呢？(2)有教育意义的电影太多了，如果播放电影能代替教学，还要我们干什么？第三是不适当，即播放的视频音频纯属迎合学生的趣味，与教学内容关联度不大。

教师怎样播放视频音频才算是适时、适度、适当？回答这个问题显然不能一概而论，即不能用一个"死"的标准来规范"活"的课堂。恐怕还是要回到如何有利于"学"得更好这一常识来加以甄别。举例说明。笔者所在学校有一位"就业与创业指导"课程的教师，她在课堂上讲到学生要学会本领，学会做人时，提出一个问题：你们知道父母对你们的期望吗？讲到这里，她插播了利用业余时间采访的学生家长的音频。家长的殷殷期望，朴实的话语，让学生流出了眼泪。笔者认为，这种形式的视频音频才是适时、适度、适当的。

（五）相互纠错

在一节普通话的训练课上，教师为了巩固学生正确的发音，挑选了一些片段，提问学生朗读，然后给其他同学布置任务：找出错误。大约半节课的时间就是以这种方式度过的。这种做法改变了那种单向的提问方式，把学生发动起来了，的确有新意、有创意。但在课后同教师交换意见时，笔者依然提出了几点质疑：(1) 这样的相互纠错，给我的感觉就是纯粹技术性的训练，不符合课堂教学的三维目标。(2) 当一个学生被提问朗诵时，就立刻变成了"靶子"，供大家来挑毛病，这对学生的心理活动是否产生不利的影响？(3) 经过这样的训练，学生今后在运用普通话时，可能就会把所有注意力放在发音上，而忽略了真情实感的表达。我们是职业学校，不应该更加注重三维目标的有机融合吗？教师解释说，因为临近普通话考级，所以才强化训练的。笔者想说，如果失去了情感态度价值观的维度，即使多考了几个高等级的学生又有什么意义呢？考虑到教师有考核的压力，这些话笔者没有说出口。笔者宁愿看到学生发音有些瑕疵但激情饱满、抑扬顿挫的朗诵，也不愿意看到面无表情、目光呆滞但发音准确的朗诵。毕竟我们不是播音专业！即使是播音专业，恐怕也会更加注重情感的渗透和融入吧？

二、怎样"互动"才是有效的、理想的？

列举了这些有问题的互动之后，应该对什么是理想的互动给出一个明确的答案。对此，笔者坦言，自己缺乏研究，给不出这样一个答案。如果非要回答，只能说说自己对这个问题笼统的看法。

(一) 弄清楚为什么要"互动"更为重要

笔者认为，要回答什么是理想的互动，首先要弄清楚为什么要互动？互动的目的是什么？弄清楚这两个根本问题，理想的互动也就不言自明了。

教的本质是为了学，教的一切方法都是为了让学生掌握学的方法，教的能力的高低主要体现在学的能力是否有提高、提高多少？这些教学真谛虽是老生常谈，但常谈常新。因为我们在教学中，往往会不知不觉地丢掉了这些真谛。课堂教学中需要不需要互动？需要什么样的互动？绝不是一个形式的问题，而是一个反应教学本质的问题。一堂课下来，即使教师没有提问一个学生，即使都是教师在讲，或反过来，教师几乎没讲什么，都是学生在讨论、在读书、在思考，我们能说这堂课一定没有互动吗？一定不是一堂好课吗？教师与学生在思想上的共鸣、情感上的交融、精神上的沟通，不也是"互动"的一种形式吗？

(二) 理想与否是相对的，追求"互动"的有效性才是现实的

"教学有法，教无定法"。课堂教学没有最好，只有更好。"互动"只是课

堂教学的一个环节，运用得当，使之成为促进学生学习的有效有段，这是我们应该追求的目标。笔者认为，有效的"互动"应当具备如下特点。

(1) 有效互动一定是因为学生而动的。上面所说的四种互动形式本身没有问题，问题出在互动是为教师的教学服务还是为学生的学习服务上面。如果是为教师教学服务的，无论什么样的互动都是违背教育规律的。如果是为学生学习服务的，采取什么样的形式互动就是非常次要的问题了。只要是对学生的学习有帮助的，教师的一个眼神、一个手势、一次提问、一个表情，都可以称之为有效的互动。

(2) 有效互动一定是面向每一个学生的。教育是面向人人的，教师应该关注每一个学生，这些道理尽人皆知。但不少教师在安排、设计互动环节时，往往忽略了这一点。互动环节，要么成了少数学生表演的舞台，要么成为教师制约学生的一种手段，或者成为全班学生说话聊天的"有利时机"。在课堂上，教师应该善于捕捉每一个学生的眼神，善于观察每一个学生的反应，尤其是那些平时较为孤僻的、内心敏感性格内向的以及学习有些障碍的学生。要有意识地给这些学生创造机会，让他们慢慢阳光起来、勇敢起来、自信起来。

(3) 有效互动一定是师生平等的。教学过程是师生对话影响的过程，这是我一直以来坚持的一个观点。对话影响的前提就是师生平等的交流。然而在我们的课堂上，这样的平等并不多见。多数情况是，教师仍然以知识的代言人身份出现在课堂上，学生处在被动、从属的地位。因而，教师的教学设计中原本也没有打算听取学生不同的见解和看法，教师所预设的答案才是唯一正确的答案。实际上，在课堂上学生是有很多即兴的、彰显个性的发言或表现的，但如果教师没有带着一颗理解、尊重的心对待学生的这些表现，那么，有可能产生的思想火花和教育生成就会稍纵即逝。课堂教学也就变成了学生跟着教师的思路走，跟着教师的课件走。看起来是教师带领学生完成了教学任务，实际上是学生完全按照教师的预设度过了 45 分钟。教学任务有可能完成了，但学习任务完成了吗？教学任务与学习任务是两码事吗？学习任务的完成不是教学任务的最终目的吗？这些问题都是非常值得我们思考的。

(4) 有效互动一定是激发学生思维的。互动不应该只是形式上的热闹，而应该是触动学生思维之后自然而然产出的结果。在职业学校的课堂上，教学内容不具备挑战性，不能激发学生的积极思维，恐怕是最为严重的问题之一。正如苏霍姆林斯基所言："教师想出的各种巧妙办法，都是为了尽可能地减轻学生对掌握教材的困难。结果得出一种很荒诞的情况：按教师的本意应该是减轻学生的脑力劳动的办法，却在实质上把学生教得不会从事脑力劳动了。"[2] 不幸的是，不少职业学校的课堂现状正是如此。我听了许多节课发现，教师提问的问题或者让学生分组讨论的问题，答案就在教材上。这样的互动价值何在？意义何在？课堂教学总是在学生的"现有发展区"徘徊，学生原本就不多的积极思维也消磨殆尽。

(5) 有效互动一定是分享共享的。在课堂教学中，不少教师不注意互动环节的分享和共享，互动环节成了教师和个别学生的对话。教师和其他学生之间、学生与学生之间没有横向的交流与沟通，没有思想的碰撞与互补，没有相互的纠偏与启发，花费同样的时间，效率却非常低下。有的时候不仅是效率低下，甚至可以说是在浪费大部分学生的时间。

课堂教学离不开分享和共享。无论教师如何设计，最后要达到的课堂教学效果都应该归结到分享、共享上来。其中包括师生之间的分享与共享、同学之间的分享、共享。没有分享与共享的课堂教学无论如何不能算是有效教学。

为什么我们的教学过程缺乏分享和共享？责任在于教师而不在学生。按照日本教育学者佐藤学教授的观点，教师的作用主要体现在"串联"上。他说："'串联'是教学的核心。教师在教学中把教材与儿童串联起来，把一个儿童同其他儿童串联起来，把一种知识同别种知识串联起来，把昨天学到的知识同今日学习的知识串联起来，把课堂里学习的知识同社会上的事件串联起来，把儿童的现在同未来串联起来，探讨课堂教学中的教师的活动，无非就在于探讨这种活动是否成为'串联'的活动。不过，当我们个别地考察教师的活动时会发现，'切断'的情况比'串联'的情况更加普遍。"[3] 佐藤学所分析的是日本的基础教育情况，就笔者听课的体会而言，他的判断完全适用于我国的职业教育。在职业学校的课堂上，也存在着"切断"比"串联"的情况更加普遍的现象。不是我们的教师不懂得"串联"、不会"串联"，而是众多的外在因素导致了教师放弃了"串联"而选用了"切断"。究竟是什么因素导致教师放弃了"串联"？这是一个需要专门讨论的问题了。

2014 年 12 月 28 日

参 考 文 献

[1] 程红兵. 做一个自由的教师. 上海：华东师范大学出版社，2013.

[2] [苏]B.A. 苏霍姆林斯基. 给教师的建议. 2版. 杜殿坤，译. 北京：教育科学出版社，1984.

[3] [日]佐藤学. 教师的挑战：宁静的课堂革命. 钟启泉，等，译. 上海：华东师范大学出版社，2012.

如何让学生在课堂上"疲劳并快乐着"？

　　在职业教育领域，课堂教学是很少受到关注的。即使谈论课堂教学，也大多是从教师教学的角度谈课程改革，谈精品课程等，很少提及学生的课堂生活的感受。或许有些同志会不以为然。这些同志会说，我们一直是非常在乎学生课堂生活的感受的。我们培训教师、抓教学质量、抓课程改革、抓教材改革等不都是在乎学生感受的举措吗？

　　我想，本文要探讨的话题和一些同志所言的情况有可能不是一回事。我所说的学生课堂生活感受是指学生每上一节课，他们的心理和身体感受，而不是学生对教师的教学如何评价。两者虽然有交集，但侧重点显然不是一码事。

　　经常听课的人都会遇到这样一种情况：当教师的授课非常枯燥乏味的时候，听课人会感觉很累，很疲劳。说度"分"如年，或许有些夸张了，说45分钟难熬却是一点都不过分的。听课人如此，那么学生呢？学生上这样的课就不会感到疲劳吗？我们听课人不过是"听听"而已，甚至不"听"亦可，学生则不仅要听，而且还有理解，还要应用，比听课人是不是更累、更疲劳？我们听课人不过是"偶尔为之"，学生却是天天不得不"为之"，而且每天要上五六节课，相比之下，又是谁更累、更疲劳呢？

　　我以为，学生听课是否疲劳，恰恰是我们很少去考虑但又是我们应当重点考虑的问题。因为这个问题与提高教学质量有着直接的联系。

　　从教育科学的角度看，教学质量的高低最终只能通过学生掌握知识技能的情况、学生课堂学习效果以及学生身心的发展来检验。离开了学生的学习质量，也就谈不上教师的教学质量。因而，关注学生听课是否疲劳，在乎学生听课的直接感受，实在是非常紧要的。

　　我之所以说我和有些同志谈论的不完全是一码事，是因为教师的教学质量高或低，都有可能使学生产生疲劳感，然而这两种疲劳感却有着质的不同。在一些优质课堂上，学生在教师的引领和点拨下，自始至终进行着积极而又紧张的思维活动，上这样的课自然是不轻松的；而在一些枯燥乏味的课堂上，学生提不起任何兴趣，疲劳感也会油然而生。正如苏霍姆林斯基所分析的那样："在这种课上，学生没有感到紧张劳动后的健康的疲劳。但是儿童在枯燥乏味的课上所感到的疲劳，往往大于他们在那些充满着紧张的、内容丰富的劳动的课上的感觉。""应当对课堂教学补充提出一条很重要的要求，课堂教学应当引起良好的情绪感觉，即从学习中得到的满足感、从掌握新知识的紧张劳动中得到的健康的疲劳感。"

　　大师终究是大师，经典毕竟是经典。苏霍姆林斯基对学生的两种疲劳感做了精辟的分析和阐述。每一个职业学校教师都应该反躬自问：我的课堂给了学生什么样的疲劳？是"紧张劳动后的健康疲劳"，还是由于枯燥乏味而使学生"感到的疲劳"？

　　我清楚地知道，有些教师会对我说的"反躬自问"提出质疑、进行辩解：即哪一个教师都想给学生带去"紧张劳动后的健康的疲劳"，但学生不干。正是由于学生厌学，所以才产生了第二种疲劳，这样的结果能怪我们吗？这样的质疑和辩解，貌似有理有据，其实是站不住脚的。以我三十多年职业学校工作的经验，我可以负责任地说：凡是持有这种看法或想法的教师；要么是经过种种努力的确不见效果，这类教师实在不适宜在职业学校教师岗位上继续工作，要么就是推卸责任，为自己的懒惰找借口。对于第一种情况，应该通过建立职业学校教师队伍的聘用及退出机制，提高入职门槛，引入竞争机制，鼓励人才流动，保持队伍活力。对于第二种情况，似乎也无须做更多的辩驳，我们只消看看这样一个事实，就清楚地知道问题出在哪里了：在每一所职业学校里，在职业学校的每一个专业、每一门学科中，都有少数这样的教师，即他们无论到哪个年级、哪个班级上课，都会受到学生的热烈欢迎，尽管在他们的课堂上学生充满了紧张感，得不到放松的机会，但学生却感到自己"疲劳并快乐着"。恰恰是"少数这样的教师"，他们永远觉得自己的课尚未充分备好，即使在别人看来已经非常"充分"了，可他们还是想着"这里还有不足"、"那里还可以更完善些"、"例子还不够精当"等。据我所知，所有"少数这样的教师"都是用一辈子的时间来备课的——而且从来没有满意的时候。

　　只要我们发现并承认，在自己的周围的确存在着"少数这样的教师"，那么我们也就能够看清自己的差距，自然也就找到了努力的方向。

2013 年 8 月 12 日

我所不能理解的"现在给同学们几分钟时间……"

在职业学校的课堂教学中，我们经常可以看到这样一种情况：老师对全体同学说："现在给大家几分钟时间，把教材第×页的内容看一遍"、"现在请同学们把书上的第三道题目做一下"、"上次课我们布置了几个题目，不知同学们都做了没有？现在再给大家五分钟时间准备一下"、"离下课还有几分钟时间，同学们可以看看书"等等。

课堂教学时间如此宝贵，一些教师就这样大把大把地浪费着，既让我感到痛心，也让我感到气愤。虽然我不太赞成"教育就是服务"这样的观点，但学生交了学费就应该得到教师的指导和培养，这是毋庸置疑的。现在中职生虽然免收学费了，但国家的经费就可以浪费了吗？更重要的是，学生的时间是无价的，教师有什么理由这样大方地让它们溜走呢？

痛心归痛心，生气归生气，还是要平心静气地讨论问题。职业学校的一些教师为什么会这样做呢？是没有备好课，采用这种方法拖延时间吗？我想显然不是。既然不是，为什么不能高效地把45分钟利用好呢？凭直觉判断，我觉得是教师和学生在预习、课外作业这个环节出了问题。也就是说，原本应该在课外解决的问题都拿到了课堂上，要么是教师没有提出相关要求，要么是学生没有预习。我曾经就这个问题与一些教师交换意见，得到的回答是：作业布置了，需要学生预习的内容也布置了，但大部分学生既不能及时完成作业，更做不到认真预习，因此，不得不在课堂上把这些内容补上，明知这样做会影响教学进度，但学生不干，我没有办法。我进一步追问：你在制定教学进度计划的时候考虑这些因素了没有，教师实事求是地回答：考虑了，教学进度就是根据课堂教学的实际需要制定的。

从我听课的情况来看，的确如教师说的那样：教师检查完成作业情况时，只有不到一半的学生按要求做了作业，检查预习情况时，情况就更惨了，只有个别学生进行了预习。这里就存在一个"先有鸡还是先有蛋"的问题：是学生的现状影响了教学进度，还是教学进度原本就是按照学生不预习，不能完成作业的实际情况来确定的。从教师的回答看，显然是后者。换言之，在"学生不干"的情况下,教师只好在课堂上解决所有问题,甚至在正常教学过程中出现了"作业课"、"讲题课"。这就无怪乎我们的一些专业主干课程课时越来越多,教师仍然抱怨课时不够了。

表面看起来,这个问题的焦点集中在"学生不干"上。如果学生"干了",一切问题也都迎刃而解。实际上问题没有那么简单。仅就预习这个环节,我们不妨设问:教师是如何布置预习的?对学生预习提出了哪些明确而具体的要求?学生为什么不预习?学生不预习要付出什么代价,承担什么责任?预习不预习对学生学习新课有什么影响?不弄清这些问题,简单地归因于"学生不干",我以为是不准确的,也是不公平的。

我以为,现在的问题不是教师没有提出预习的要求,也不是学生没有预习的时间,甚至也不是学生不愿意预习,而是师生双方都没有把预习做到位,其中教师要承担主要责任。

预习不到位,主要表现在以下几个方面:

(1) 认识不到位。许多教师错误地认为,预习是预先学习,因而预习只是学生的事情,与教师无关。而学生则认为,预习是教师提出的要求,预习是为了完成教师布置的任务而不是为了自己在课堂教学中更好地学习。

(2) 要求不到位。许多教师在要求学生预习时,没有提出明确具体的要求,有的教师更是把预习简单到"把教材第×页到第×页的内容看一遍"。学生面对没有学过的知识怎么可能知道应该如何预习呢?试想,这样的预习又怎么可能有效果呢?

(3) 作用不到位。都说职校生不愿意学习,但他们为什么在考从业资格证书时,还要求学校增加辅导时间并熬夜看书(尽管是临时抱佛脚)呢?很显然,这是因为从业资格证书对他们有用,拿不到从业资格证书,既影响毕业更影响就业。

从理论上说,预习也是学习,而且是属于学生的真正的学习。认真预习的学生在课堂上会更加积极主动,会比较顺利地解决学习障碍,会取得更好的学习效果。但假如预习没有这样的作用,无论是否预习了,教师依然会"把馒头嚼碎了喂给学生",预习的作用也就丧失殆尽了。说得通俗一点,预习的没有得到好处,不预习的也无需付出代价,而且教师的教学计划也是按照学生不预习来设定的,在这种情况下,我们能怪"学生不干"吗?

不言而喻,预习,是教学工作的重要环节。长期以来,由于师生双方都没有把预习做到位,积累问题甚多,必须统筹解决。解决好这个问题,可以大大提高课堂教学效率，可以培养学生的自主学习的能力，还可以解决学生课后无事可做的问题，实在是一举多得的大好事。当然，要真正把预习做到位，除了师生双方共同努力外，还需要教学管理部门在政策、机制、考核、评价等方面予以积极配合才行。

我始终认为，推动项目化、任务驱动教学模式等是课程改革，解决类似预习这样的实际问题也是课程改革，甚至是更有效的课程改革。

2013 年 4 月 4 日夜

来自课堂的几点感受

常常有机会参加对一些职业学校的检查、视导等活动，这些活动都有听课的环节和要求。听了不同学校、不同专业的课，有些说不出来的感受郁结在心里。一直想找个机会，写一写听课的感想，却又不知从何处作为切入点。

不言而喻，作为专家组听到的课，通常情况下，都代表了这个学校的最高水平。实事求是地说，教师们都很认真，甚至很紧张，为了上好这样的课，教师们都做了大量的精心的准备。从形式上看，可以说都做到了精心备课、教案齐备、教学环节完整、甚至在教学设计上也下了很多功夫。但是，听了这么多的课，总体感觉平平，很少有让人眼前一亮，耳目一新的。在反馈情况，点评听课时，为了保护讲课的教师，我们一般都是从大的方面肯定教师的授课是基本成功的，很少直接谈出听课感受，更不想直言不讳地指出教师存在的问题与不足。

利用网络这个平台，我想谈一谈自己的一些直观感受。我所想到的有这样几个方面的问题：

一、关于 PPT 的使用

说到 PPT 的使用，专家们都会说，PPT 的使用不能滥，必须把握"适时、适度、适当"的原则。专家就是专家，说出的话就是有高度。但专家毕竟只是专家，他们可以在理论上指导我们，但在操作层面，还需要我们自己把握。比如，什么时候用是"适时"？用到什么程度是"适度"？怎么用才是"适当"？专家们可以评判我们是不是做到了"适时、适度、适当"，但如何做到这三点，专家们是不会回答的。

我的看法是，任何科技的进步都会给我们带来某种方便。就说 PPT 的使用吧，的确可以改变传统教学的单调，图文并茂地展示教学内容，课堂教学的时空以及学生的视野都得以扩展，不能不说是一件好事。但同时我们必须警惕的是，科技的进步不能完全取代所有传统的东西。比如，用电脑写作的确方便，特别是有利于修改，但不能因此就摒弃手写。在许多领域还是需要手写汉字的。

再比如，汽车的普及使我们改变了生活的节奏和方式，但是，我们能因为普及汽车了，就完全放弃自行车和步行了吗？显然不是这样的。因此，我的观点是，先进的教育技术我们应该掌握，但同时我们也必须掌握传统的教学方式，比如板书，比如以姿势助说话，比如让学生上黑板演示等等。就像我们虽然有了推土机、挖掘机后，在很多情况下，还必须用铁锹、铁镐才能解决问题。

但是，我在检查时所听的课，教师无一例外地都使用了PPT或幻灯片，无一例外地都没有了板书及板书设计。我认为，这就是个问题了。问题出在哪里？我一时想不清楚。是追求时尚吗？是检查组的要求吗？是学校的规定吗？是学生的呼声吗？好像都不是。那为什么教师都选择了用PPT呢？想来想去无非有以下几个原因：第一，使用PPT，做的时候费一点事，做好了以后可以长期使用，非常方便，无论授课对象是哪个班的，只要带上手提电脑，甚至只要带个U盘就可以了，非常轻松自在；第二，使用PPT，省去了备讲稿的功夫，PPT一打开，所有内容都在里面，讲课时只要对着电脑讲就可以了；第三，现在的年轻教师，字(特别是粉笔字)写得好的不多，使用PPT可以达到"遮丑"的目的。

但是任何事物都有两面性，教师方便了、遮丑了，学生的感受呢？还会像以前那样享受教师的教态、语言，欣赏教师一手漂亮的粉笔字吗？这是要打个问号的。我觉得，教师使用PPT不能做到"适时、适度、适当"，就会出现以下问题：一是简单地把PPT代替了讲稿，这显然不是PPT应有的功能，但目前很多教师正是这样做的。我把这类PPT，称之为"PPT讲稿"；二是"PPT讲稿"预设了教学内容、教学重点、教学难点以及教学进度等，体现的是"教师的意志"、"以我为主"，这与"以学生为主体"显然形成了矛盾。课堂成了教师演说的舞台，而非学生成长的沃土；三是使用了"PPT讲稿"后，教学内容被固化，在课堂上就很难看到教师的"随机应变"、脱稿发挥。PPT既指挥了学生，也管住了教师，课堂失去了应有的活力。

我所在的学校在引进新教师试讲时，是不允许使用PPT或幻灯片的。目的就是为了要考察教师的教学基本功，其中包括板书的设计、粉笔字的书写、教学进度与板书的匹配、教学内容的熟练程度和逻辑性、教师的语言表达、教态以及师生互动等。因为一旦使用了PPT或幻灯片，极有可能像一个人化了浓妆一样，让人们看不到这个人本来的面目。

说了许多使用PPT的是与非，有没有一个良方可以矫正目前滥用PPT的现象呢？我以为，这个良方就是要求青年教师苦练教学基本功。当一名教师教学语言生动、教态自然大方、板书潇洒漂亮、知识渊博而挥洒自如的时候，你让他对着电脑，按照 PPT 的内容平铺直叙地讲下去，他还不干呢！

在 2013 年 1 月举行的全国职业教育信息化建设工作会议暨职业院校信息化教学大赛中，清华大学教育技术研究所教授程建钢对使用 PPT 以及其他现代教育技术手段发表了一番高见。程教授说："能用语言表述的不用板书，能用板书表达的不用 PPT。不能一提信息化建设，就把传统优秀的教学手段束之高阁。"作为此次大赛的总点评，程教授用做 PPT 的时间与精力来思考自己的点评，把要点写在一张小卡片上，握在手中娓娓道来。（2013 年 01 月 21 日《中国青年报》，李剑平：多媒体不等于"倒霉体" PPT 不是"骗骗他"。）程建钢的观点我非常赞同。

口才好的人，会有表达的冲动；板书好的人，会有书写的冲动；逻辑思维严密的人，会有分析说理的冲动；语言幽默风趣的人，会有与人互动的冲动。因此，同样是使用 PPT，平庸的教师做了 PPT 的奴隶，而才华横溢、基本功扎实的教师才是 PPT 的主人，在这样的教师手里，使用 PPT 的"适时、适度、适当"，就是水到渠成的事了。

巧得很，就在写这篇文章的时候，上午在南京高职校开会，这所学校的李燕老师在发言中说了一个她自己上课的实例。她说，有一次正在上课时，突然停电，教室里漆黑一片，PPT 是不能用了，好在她教学经验丰富，教学内容娴熟，把教学内容继续推进。没想到，效果出奇的好，在黑暗中，学生发言特别踊跃。最后她说，这堂课要打分的话，本来可以得 90 分，因为停电，这堂课我认为可以得 100 分。

偶然中的必然。没有了 PPT，课堂更加精彩，这个现象说明了什么，难道不值得我们三思吗？

二、关于课堂上的互动

现在课堂上的互动，好像成了教师展示课改成果必不可少的环节。我在听课时发现，几乎每位教师都有师生互动的设计，但总体感觉，效果一般。

毫无疑问，我是赞成互动的。需要探讨的是什么叫互动？怎么叫学生动起来？

互动，关键在动；动，关键在学生动；学生动，关键在学生自己要动、想动。而现在的课堂是形式上的动、是老师的动、是老师逼着学生的动。这显然不是真正的互动。

其实教师如何启发学生动、学生在何种状态下想要动、教师如何引导学生动等，孔子早就有过精辟的论述。孔子说："不愤不启，不悱不发。举一隅不以三隅反，则不复也。"孔子的这段话意思是说，不到学生努力想弄明白的时候，教师不要去启发他；不到学生弄明白了却又不知如何表达出来的时候，不要去引导他。我理解，启发学生，让学生动起来，有两点要注意，其一，一定要是学生有了愿望时，教师才可以发挥引领点拨作用；其二，即使学生明白了，也要启发学生，让学生自己表达出来。遗憾的是，在我们的课堂上，教师提出的问题，往往不是学生内心想弄明白的，是教师硬塞给学生的。比如，我在一所学校听课时，授课的教师第一句话就是："今天这堂课我们要玩起来，动起来！"玩什么？动什么？怎么玩？怎么动？不仅是学生，连我这个"专家"也是一头雾水。后来才知道，所谓玩起来，动起来，无非是采用分组抢答的方式，把学过的内容复习一遍。这样的玩，这样的动，显然不是学生想要的。所以，学生在这堂课上的思考、发言、讨论、抢答等都是被动的，"被启发"的。虽然教师设置了奖品，但仍给人以生硬的感觉。在授课过程中，有些问题学生有所争论，我暗想，这是启发学生最好的时机，这个时候教师要耐心些、睿智些、沉稳些，因为学生刚刚对问题有了感觉，有了想法，教师要从容地引导学生深入思考、分析、提炼、总结，然后由学生表达出来。但可惜的是，这位教师打断了学生的讨论，迫不及待地把"正确答案"(也即教师备课的内容)告诉给了学生。学生好不容易萌发的一点点好奇心，被教师滔滔不绝的"正确答案"给淹没了。

为什么会出现这样的情况？我想，其原因是，我们的互动是形式上的、表面的，因为教师早已预设好了"标准答案"，互动的过程不是启发学生丰富的思维和想象，而是一步步地把学生引向自己的"标准答案"。学生一旦偏离了"标准"，教师自然会急忙地把学生拉回来。

从表面上看，这样不理想的互动是教师的备课问题，实际上，我感觉问题没有这么简单。不夸张地说，这是教师的教育理念落后所造成的必然结果。

2012年6月5日《中国青年报》刊登了蔡文斌的一篇文章，文中说的是某大学建筑系的第一堂专业课是怎么上的？授课者是来自德国的托马斯·费舍尔副教授。授课内容是鸡蛋撞地球的"经典科技游戏"，要求同学们自由组队，四人一组，设计一个保护鸡蛋的装置，确保一个生鸡蛋从8米的高空扔下而不破碎。要求3天之内完成，装置的设计要独具创意且美观，重量越轻越好。得分最高的一组每人可获得爱派音乐播放器一部，凡是鸡蛋没破的，也可以获得其他奖品。为了完成老师布置的任务并争取好的成绩，课后，全班同学都忙得不亦乐乎。

我觉得，托马斯·费舍尔副教授的这堂课，才真正做到了"让学生动起来"。学生真正动起来以后，其结果是教师也无法把握的。而这样的结果恰恰是一个优秀教师所期待的。

三、关于课堂教学的容量

我感觉，职业学校课堂存在一个普遍的问题，即课堂教学的容量严重不足。不知是学生的厌学和懒惰使得教师放慢了教学进度，还是教师的慢进度造成了学生的厌学和懒惰？这是一个需要澄清的问题。

我的看法是，学生的厌学和懒惰是表象的，不能代表学生真实的接受能力。许多教师以此为理由，放慢了教学进度，自己减轻了备课量，学生也落得个轻松自在。于是，在职业学校的课堂里，就出现了当前这种慢进度、慢节奏、低容量、低效率的状况。具体表现为：

(1) 教师的提问、作业、练习，都用教材中现成的内容，教师和学生只要拿一本书就可以应付课堂教学了。于是，我们就看到了教师几乎不用备课，学生不用记笔记，师生就可以把两节课对付下来。我曾经听过几节会计和会计电算化课程，一堂课下来，教师颠来倒去地只讲了几笔经济业务，而且这几笔经济业务也都是教材中的内容。这样的课堂教学，教师和学生都很轻松。我曾经对这种现象打过一个比方：教师是把馒头掰碎了喂给学生，学生省去了咀嚼过程，只要吞咽下去就行了，长此以往，学生咀嚼功能退化了，丧失了，成了不会学习的人。当遇到考证、顶岗实习、技能大赛这类需要真刀真枪地实干时，学生就叫苦连天了。

(2) 所有问题全部放在课堂上解决，学生课后无事可做，无所用心。现在的职校课堂，许多教师停留在书本知识的传授上，教学任务以及学习过程全都放在课堂上完成。据我观察，造成这种现象的原因主要有两个方面，一是教师的教学任务繁重，一周 20 节左右的课能上下来，已经筋疲力尽了，没有精力顾及其他，教师处于应付状态。因此，教师不愿意布置作业，不愿意创新教学设计，就在情理之中了。二是学生的学习积极性不高，布置了作业也没有几个人认真完成，法不责众，教师也拿学生没办法。

(3) 教师在备课时只考虑了多数学生的水平和接受能力，并且在此基础上制定了教学进度，于是，课堂教学就变成了慢腾腾地"齐步走"。在这样的学习环境下，即使有一些底子较好、可以学得更多、走得更快的学生，也逐渐松垮下来，丧失了积极主动性。在职教领域颇为流行的"分层教学"、"分级指导"

等，都只不过是一些漂亮的口号，根本没有落实到实处，这是很令人遗憾的事。

四、关于课堂教学的目标

在新课改中，国家对基础教育规定了知识与技能、过程与方法、情感、态度和价值观的三维教学目标。

知识与技能维度的目标立足于让学生学会；过程与方法维度的目标立足于让学生会学；情感、态度与价值观难度的目标立足于让学生乐学。或者说，第一个维度目标给学生知识，第二个维度目标给学生方法，第三个维度目标给学生力量；从这个意义上说，三个维度缺一不可。

职业教育可不可以照搬基础教育的三维目标呢？我认为，职业教育，特别是中职教育，也属于高中阶段的教育，三维目标是同样适用的。如果要体现职业教育的特点，可以考虑加上实践环节的操作熟练程度目标。

我们职业学校的课堂教学在教学目标问题上存在的问题是：

(1) 知识维度目标：教师不太考虑学生的实际情况，只是按照教材要求传授知识。更有甚者，有的教师无比忠实于教材，绝不越"教材"半步。这种典型地教教材的做法，实际上连传授知识这个目标都没有达到。

(2) 能力维度目标：这个维度目标存在两个问题。第一个问题是，这里所强调的能力，应该是学生的职业能力、岗位能力。但在我们的课堂上，有些职业能力、岗位能力被分解成了一个个单项的能力。由于能力缺乏整合，因此，尽管我们构建了较为完善的技能训练及培养体系，学生的职业能力还是比较薄弱。这种薄弱在学生顶岗实习时就充分暴露了出来：什么技能都学过，就是不能连贯地、独立地完成一项具体的工作任务。

(3) 方法目标：在职业学校课堂上，注意培养学生学习方法，注重让学生"会学"的，还不是很多。较为普遍的仍是教师只考虑自己的教法，只考虑让学生"学会"。即使是参加"两课"评比的教师，其中相当一部分没有把"方法"上升到"教学目标"的高度。

(4) 情感维度目标：同知识、能力维度目标相比，我以为，情感目标是目前职业学校课堂最为缺乏的。我经常说，教师在课堂上，见物不见人，究其原因，就是情感目标的缺失所导致的。专业课是如此，语文课、音乐课也是如此。抽去了"情感目标"的课堂，给学生的感受必然是空洞的、说教的、枯燥的、生硬的，这样的课堂不"使人昏昏"才怪呢！

五、关于教师的仪表服饰

我们每个人从小学到大学不知接触过多少位教师，有时候我常常臆想这样一个情景：把我从小学开始的每一位教师的照片排列在一起，他们年龄跨度一二十年，其精神状态、服饰仪表的变化可能会一览无余，这会是一件很有趣的事情。

1980 年我刚到职业学校工作的时候，教师的生活水平是很低的，甚至不如一些后勤职工。我记得，有一位老师就只有一件"喝茶"(指出席重要场合)的中山装，除此而外就再也没有一件像样的衣服。这件中山装是上讲台时穿的。穿到该洗的时候，这位老师总是选择一个比较好的天气，下课后匆匆把衣服洗好，然后放在太阳下面晒。这样，等下班的时候，衣服就差不多干了，明天可以继续穿着它上讲台。

这些都是几十年前的事了，现在的职业学校教师的仪表服饰不能说引领时尚潮流，也算是比较有档次的了。有了档次以后，一个新的问题出来了：如何界定教师的仪表服饰是否符合教师身份呢？我感觉，这是一个很不清晰的问题。学校只有类似"大方、得体"这样笼统的要求，没有具体的规定。既然没有具体的规定，教师们该如何把握？据我了解，特别是女教师感到比较困惑，生活水平提高了，自己既想打扮得亮丽一些，又怕不符合教师身份，常常处在矛盾之中(相比较而言，在这方面男教师则要简单得多)。在这种情况下，就出现了一些看法上的误差。有教师和学生都认为没有什么，但学校领导看不惯的；有教师以为没有什么，但学生有不同看法的；也有学生觉得没有什么但教师自己觉得不合适的。比如，女教师能不能卷发、烫发？女教师能不能戴耳钉、项链、戒指之类的饰物？女教师能不能化妆、用香水？我们能简单地出台一个文件，规定教师可以这样不可以那样吗？

尽管对教师的仪表服饰不好做出明确具体的规定，但有一些现象我觉得应该质疑(我也不敢随意判定对与错)：

(1) 有的女教师留了一头飘逸的长发，的确增添了几分妩媚。但在讲课过程中，秀发总是容易挡住眼睛，于是，教师就必须不停地用手穿过自己的秀发整理一番。这样的动作做多了，我总觉得有些不太合适。

(2) 有的教师有一些小动作，比如摸摸鼻子，拢一下刘海等。这些小动作，虽然无碍大局，但我觉得，作为一名教师，还是没有这些小动作为好。

(3) 有的女教师穿着比较流行的衣摆较短的衬衫或 T 恤，我理解，这类衣服可以比较恰当地显示女性的腰身，增添一些女性的魅力。但是，当她们板书时，腰部上下的部分身体就会暴露出来，作为教师，出现这样的情况显然是不妥当的。

(4) 都是高跟鞋惹的祸。有的女教师喜欢穿响底的高跟鞋，走起路来当当作响。根据响声的频率和节奏，学生甚至可以"以足音辨人"。我个人的看法是，鞋子太响，绝对是做教师的一大忌。特别是学生思考问题或是考试时，需要安静的环境。这时，只听教师的脚步声当当作响，可以想见，学生是非常反感的。我就曾接到过学生这方面的投诉。

写到这里，想起一个历史典故。说的是朱元璋上任以后，诏修《元史》。保护元《实录》有功的元代老臣危素被朱元璋任命为翰林侍读学士，年已七十余。史料载：

> 一日，帝御东阁侧室，素行帘外，履声橐橐然。帝曰："谁也？"对曰："老臣危素。"帝哂曰："朕谓是文天祥耳！"御史王著希旨，论素"亡国之臣，不宜列侍从"。诏谪居和州，守余阙庙，岁余卒。

危素是前朝之人，不被信任，自不必说。可是，如果他不是走路脚步声太响，恐怕一时不会被诏谪居和州。谁说一个人的言行举止是小事？

俗话说，教育无小事，教师无小节。然也。

以上来自课堂的感受，说的都是不足和问题，这当然不是说我们职业学校的课堂没有优点。我只是感觉，距离高标准的要求和学生发展的需求尚有一定差距。在我们职业学校的课堂上，也经常可以遇到不少优秀的教师，这些优秀教师既有共同点也有不同点。共同点是"目标达成度、课堂有效度、学生参与度"都比较高，而不同点则更多地体现为教师的个人魅力和独特风格。比如，我在江苏广播电视学校听到了一位青年男教师的课，就非常有特点。他教的是动漫设计基础课，让学生在白纸上完成一些基本的素材。比如，当一个下垂的物体从快速移动到突然静止时，该物体的摆动轨迹是如何变化的？这位青年教师，教态亲切、自然、大方，教学语言准确规范、干净利落，没有一句废话，不带任何口头语或习惯用语，示范演示、启发学生思考、让学生自己动手画、用幻灯机展示不同学生的作品等环节，从容不迫、张弛有度。对这位青年教师，我在反馈时给予了这样的评价：马克思说过："金银天然不是货币，但货币天然是金银。"这位青年人天然不是教师，但教师天然就是这样的人才。

2012 年 6 月 13 日，2013 年 2 月 15 日修改

激发学生的积极思维活动的着力点刍议

(《江苏教育研究 职业教育》2014 年第 4 期)

　　如何调动学生的积极思维活动,是我和教师们经常交流的一个问题。面对这个问题,教师们普遍感到困惑。困惑的点就在于他们不知道该在何处用力,不知道用什么方法才能把学生的积极思维调动起来。

　　这个问题的确是复杂的,不是三五句话就能说清楚的。但这个问题又是十分重要的,不解决这个问题,提高教育教学质量也就无从谈起。

　　我虽然没有灵丹妙药,也没有多少实际教学经验,但我非常愿意就这个话题谈谈自己的浅见。我想,如果有很多人(特别是一线教师)都来关注这个问题,探究这个问题,那么,距离解决这个问题也就不远了。还有一点非常重要的是,大家在探究这个问题的时候,一定要谈自己的观点、体会、建议,"少谈些主义",多研究点问题,只有这样,才能相互启迪、相互借鉴,才能碰撞出智慧的火花。

　　下面谈谈我的几点看法:

一、学生的思维活动是一种客观存在

　　每个学生都是有思想的,但为什么到了课堂上学生的思想却处于封闭状态、思维处于停滞状态了呢?这是值得我们深究的一个重要问题。

　　我觉得问题出在教师身上。有的教师不考虑学生在想些什么,也不考虑学生在课堂上会思考些什么,只顾按照自己的思路讲下去。遇到需要学生参与的环节,便自作主张地预设好了所有问题,然后动员学生回答。可惜的是,这样的环节往往收不到任何效果。因为"问题"不是来自学生的"疑问",而是来自教师的预设。"师者,所以传道授业解惑也",教师的任务是"解惑"而不是"设惑"。由于问题不是来自于学生,学生当然也就没有回答的积极性了。

　　有的教师或许会说,这些问题不是我预设的,是教学大纲或教材上规定好了的,"这事儿不赖我"。这里需要澄清两个问题:

（1）公正地说，教材的编写者大多数是工作在一线的教师，他们在预设问题时并非全然不考虑学生的学习需要，有的时候他们预设的问题甚至与学生的思维高度一致。但是，同一个问题是由教师预设好，还是由学生提出来，其效果是大不一样的。

（2）是教教材还是用教材教？不同的取舍对学生的思维活动影响很大。当教师教教材的时候，无论是讲授、提问还是讨论、探究，都没有出教材这个"圈"，学生也就很难被这样"低效率"、"小儿科"的教学所吸引。当教师是用教材教的时候，就把学生带入了一个全新的学习环境。退一步说，即使学生没有多高的自觉性，他们也知道，仅凭一本教材是无法应付的，必须开动脑筋才行。

二、教师不能急于解决问题，也不要急于推进教学进度

在听课时，经常可以发现一些教师教学设计的闪光点。

比如，一位教师在讲鲁迅的《记念刘和珍君》时，没有急于讲新课，而是提出了一个问题让学生回答：在我国近代文学史上，有一位作家被称为"民族魂"，这位作家是谁？学生中无人回答。教师接着在黑板上写下了"横眉冷对千夫指，俯首甘为孺子牛"，说："同学们看到这两句诗，会想到哪一位作家？"还是没有学生回答。教师自己说出了答案："他就是鲁迅"。然后教师接着说："今天我们来学习他的另一篇文章《记念刘和珍君》。"

新课的导入就这么结束了？这个问题就这么过去了？

我想和这位教师交流的是，第一，这个问题提得不错，作为课文的导入也非常贴切，为什么不展开呢？第二，这个问题比较简单，我不相信全班同学都答不上来。有的可能等老师提问，有的可能有些腼腆不愿意主动回答，有的也许觉得问题太简单不值得主动回答。无论属于哪一种情况，既然提出了问题，为什么不等学生回答呢？第三，为什么不就"民族魂"这个话题，结合学生已经学过的鲁迅文章，师生之间展开议论和讨论呢？我觉得，这个问题议论透了，这篇课文也就学好了一半。

再比如，一位教师讲徐志摩的《再别康桥》，讲到"那河畔的金柳，是夕阳中的新娘"的时候，提出了一个问题：作者为什么要写到"柳"呢？学生没有回答。教师头也不抬地说："柳在古代文学中象征着离别、送别，有一首诗说'客舍青青柳色新'，写的就是送别。大家应该知道这个。"接着就往下继续讲"波光里的艳影，在我的心头荡漾……"

教师为什么不等等让学生回答呢？学生中总有文学爱好者，文学爱好者都

知道柳的这个含义，语文课为什么总是这样急匆匆的呢？既然举例"客舍青青柳色新"了，为什么不背诵全诗呢？为什么不能从柳的这个含义，再联想到其他类似的现象呢？比如，梅花象征着高洁，荷花象征着纯洁，牡丹象征着富贵等等。这些含义及其象征已经不单纯是语义的问题了，而是我国文化的一些符号了。如果花几分钟时间，师生共同寻找一下这些"文化符号"，我认为是很有意义的。

苏霍姆林斯基强调，教师在讲课过程中要慷慨地提供事实而吝啬地给予概括。他说："据我们观察，由事实过渡到概括性的结论——这是一个激动人心的充满情感的时刻，就好比是学生攀上了一个高峰，为取得胜利而满怀喜悦。"反观我们职业学校的课堂，没有高峰，只有坦途。即使课程本身有高峰，教师也都会避开高峰走坦途。

无论是教育，还是教学，都不可追求"立竿见影"。在教育教学中，很多时候我们只能等待。等待学生的思考，等待学生的感悟，等待学生的顿悟，等待学生的自我教育。等待的过程不是被动的，不是无所事事。在这个过程中，教师要善于观察，细心揣摩，主动发现，适时点拨。可以说，教师这个职业大部分的奥秘和乐趣都蕴藏在"等待"的过程中。

三、教师可以试试，少讲一点会是什么效果？

职业学校的课堂我总感觉教师的话太多了。一堂课下来，基本上是教师在讲，即使到了学生动手操作的环节，教师还是说个不停。照这样的讲课法一天讲四节课甚至更多，教师的确非常辛苦。

教师有必要说这么多话吗？对此，我是持怀疑态度的。

苏霍姆林斯基认为："在绝大多数情况下，数学教师和语文教师在一节课上所要讲的时间，不应超过5～7分钟。让学生通过自己的努力去理解的东西，才能成为他自己的东西，才是他真正掌握的东西。"

苏氏的观点从大的方面来说无疑是正确的，但"5～7分钟"的限定似乎也过于刻板了。

我曾经给教师开玩笑说："万水千山总是情，少讲一点行不行？"我认为，教师少讲了，学生发言、讨论的时间自然就多了，自我教育的机会也就会大大增加了。

有一位职业学校教师告诉我她自己经历过的一次真实的教学体会。她说："学校让我上演讲课，我没上过，心里没底。我就给学生实话实说：老师没上过演讲课，也不擅长演讲，我需要你们的配合，我们共同来学习掌握演讲技巧。"结果这堂课的效果"出奇的好，比我过去上过的、非常熟悉的课还要好，这是我没有想到的。"我的评价是，老师后退了，学生自然就前进了。老师不代替学生预设问题、预设答案了，学生只好自己寻找问题，寻找答案了。学生经过克服苦难而掌握的知识，自然比教师灌输的要牢固得多。正如苏霍姆林斯基所指出的那样："只有能够激发学生去进行自我教育的教育，才是真正的教育。教给学生自我教育要比安排他怎样度过星期天困难得多，要比抓住他的手不放，直到他走出校门，一下子被摆脱了各种校规和限制的自由空气陶醉得不知所措，那要困难和复杂得多。只有能够激发学生去进行自我教育的教育，才能解决上述这些困难的问题。"

激发学生的积极思维活动，教师的着力点还有很多，需要我们不断地探索、尝试。比如联系学生的生活实际打开学生的"话匣子"，比如教师范读以情感人，比如像电脑游戏那样设置障碍让学生努力"过关"等等。总之，学生的思维活动从来没有停止过，如何让学生的思维活动投入到学习中来，这就需要教师富有教书的本领、教学的机智和教育的智慧。

罗丹说："生活中不是缺少美，而是缺少发现美的眼睛。"激发学生的积极思维活动，恐怕也是这个道理吧。

教师作用的有限与无限

前些天，因我退二线，需要调整办公室，找来三名女生帮我收拾、整理东西。当整理到我的音乐光盘时，其中一位女生问我："老大，巴赫是谁啊？"我刚要回答，另一名女生一边按手机一边抢着说，我知道，巴赫是……"问我话的这位女生头也不回地说："行了，别'百度'了，我想听老大讲讲呢！"我笑了，那位正在"百度"的女生也笑了。

这个生活中的小场景，引起了我的思考。在互联网时代，学生要想获取知识是多么的容易！"百度"一下，关于巴赫的很多资料便呈现在你面前。我想起了父亲翻了一辈子的《新华字典》，想起了父亲一直想买一套《辞海》的心结，想起了我在年轻时做过的很多卡片，上面是从许多书刊杂志上摘录的百科知识，想起了我抄录的一厚叠王力先生主编的《古代汉语》中的注解…… 想起了这些，我从心里羡慕今天的学生。继而我又想，他们轻而易举地就可以获取丰富的知识，那么，今天的学生是不是知识非常丰富了呢？教师传授知识的作用又该如何发挥呢？学生应该怎样对待、利用互联网？教师又该怎样对待、利用互联网？教师应该怎样指导学生正确对待、利用互联网？学校应该如何既发挥互联网的作用，又引导学生正确利用互联网，而不是一封了之？

对于学生来说，教师的作用究竟有多大？这个问题原本是十分清晰的，在没有互联网的时候，甚至连图书资料也匮乏的年代，教师，俨然成了学科的代言人，人类知识的传承者，专业知识的启蒙者。到了互联网时代，我们还能这样说吗？教师还能像过去一样教书吗？学生上网搜索，不仅可以搜索到完备的学科知识、习题集、考试题库，连教师的教案、教学案例都能找到。在这样的时代背景下，教师的作用究竟有多大，究竟应该在何处呈现，显然成了一个值得探究的问题。

我以为，随着互联网时代的到来，教师的作用受到了挑战。其发展趋势，不是降低了教师的作用，而是赋予了教师更加繁重而艰巨的任务。简单地说，在互联网时代，教师的作用既有有限的一面，也有无限的一面。

单就学习知识而言，教师的作用是有限的。一个人为什么可以做到无师自通，自学成才？不是因为这个人是天才，绝顶聪明，而是说这个人有着较强的学习能力。除了极特殊的情况以外，正常人都是有学习能力的。说得极端一点，即使没有教师，没有学校，只要有书籍、教材，绝大多数人也还是可以学到很多知识的。特别是在信息时代的今天，学生获取知识是那样地容易。因此，在学生学习知识方面，教师的作用的确是有限的。

　　既然每个人都有学习能力，为什么还要盖房子、办学校、配备教师呢？如果从学校教育、班级授课制的产生说起，那就说来话长了。单就学习知识而言，之所以需要学校和教师，这是因为：第一，学生使用的教材是人类文化科学知识的浓缩和提炼，集中了最精华的部分。通过班级授课和教师讲解，将教材上浓缩的知识稀释分解为学生熟悉的、易于接受的、生活形态的知识。很显然，学校教育可以极大地提高学生学习的准确性和高效率。第二，学生在学校里学到的知识是系统的而非零散的。凡是系统地学习过某一专业的人都知道，如果单靠自己的自学，固然也可以掌握很多专业知识，但能达到学校学习的系统性和整体性，则是比较困难的。恐怕只有少数悟性极高的人，才有可能在相同的时间里通过自学掌握系统的专业知识，甚至有可能比学校教育的效率还要高。这就好比我们去某个陌生的地方旅游，旅行社不仅把吃住安排好，还为游客精心设计旅游线路和日程安排。因为有旅行社，游客们才得以在有限的时间内，高效率地游遍当地精华景点。第三，虽然学习从本质上说是个人行为，但现代科学研究成果表明，良好的环境和氛围更有利于提高学习效率，增进学习效果。有人说，学校教育和班级授课制的产生与知识的普及和学习人数的增加有着密切的联系。这个说法是否确定暂且不说，我们反过来问，如果取消学校和班级授课制，让学生们都各自在家"寒窗苦读"，那么，学生学习的效率与效果以及学生成才的可能性能比得上现代学校吗？《论语》的开篇为什么讲"有朋自远方来，不亦乐乎？"这里的"朋"不是今天我们说的"朋友"，而是指志同道合的人。可见古代的学习者是有着孤独感、寂寞感的。他们遇到与自己有着共同爱好的人(用今天的话来说就是专业相同或相近的人)从远方来，当然感到非常高兴了。

　　以上三点只是说明，学校教育和班级授课制的必要性，还没有回答"教师的作用也是无限的"这一问题。下面，我就尝试着回答这个问题。

　　就对学生产生的影响而言，教师的作用是无限的。值得注意的是，无论是正向的，还是负向的，教师对学生的影响都是巨大的。我们常常可以读到这样一些故事：一位教师随口表扬了一名学生，让这位教师意想不到的是，就是这样一句随口的表扬，把这名学生引向了一条光明大道。相反的例子也有很多：一位教师讽刺挖苦了一名学生，极有可能导致这个学生放弃对这一门学科的努力。说到这里，有三点要说明：

一是教师对学生的影响是因人而异的。据笔者分析，越是性格内向，不善言语的学生，情感世界往往更加丰富。这类学生敏感、细腻，表面上非常平静，内心往往波澜起伏。相应地，这样的学生受教师的影响也就更大。

二是负向的影响并不必然导致坏的结果。记得曾经读过这样一个故事：一位教师给几个学生颁奖，非常亲切地逐个抚摸孩子的头以示鼓励，不知是故意还是无意，偏偏漏掉了一个孩子。没有得到老师抚爱的那个学生非常伤心，认为老师不喜欢他，甚至认为老师对他的前途并不看好。但伤心过后，他却在心里暗暗发誓，一定要发奋努力，做出一番事业，让这位忽视他的老师看看，当年被她忽视的学生是多么优秀。在这个动力的鼓舞下，这个学生后来果然成就了一番事业。当然，当他功成名就的时候，回想起自己的"前进动力"，不仅没有向当年的那位老师去炫耀，反而从心里深深感激那位老师。

三是教师对学生的影响并不是简单地表现在表扬或批评方面。教师的人格魅力、教学水平、教学风格、科研成果、意志品质、文体特长乃至衣着服饰等，都有可能对学生产生非常大的影响。李镇西老师曾经说过："教育的魅力就是教育者对学生的吸引力。当学生对教育者有了一种发自内心的崇敬甚至崇拜之情时，我们的教育已经露出希望的曙光。"李镇西的这一观点，我以为极是。试想，无论我们多大年龄，甚至到了老年，我们仍能回忆起自己读书时那些让我们敬佩的老师。特别是做教师工作的，体会就更深了。当我们第一次登上讲台时，我们学过的教育学、心理学等往往派不上用场，我们唯一可以寻求的帮助就是模仿我们喜欢的那些老师上课的风格，尽管有的青年教师并没有意识到这一点。既然这么多年我们都没有忘记那些老师，那么，可以肯定地说，他们对我们的影响早已内化为我们内在的素质。曾经听过一个笑话：一名导师带了几个研究生，这个导师深受学生的爱戴和敬仰。这位导师的身体有些残疾，走路时一个肩膀高一个肩膀低，有些跛足的样子。结果，他带的这几名研究生毕业时，连走路都和导师的样子相似，也是一个肩膀高一个肩膀低。这个笑话固然有些夸张，但它说明了一个道理：教师对学生的影响是何其深远、何其巨大！

《礼记》中说："善歌者，使人继其声。善教者，使人继其志。"此言不虚也。记得当年《刘三姐》、《洪湖赤卫队》、《冰山上的来客》、《五朵金花》等一批经典老电影重新上映时，银幕上黄婉秋、王玉珍等的歌声感染了观众，许多观众抑制不住兴奋的心情，竟然随着她们的歌声哼唱起来，场面十分感人。在学校生活中，这样的例子不胜枚举：学生原本并不喜欢某一门学科，但任课教师很有水平，充分展示了这门学科的特有魅力，从而激发了学生的学习兴趣，深深地爱上了这一门学科。

反观现在的职业学校课堂，似乎缺少了教师对学生人格、素质、品味的影响，只剩下了知识的讲解和技能的训练。正如帕克·帕尔默在《教学勇气——漫步教师心灵》一书中所说的那样："我们迷恋于控制外部世界的知识，因为我们相信，关于外部世界的知识会给我们主宰现实的力量，使我们从现实限制中获得自由。我们被一种似乎能够达到这一目标的技术所迷惑，我们抛弃了自己的内心世界。我们把面对的每一个问题都转化为需要解决的外部客观问题——我们相信每一个客观的问题都会有某种技术上的解答。这就解答了为什么我们培养医生来医治我们的身体，而不尊重我们的精神；牧师成了首席执行官，而非灵魂的指引者；教师只掌握技巧，却不关注学生的灵魂。我们所有人都不是外部力量的奴隶，而是拥有不可剥夺的内部力量的人，尽管我们可以而且正在把这种力量闲置一旁。"前苏联著名教育家赞可夫也说过类似的话："课本知识如果没有经过教师情感的加温，那么这种知识传授得越多，你的学生将变得越冷漠。"

为什么学校生活对学生没有吸引力？为什么学生不喜欢自己的专业？为什么我们的职业学校课堂缺乏魅力？为什么我们的学生常常感到无聊、困惑？原因固然是错综复杂的，但我们忽视了自己和学生的"内部力量"，"抛弃了自己的内心世界"，我们的课堂"没有经过教师情感的加温"，恐怕是一个不容忽视的重要因素。

对于教师而言，弄清了自己作用的有限与无限具有非常重要的意义。教师的精力是有限的，也是非常宝贵的。我们应该把这有限而宝贵的精力投入到对学生产生影响这个"无限空间"去，方有可能成就一番事业。为什么有的教师"耕耘几十年"却不见多少收获？为什么有的年轻教师从教时间并不长，就显示出很好的发展势头，深受学生爱戴？为什么有的教师"教学经验十分丰富"却不受学生待见？为什么有的青年教师在教学方面还很稚嫩，学生却能够予以宽容谅解，并依然真心喜欢这个教师？

联系教师作用的有限与无限，上述问题不值得我们深思吗？

2013 年 3 月 20 日夜写，3 月 21 日修改

课堂是谁的？

——关于职业学校构建优质课堂的思考

我们每天走进课堂，有没有想过一个简单的问题：课堂是谁的？谁是课堂的主人？

也许有的老师会说，这是个老生常谈的问题，还值得回答吗？

也许有的老师会说，我只要把课上好了就行，至于课堂是谁的，还考虑那么多干什么？

其实"课堂是谁的"这个问题远没有那么简单。我以为，不仅是教师，所有的教育工作者还有学生，都应该清楚地知道课堂是谁的。知道不知道课堂是谁的，境界大不一样。

我在一篇文章中写到，要把学校还给校长、还给学生。如果学校真的有办学自主权了，学校真的还给校长了，校长也真的把学校办成属于学生的学校了，那么，课堂要还给谁呢？是还给教师，还是还给学生？

这个问题与究竟是教师第一还是学生第一有关，与教师主导学生主体的说法有关，当然也与"双主体"的说法有关。我们暂且把这个话题放一放，先来谈一个司空见惯又似是而非的说法。

"一切为了学生，为了学生的一切，为了一切学生"，这是我们耳熟能详的说法，风行一时，影响很大。这个说法始终让我心存疑窦。我对一切绝对的、权威的、不容他人置喙的说法都有着本能的质疑。这"三个一切"我们能做到吗？需要或者应该这样做吗？即使能做到，教育的功能是不是被无限扩大化、魔幻化了？

一个简单的道理是，一个事物如果过分扩大其功效，也就同时失去了真实性。

"三个一切"都是为了学生的，那么教师呢？如果教师就是为了学生而存在的，教师个人的专业发展和人生发展不是显得促狭、窄化了吗？

"三个一切"都是为了学生的，那么为了教师我们应该做些什么呢？如果我们不能使教师具有幸福感，教师在课堂上会付出真情、富有激情吗？学生每天面对的是"完成任务式"的教学，机械应付的教师，会有幸福感吗？也许有的教师会说，尽管学校没有给我幸福感，但面对学生我还是尽职尽责的。我以为这个说法值得怀疑。不错，教师的责任感会驱使他走上讲台的时候放下一切，精神抖擞、满怀激情地面对学生，但这样的动力源泉要么难以持久，要么是以教师专业发展的停滞不前与生命时光的索然无味为代价的。从长远看，这样的教师终究不能使学生受益。只有当教师把自己的生活品质、幸福指数、教育理想、人生价值紧密融合在一起的时候，教师的生活才会丰富充实，教师的生命才会多姿多彩。试想，有了这样的教师，不是学生的幸运吗？在客观上学生不是最终受益者吗？

颇有争议的薛瑞萍老师说过一番可以讨论的话。她认为："爱需要回流。以爱和付出为职业的人，格外需要得到关爱与温暖。你怎能期待一处从来只承受黑暗和寒冷冰冻三尺的所在，居然可以开出美丽的花朵？你怎能期待一个终年辗转于监防、疲倦、被动的磨盘之下，终年挣扎于同行竞争、家长苛责、学生顽劣、挣扎于荆棘丛中的人，竟然可以而且一直可以付出有力的爱？"（2010年9月9日《中国教育报》，薛瑞萍：教师也需要一点闲暇。）

让我们再回到"课堂是谁的"这个话题。

从学习的意义上讲，课堂是学生的而不是教师的。学校所以称之为"学"校，系统知识之所以称之为"学"科，学习的时间段之所以称之为"学"期、"学"时，在学校读书之所以被称为"学"业，单从字面上看，都有一个"学"字。我想，这恐怕也是从学习、学生的角度来命名的。

从组织教学的意义上讲，课堂是教师的而不是学生的。因为科学合理有效地推进教学进度是教师的任务与职责。教师当然要考虑学生的接受度，甚至也应该听从学生的意见，但组织教学的决定权仍然掌握在教师手中。作为教师，固然要关注每一个学生的成长，但从组织教学的责任来看，教师更应该对大多数学生负责。

课堂既是教师的，也是学生的。这个结论看似矛盾，实际上教师与学生、教与学，二者是有机统一的。没有教师，课堂最多算是个"学习室"，而没有学生，课堂也就失去了所有意义。课堂本身就是教师与学生的共同体。教师与学生构成了课堂的主体，教与学构成了课堂的活动内容。任何只强调其中一方的说法都是站不住脚的。

弄清了上述关系，有助于我们构建高效课堂和优质课堂，甚至可以说，为我们构建高效课堂和优质课堂打开了思路。

过去，我们对高效课堂和优质课堂的看法和做法我总觉得有些简单化。比如，我们评价评选优质课堂的时候，侧重点往往是教师而不是学生。我们潜意识里是否有这样的看法：学生都是一样的，是否能称为优质课堂，关键在教师。至于我们对优质课堂进行表彰时，更是没有学生什么事了。这些想法和做法正确吗？公平吗？学生的主体地位又体现在何处？这样的评价和评选还会带来一个非常不好的导向：教师把学生当成了自己表演的道具，需要的时候，教师会指挥"道具"如何配合自己的表演。

弄清了"课堂是谁的"，我们不仅可以避免再犯上面那样的错误，而且还可以更加科学、全面、准确地评价课堂教学活动。我们的思维不再是单向的，而是双向、多向的。如此一来，许多原来被我们忽略的问题便重新进入了我们的视野。比如，教师的教学目标和学生的学习目标之间的关系；教师的教学进度与学生的接受进度之间的关系；课堂教学的计划性与课堂教学的生成性之间的关系；教学目标的达成度与课堂教学的拓展度之间的关系，等等。对这些关系的关注，将会有效地帮助我们分析课堂、评价课堂，将会有利于我们开阔视野，透过现象看本质，也将会在很大程度上，提升我们的思维品质。

弄清了"课堂是谁的"，原本简单的课堂评价立刻变得复杂起来。而复杂多变，恰恰是课堂教学的真实面目。研究课堂教学的真实面目尽管比较困难，但却使得我们的工作和研究变得真实而富有意义。

弄清了"课堂是谁的"，我们便找到了构建高效、优质课堂的"入口"和路径。从这个"入口"进去，我们可以看见两条路，一条路通往教师，一条路通往学生，而且这两条路虽然平行，但相互之间处处相通。最终，也就是这两条路的汇合处，即是我们想要的高效优质课堂。用这样一个蹩脚的比方，我是想说明两个问题：

第一，教师和学生虽然是两类人，走的是各自的路，但我发现，这两条路的每一个点几乎都是一一对应的，而不是一一对立的。比如，教师要备课，学生要预习；教师要讲课，学生要上课；教师要批改作业，学生要完成作业；教师要课外辅导，学生要课外巩固；教师要进行教科研，学生要拓展知识面；教师要注意调动学生积极性，学生要注意为教师授课创造良好氛围；教师要擅用启发式教学，学生要开动脑筋，积极思维，力争做到举一反三；教师不能拘泥于教学计划和课程标准，学生也不能仅限于学习教材上的知识；教师超出授课计划的临场发挥往往是最精彩的，学生在课堂外的自主学习往往是学习效果最好的；教师要注意改革教学方法，向"授之以渔"靠拢，学生也要不断改进学习方法，努力提高学习效率；教师的教学水平、教学风格是参差不齐、特点各异的，学生的智力水平、天分兴趣也是存在差异、各不相同的；我们要求教师要既教书又育人，我们也应该要求学生既要学会学习，也要学会做人；教师在教学中要注入情感、态度、价值观，学生也应自觉接受文化熏陶与感染；教师要做一个既有品味又有情趣的人，学生也要努力朝着既全面发展又有个人爱好特长的方向发展；教师要时刻把握教学进度，学生也要善于把握各科的学习进度；教师要注意因材施教，关注每一个学生的成长，学生也要"因教施学"，熟悉配合适应每一个教师的教学风格；如此等等，还可以继续排列下去。

第二，高效优质课堂不是教师一个人的表演结果，而是教师和学生在"每一个点"上的完全、完美的对接。当然，我们可以说，教师和学生在"每一个点"上的完全、完美的对接只是一种理想状态，但我们同样可以说，这正是教师和学生共同努力的方向。从这个意义上说，高效优质课堂不是绝对的，只是相对的。我们可以设想，如果教师和学生在少部分的"点"上没有做到对接，恐怕并不影响课堂的高效和优质，如果在多个"点"上都不能对接，恐怕离高效优质课堂就相去甚远了。

第三，既然高效优质课堂是教师和学生在"每一个点"上的完全、完美的对接，这就要求教师要尽可能地避免"教师很流畅，学生很惆怅"的尴尬局面。同时，也要求教师要花时间、花精力，多走近学生，多了解学生，多研究学生，多引导学生。教师要力争在更多的"点"上与学生完美对接，因为这是通往高效优质课堂的必由之路。

2013 年 3 月 17 日夜，2013 年 3 月 29 日修改

学生死记硬背的原因何在？

在教学活动中，教师们总是对学生死记硬背的做法提出批评，并且总是要求学生要在理解的基础上记忆。但我们有没有想过，学生何尝不想在理解的基础上记忆呢？学生为什么做不到呢？为了帮助学生理解问题，我们又做了哪些有效的努力呢？

如果说教师没有在帮助学生理解上下工夫，可能绝大多数教师都会感到委屈。那么，多数教师是如何帮助学生理解的呢？最常见的做法恐怕就是按照教材、大纲的要求，把基本原理、来龙去脉给学生讲清楚。一遍不行就再讲一遍。对个别学习困难的学生，恐怕还要一对一地进行辅导甚至加课。然而，如果我们仔细观察就可以发现，这种"再讲一遍"的做法往往收效甚微。不仅如此，这种做法既没有让后进的学生跟上来，也浪费了大多数学生的宝贵时间，使课堂变得低效。再从另外一个角度来分析，如果"再讲一遍"就能解决问题，那么，教师这一职业的专业性何在？艺术性何在？创造性何在？

因此，帮助学生理解单靠"再讲一遍"是不行的。教师必须凭借自己的智慧来解决、克服这一难题。同时，帮助学生理解，不仅是教学的难点，也是教师教学的魅力所在。作为教师，应该把功夫下在这些方面，而不是仅仅把教材吃透。

学生在没有理解的基础上死记硬背，其害无穷。

第一，助长了教师的满堂灌。

学生记住了教师要求的教学内容，教师就以为自己的教学是有效的。岂不知这样的结果只是问题的假象。受到惩罚的也许不是当时的任课教师，后续的任课教师必然要面对这一恶果。

按照苏霍姆林斯基的观点，学生掌握的知识越多，求知欲越强，再学习新的知识也就越容易，然而，事实却不是这样。主要原因就在于，学生在没有理解的基础上，强行记住知识的同时，也就等于背上了包袱，这种"没有理解的知识"越多，包袱也越重，同时，学生对学习的兴趣也就越来越小，直至完全丧失。从这个意义上说，后续的教学任务就越来越难以完成。教师完不成教学任务，自然归因于学生的不会学习。学生在教师的批评下，也就真的认为自己不会学习了。于是，厌学、挂科甚至辍学就成为必然。

第二，助长了学生的惰性。

教师"再讲一遍"的做法，给学生传递了这样一个信息：听不懂没关系，反正教师会"再讲一遍"的。学生一旦有了这样的心理，必然放任自己的惰性。这不怪学生，因为惰性是人的本性。学生只是顺应了人的本性而已。

第三，破坏了课堂教学的生态。

教学过程是学生获取新知识的过程，也是教师帮助学生发现问题、分析问题、解决问题的过程。"再讲一遍"的做法，省略了这些过程，直接要求学生把结果记住。因而，课堂教学变成了我讲你听，我说你做，没有了思考，没有了挑战。教师不需要智慧，学生也不需要积极思维，教师不需要"启"，学生也不需要"发"。教师轻松，学生乐意的后果，即是课堂教学生态的严重恶化。

综上所述，我以为，学生死记硬背的原因，说到底，还是源于教师的死教硬讲、照本宣科。因此，教师在批评学生死记硬背之前，首先要反思自己是不是属于"死教硬讲、照本宣科"之类。如果是，就从自身改起；如果不是，就说明是学生从初中带来的不良习惯，教师的任务就变为如何矫正学生的不良习惯了。

2013 年 6 月 1 日

学生要过好的四种生活

学生的生活大致可以分为四种：学习生活、课外活动、家庭生活、业余生活(这里的业余生活，我特指学生可以自主交往或决定的个人或社会生活)。我们的基础教育和职业教育已经严重窄化，窄化到只关注学生的学习生活，而忽视、忽略了学生的其他三种生活。我们很少去研究，学生的这四种生活之间是什么关系？如何协调？在这四种生活中，哪一种生活对学生的吸引力最大？为什么？有没有办法改进？如何改进？人们普遍希望学习生活对学生的吸引力最大，但在正常情况下，这只是教师和家长的一厢情愿。据我的经验判断，现在的职校生是把业余生活排在第一位的。课外活动与家庭生活有可能不相上下，也有可能多数学生把家庭生活列为第二，但比较统一的是，绝大多数职校生是把学习生活摆在最后的。

有人或许会说，这样排列顺序是正常的，因为放松、休闲、娱乐毕竟是人的天性和本能，而学习生活毕竟是辛苦的，学生在心理上排斥也属正常。

我不能同意这种说法。

职校生大都是在十六七岁或十七八岁左右，这个年龄段的孩子贪玩的天性依然存在，但学知识、树理想也是他们的天性之一。同样是天性，就要看哪一种天性所赖以发展的条件对他们更有吸引力了。当学习生活及课外活动单调乏味的时候，他们自然愿意待在家里或热衷于业余生活。至于学生会选择后两种生活的哪一种，就要看每个学生的性格以及家庭温暖程度和幸福指数了。

从有利于人的发展的角度出发，最理想的不是让学生放弃业余生活、家庭生活和课外活动，只保留学习生活(现在的中学生尤其是高中生正是过着这样的生活)，而是以学为主，兼顾其他，或者说几种生活都要过好，而且相互交融，这才是符合学生想法的，这也是人的最根本的天性。

当前，在我们许多教师和家长的观念中，不认为这四种生活是相互交融的，而认为是相互影响的。说得更直白一些，他们认为，学习之外的三种生活都会对学生产生极为不利的影响，要想过其他三种生活，等考上大学或参加工作以后再说。在他们眼里，课外活动可有可无，业余生活纯属浪费时间，至于家庭生活只不过是课堂以外的另一个学习场地罢了。

这里需要探讨的是，课外活动、家庭生活、业余生活对学习生活只有害没有利吗？

要回答这个问题，取决于我们把学生看做什么样的人。不同的取向会得出不同甚至是相反的结论。

如果我们把学生看做是一个"学习者"，那么，我们自然会对学习生活之外的活动加以排斥。不用说学生玩游戏了，就是学生在家里看几分钟电视，家长都会立即呵斥："进屋看书去！"家有高考生，几年不开电视的家庭绝非个别现象。甚至学生写日记、看杂志都被家长训斥为"不务正业"、"耽误时间"。其实不只是部分家长，一些重点高中，特别是农村的重点高中正是这样要求学生的。在这些学校里，学生除了吃饭、睡觉以外，就只干一件事：学习。一个月只休息一两天，也是让学生回家洗洗澡、换换衣服，其目的还是为了学生更好地学习。"学习者"是对这类学生好听些的称呼，而实际上，学生已变成"学习机器"，这架机器始终处在高速运转的状态中，吃饭睡觉等于是给机器加油、润滑，目的是不让机器停止或减速运转。这种生活被称作"非人"的、"暗无天日"的生活是一点也不过分的。

职校生不需要参加高考，当然也就不会过着那种非人的、暗无天日的生活。但这并不影响部分家长和老师把他们看做是"学习者"，对他们的"管理模式"与高中生相比没有本质上的区别，只是没有那么严厉、苛刻罢了。

如果我们把学生看作是一个"发展中的人"、"独一无二的生命个体"，我们就会从"人"的角度理解学生的喜怒哀乐，我们同样会敏感细腻地感受着学生的感受，我们也会深刻地认同：学习并不是学生生活的全部，运动、休闲、交友、品尝美食、讲究衣着、唱歌跳舞、向往异性、寻求刺激、满足好奇心等在他们的生活中也占有相当的位置。这些"生活要素"，时而分开，时而交汇，你中有我，我中有你。

我们就以学习为例。学生在课堂上听老师讲课，难道他们除听课以外就没有其他生活要素介入了吗？他们对教师的经历不产生好奇心吗？他们对教师的衣着打扮不品头论足吗？教师如果有优雅的举止、良好的气质、渊博的知识、幽默的语言对他们没有影响吗？还有，在教师讲课时，同学之间就没有交流了吗？与同学好友悄悄说几句话，向心仪的异性投去爱慕的眼神，回想家中父母的争吵，体会自己身体的不适，向往下午要参加的球赛，构思即将表演的节目等,所有这些不都是在课堂上经常发生的吗?如果把这些看成是"上课开小差"的不良习惯,试问,哪一个人上课没开过小差呢?能做到上课不开小差的只有两种情况,一种是精神病人(开不开小差我们弄不清楚),一种是神而不是人。

如果从教育的角度来分析,学习生活与其他三种生活的关系就不是那么简单了。

课外活动无需我赘言,学过教育学的老师都知道,课外活动与课堂教学构成了完整的教育系统。课外活动是课堂教育的必要补充,二者相互作用,相辅相成,对完成教育任务、实现教育目的具有同样重要的作用。尤其是在学生个性发展、天分发挥、沟通交往以及动手能力的提升等方面,其教育意义远远超过了课堂教学。

至于家庭生活、业余生活的教育意义就更加重要了。"生活即教育、社会即学校"是陶行知的基本教育主张。意大利教育家蒙台梭利曾说过,我们教育的目的不应是为孩子们上学做准备,而是为了他们的生活。美国教育家杜威认为,个人在社会生活中与人接触、相互影响、逐步扩大和改进经验,养成道德品质和习得知识技能,就是教育。对此,杜威总结为两句话:"教育即生活"、"教育即生长"。古今中外教育家类似的教育观点不胜枚举。

其实我们无需过多引用教育家的观点,从我们每一个普通人的生活经验中也不难得出这样的结论:没有生活,教育将不复存在;没有教育,依然会有生活。具体说来:

其一,学习书本知识需要生活经验。书本知识本身也是来自生活的。没有生活经历朱自清能写出《背影》、《荷塘月色》吗?学生如果没有其他"生活"又如何理解《背影》、《荷塘月色》呢?语文课如此,物理、化学等学科莫不如此。

其二,巩固书本知识需要生活经验。很难想象如果学生只埋头学习,不参与其他方面的活动,能写出优美的作文,能真正理解数理化中的定义和概念。

其三,丰富书本知识需要生活经验。学习的过程也是学生自我构建的过程。在这一过程中,学生的生活体验、生命体验变得尤为重要。杰出的人才无不是有着深刻的生活体验和生命体验的。这些道理都非常浅显,但值得深思的是,许多教师和家长在功利心的引领下,丢掉了基本常识,忘却了浅显的道理。

学生当然应该以学为主,如果沉溺于打牌、上网、打游戏、绣十字绣等业余生活，自然是必须加以限制的。这个道理妇孺皆知，无需赘言。

　　仔细分析，陶行知的"生活即教育"不如杜威的"教育即生活"来得准确、精当。生活并不等于教育，但教育却离不开生活。生活是人们的自然行为、实然行为，教育则是人们的自觉行为、应然行为。教育源于生活却又高于生活，因而教育才有存在和发展的必要和意义。教育的"眼睛"是朝着未来的，是为了明天的事业。从严格的意义上说，学校教育中任何着眼于当下的、只为某个具体事物、具体职业服务而丢弃其他的行为都是反教育的。这一点，是职业教育尤其要警惕的。

2013 年 3 月 7 日

拥有学生喜欢的魅力，是学生学习动力的源泉

教育领域有不少似是而非的说法，说得多了，说得时间长了，也就没有人去深究了。比如，教师要注重激发学生的学习动力就是其中一例。

学生的学习动力是教师激发出来的吗？貌似正确，其实不然。

在学校工作的都知道有这样一个现象，有的老师到任何班级都受到热烈欢迎，不用说，既然是学生欢迎这样的老师，那么学生在自己欢迎的教师的课堂上，肯定是有着学习动力和兴趣的。这个现象是否说明了学生的学习动力是教师激发的呢？我以为不尽然。如果仔细观察我们就可以发现这样两种现象：一种是在受学生欢迎的老师中，有的老师水平高、经验丰富、甚至是这个学科的"头把交椅"，但他们并不特别注重与学生打成一片，更没有刻意地去激发学生的学习动力，用学生的话来说，"这个老师有点傲"。尽管如此，学生也同样被老师的魅力所折服，丝毫不影响学生对他们的热爱与欢迎。另一种则是，有的老师特别富有爱心，特别负责任，也特别注重激发学生的学习动力，甚至不厌其烦，苦口婆心，诲人不倦，不辞辛劳。其结果是，学生的学习动力不但没有被激发出来，反而把老师的关爱当成了负担。见了这样的老师，学生的做法通常是"敬而远之"，既尊敬你而又远离你。假如这两种现象都是客观存在的，那么，它们说明了什么问题呢？

第一，学生喜欢某一个老师，上这个老师的课才有积极性。

第二，能激发学生学习动力的老师，肯定是学生喜欢的，但并不一定是"非常关心学生学习"的。

第三，"非常关心学生学习"的老师，未必能激发学生学习动力。

第四，学生喜欢某一个老师，往往并不是因为这个老师也喜欢他们。学生喜欢老师自有学生的理由和原因，这是需要我们站在学生的角度探究的。

第五，做教师的要明白一个道理，你喜欢学生，同时也换来学生对你的喜欢；你关爱学生，同时也换来学生对你的尊重；你激励学生，同时也换来学生的学习动力十足，这是非常理想的结果，但并不是必然的结果。这中间的秘诀就在于，学生喜欢的，恰好是你所拥有的；反过来也可以说，你拥有的，恰好是学生所喜欢的。

第六，不得不说这最后一点：无论学生原本多么喜欢一个老师，假如这个老师对学生不仅没有关爱，反而是歧视、敌视、嘲讽、挖苦、冷漠的话，那么，学生也一定会对这个老师非常反感的。

笔者所分析的是学校里师生关系的共性问题，不包括一些特殊的个例。事实上，特殊的个例在每所学校、每个班级里都是有的。属于个例的少数学生，有着极强的自律性，无论上什么课，无论教师如何，他们都能始终保持旺盛的求知欲和充足的学习动力。这是正面的个例。反面的个例也是有的，即无论教师多么受到同学们的欢迎，总有个别同学厌学，上什么课、什么教师来教，他们都提不起兴趣。这些个例不在讨论之列。

通过以上分析，在教师能否激发学生学习动力这个问题上，我们就可以勾勒出一个十分清晰的线路图。即，教师——教师的魅力——学生喜欢教师这样的魅力——学生学习动力。由这个简易的示意图，我们可以得知，教师要激发学生学习动力，不是直接依靠教师的责任心与爱心就可以实现的，中间需要有两个媒介，一是教师要有个人魅力(学术魅力、艺术魅力、人格魅力等)，二是教师的个人魅力是学生所期待的，最起码是学生喜欢的。

因而，教师激发学生学习动力，主动权既在教师，也在学生。教师的主动权在于，如何提高个人的教学水平，如何提升个人修养，形成个人独特的人格魅力；学生的主动权就更加明显了，他们完全是以自己的好恶来决定是否喜欢这个老师的。从这个意义上说，教师的努力方向就存在着两条线：一条线是充实自己，丰富自己，演绎自己精彩的人生，这样的教师会散发出无形的魅力；另一条线是，走进学生心灵，了解学生的内心世界，与学生真心交朋友。教师走好第一条线，是为了自己的生活；教师走好第二条线，是为了自己的事业。这两条线你中有我我中有你地交织在一起，就成就了教师有价值的人生。

写于 2013 年 3 月 18 日夜，2013 年 4 月 13 日修改

以学生为主体，要从教学设计向教学实施转移

——从一堂课引发的关于"有效教学"等问题的思考

（2013 年 11 月 5 日《中国教育报》，发表时有删节）

在某高职校听课，授课教师是一位年轻的教研室主任，骨干教师。参加听课的除专家组外，还有学校分管领导、系部负责人以及外校的几个"教学能手"。

评课时大家畅所欲言，充分肯定了这位教师的优点：教态亲切、语气平和，教学设计非常用心，考虑得很周到，备课充分，思路清晰，专业知识熟练，教学态度认真，是一位爱岗敬业的好老师。同时，大家也提出了一些非常中肯的意见建议。这些意见和建议可以分为两类：一类是技术方法层面的，比如课件的字体较小、颜色较淡，学生看不清楚；教学设计与教案、板书不一致；教案的格式不够规范等。另一类则是涉及教学理念和教学实施问题，比如，重难点不够突出；一些结论性的东西都是教师主动给出的，没有让学生讨论感悟等。

在我看来，这是当前职业学校中一堂比较典型的课：从教学常规看，这堂课中规中矩，没有什么硬伤。整个教学过程，教学环节完整，一切按照教师预先设计好的教学方案正常推进。这当然和专家领导及同行听课有关，但从 45 分钟的教学情况来看，还是可以看出教师平时是如何上课的。教学工作就是这样：有些东西是可以刻意准备的，但教师的教学基本功、教学素养、教学思维以及教学习惯是自然流露的，也是无法刻意改变的。

我之所以说这是一堂比较典型的课，是因为任课教师所有的努力以及所有的不足，都带有很大的普遍性。职业学校的公开课往往就是这样的：教师所有的努力都是在向"规范"靠拢，向"标准化"靠拢，而一旦符合"规范"了，一旦顾及到"三维目标"了，这堂课也就变得"平常"、没有特色了。在这样的课堂上，你很难挑出大的毛病，但同时你也几乎不可能感受到课堂的"精彩"。

因而，我的总体看法是：这是一堂没有突出问题，但处处都有值得商榷的"问题"的课。

让我们回到课堂上来。这堂课的主要内容是"二极管"的识别与检测。

（1）上课铃声没有响起，教师看听课人员已经坐定，就立即开始讲课。我让学校负责人阻止了教师的做法，要求教师等待上课铃声，"正常讲课"即可。这种现象显然是听课人员对教师造成了干扰。

（2）铃声落下，学生起立，师生相互问好后，教师立即开始讲课。我以为，这时候，教师应该花几秒钟的时间观察全体学生，看看是否已经进入学习状态。铃声落下的几秒钟，教师"此时无声胜有声"，可以起到让课堂安静下来，无言地督促学生进入学习状态的作用。有经验的教师在掌控课堂的"艺术"方面，正是体现在这些微小的细节中的。

（3）教师语速较快地用一两分钟说明了本次课的教学目标，包括知识、技能和素养三个方面。这个过程显然程式化了，作为听课人，我都感到没有时间消化、理解这些目标，作为学生恐怕就更是心不在焉了。还有一个值得探讨的问题：在教学中培养学生的职业素养有必要告诉学生吗？学生素养也好，情感态度价值观也好，不应该是一个"润物细无声"的过程吗？如果在教学过程中，师生都在想着如何达到"情感态度价值观"的目标，那么，这个目标还能实现吗？每一堂课都要体现三维目标吗？"情感态度价值观"的目标是游离于知识、技能目标之外的吗？这些问题都值得探讨。

（4）教师进行复习旧课的提问。对这个环节我有两点看法：第一，这个环节应该放在开始，通常说复习旧课导入新课，还是有道理的。第二，复习旧课同样不能程式化，为了复习而复习。这位教师提了两个问题，我注意到，教师抛出问题后，有学生在下面小声议论着答案。这说明教师的提问不是随意的，是"有备而来"的，是有针对性的。然而遗憾的是，教师不去注意学生的反映，自己给出了答案，并且板书了公式。这就引起了我对"复习旧课"这一环节的思考。复习旧课本身具有很多功能，比如，通过复习导入新课，检查学生掌握情况，通过复习提问，引导学生注意力集中等。但如果是"程式化"地复习旧课，那么，复习旧课的所有功能也就无法实现了。另外，尽管复习旧课很重要，是否每一堂课都需要"复习旧课"？复习旧课这一环节一定要单独呈现吗？

苏霍姆林斯基认为："学生当堂所知道和理解的那些真理、规律性、规则、公式，还不能算是牢固的、扎实的知识。只有在以后的思维活动中得到运用的知识，可以借助它们作为掌握新知识的工具和手段的知识，才能变成牢固的、扎实的知识。"从苏霍姆林斯基的这一段话，可以得出这样一个结论：要想让学生把学过的内容变成"牢固"和"扎实"的知识，关键在于以后的"运用"。

因此，仅靠几分钟的复习，并不能解决这个问题。正因为如此，苏霍姆林斯基接着说："教育的技巧就在于，要使关于规律性的知识在长时间内得到运用。这样，就可以把复习跟学习新教材很好地结合起来，以致没有必要再专门划出时间进行复习了。"（苏霍姆林斯基《给教师的建议》）

学习苏霍姆林斯基的教学理论，我的体会是，复习旧课可以也应该作为一个教学基本环节，但并非是必不可少的。通过提问等方式复习旧课，当然是可以的，但设计提问的重点不是让学生拿着教材回答那些教师讲过的知识，而是要通过提问，让学生运用学过的知识。只有这样，复习旧课才不会流于形式，才能够达到目的。更高的要求是，教师如果能在教授新课的过程中，有意识地反复让学生运用已经学过的公式、定义、概念、规则等，是不需要专门拿出时间用来"复习旧课"的。

(5) 这堂课教师设计了两个"任务"要求学生完成。

"任务一"大约是测量二极管，教师给了学生几分钟时间。时间一到，教师叫停，并说："没有测完的也就不要测了。"接着就开始进行讲评。讲评时，教师非常熟练地指出了测量二极管出现的"好的"、"击穿"、"断路"等几种现象和原因。讲评完了以后，教师提问了三个同学，这三个同学分别报出了他们的答案。

对这一环节的安排我有三点看法：第一，学生在测量时，教师的确在不断地巡视、观察学生测量的情况，测量结束后，教师应该就巡视、观测到的情况予以点评，比如，有的同学为什么测量得既快又准，有的同学为什么没有测完？但教师没有点评，只是简单地说一句"没有测完的也就不要测了"，这样简单地对待学生，显然是不妥的。第二，教师提问时能熟练地叫出学生名字，说明教师对学生是非常熟悉的，并不是所有教师都能做到这一点的。第三，为什么要先讲评再提问呢？如果先让不同情况的学生分别报告自己的检测数据，教师再予以点评，效果不是更好吗？

"任务二"是二极管极性的判断。教师同样给了学生几分钟时间。学生在完成"任务"的过程中，教师边巡视、边指导。"任务"完成后，教师开始提问。提问了第一个同学，同学回答完毕后，教师大约对这位同学的回答不满意，就帮着这位学生开始梳理思路，一、二、三……提问了第二位同学，回答正确。"任务二"也随之结束。

我对这一时段教学活动的看法是：学生在做练习时，教师为什么还要不断地指导呢？学生回答问题不正确，教师为什么不让学生再思考呢？为什么不能让学生教育学生、影响学生、带动学生呢？或许是个人的偏见，我是非常反对类似这样的做法的。我坚持认为，学生在学习过程中必然遇到挑战和障碍，在这种时候，教师最好做一个"旁观者"，千万不要一遇到这种情况就喋喋不休地把正确做法告诉学生，唯恐学生不会做或做错了。

针对这种情况，苏霍姆林斯基说："教师在讲课过程中要慷慨地提供事实而吝啬地给予概括。"反观我们职业学校的课堂，教师在"提供事实"方面常常比较"吝啬"，过程也显得匆忙，而在"概括"或提供结论方面，教师反倒过于"慷慨"了。用苏霍姆林斯基的话来说就是："教师想出的各种巧妙办法，都是为了尽可能地减轻学生对掌握教材的困难。结果得出一种很荒诞的情况：按教师的本意应该是减轻学生的脑力劳动的办法，却在实质上把学生教得不会从事脑力劳动了。"不幸的是，我们职业学校的多数课堂正是如此。从这个视角看"学生厌学"这个问题，教师的确负有不可推卸的责任。

(6) 最后，教师安排了"拓展部分"。当我看到教案上"拓展部分"这四个字的时候，眼睛为之一亮。我想，我期望看到的学生积极思维、克服困难、攀越高峰的局面有可能会在这一环节出现。然而，结果并非如此。在这一部分教师共提出了三个问题，因为我是外行，不清楚这三个问题算不算对教学内容的拓展，然而我所看到的两个现象让我感到，这三个问题算不算"拓展"已经不重要了。

第一个现象是，前两个问题教师没有让学生思考或讨论，而是直接讲述了答案。第二个现象是，第三个问题教师让学生在一个表上填数据，我注意到，学生用了一分钟时间就把数据填出来了，可见这个问题对学生来说根本就没有构成挑战。

由这两个现象我基本上可以判定，所谓"拓展部分"是不成功的。

短短的一堂课给了我很多思考。听课人可以从很多方面来评价这堂课，有优点，有成绩，教师有课改的意识，几乎每个环节都体现了课改的理念；同时这堂课也有不足，有教师基本功的问题，有教学方法的问题，也有教学经验的问题。但是，如果回到"常识"层面来分析这堂课的得失，我以为，还是要看我们的课堂是否有效？我们的课堂是否真正做到了"以学习者为中心"？无论是成绩还是不足，恐怕都离不开这两个要素。

看一名教师的教学是否优秀，绝不是看教师的"表演"是否成功，而要看学生是否动起来了？是否产生了积极性思维活动？是否激发了学生想进一步学习和探究的渴望？如果这些目标能够实现，那么，即使教师的普通话不是那么标准，课件不是那么漂亮，气氛不是那么热闹，甚至根本没有什么师生互动，也同样是一堂好课。

　　近年来，随着职业学校课程改革的逐步深入，关注学生个性化成长，确立以学生为主体，在传授知识和培养技能的同时，注重"人的发展"等先进理念已被多数教师所接受，并且进行着有益的探索和尝试。但是，从我接触过的课堂教学情况来看，所有这些先进理念基本上还停留在教学设计中，一旦到了课题实施层面，教师又立刻成为课堂的"主宰者"和学科知识的"代言人"了，学生也就自然成了被动的接受者了。"我讲你听"、"我做你看"、"我讲多少你就学多少"、"我讲到哪里你就学到哪里"等多年的积习还是那样地根深蒂固。

　　我认为，现在已经到了课程改革要从教学设计向教学实施转移的时候了，不能再拖延了。否则，职业学校的课堂在失去吸引力的同时，终将失去人才培养质量。

　　　　　　　　　写于 2013 年 9 月 6 日夜，9 月 9 日夜修改，9 月 22 日再修改

第二篇

职校生学习动力不足的难题如何破解?

中职生动力缺失，谁之过？

谈论中职教育，一个不容回避的问题是，生源质量不断下降，学生动力缺失，厌学情绪严重。中职学校的教师对此更是反映强烈。面对动力缺失的学生，他们一方面为自己的束手无策而感到心力交瘁，另一方面还要承受来自领导、学生以及家长等各方面的压力而感到职业倦怠。这种状况给职业学校的教育教学带来了种种障碍和严峻挑战，甚至成为制约职业学校发展的关键因素。因此，解决学生的动力缺失问题已成为职业学校的当务之急。

在过去较长的时期内，广大职教工作者花费了很大精力力图解决学生动力缺失问题，有的老师苦口婆心，有的老师重在激励，更有包括我在内的许多职教工作者撰写了大量的文章，从社会、家庭和教育的角度分析中职生动力缺失的背景、因素等，并积极提出对策，但总体来看，收效甚微。

就我个人而言，客观地说，我与学生的接触是密切的。我在 QQ 空间、博客、微博上发文章、写微博，许多学生几乎每篇必读，跟帖的学生也积极踊跃。许多同学表示，读了我的文章后深受启发，思想上有很大触动，但据我观察，启发、触动过后，他们中的大多数还是依然故我，我行我素，固有的学习和生活态度没有什么改变。为此，我陷入了困惑、焦虑和自责的情绪中而不能自拔。

我们的学生真的是刀枪不入、无可救药了吗？面对学生动力不足，我们真的就没有办法了吗？怎样做才能让学生真正找回自信、规划自己、重塑自我、成就美好人生呢？

对待中职生动力缺失，我们存在两个误区

经过深入思考和分析我发现，我们在对待中职生动力缺失这个问题上存在两个误区，一个是思维误区，一个是感情误区。

思维误区是指，我们在分析中职生动力缺失时，往往把原因归咎于应试教育。于是，我们从不同的侧面批判应试教育的功利性，并且有意无意地把中职

生说成是应试教育的受害者。言外之意就是，如果没有应试教育，我们的学生也和考取重点高中的学生一样能够进入高等院校甚至重点大学学习。事实果真如此吗？

不言而喻，应试教育的确存在种种弊端，这是不争的事实。但是，我们应该看到的是，第一，随着国家经济社会发展的进程，近年来，无论是基础教育还是高校招生制度不断进行新的改革与探索，应该说应试教育的坚冰已经开始消融，尽管这一过程是缓慢的。第二，应试教育也好，高考制度也好，在批判其存在弊端的同时，我们也应该辩证地肯定其在培养人才方面发挥的重要作用。忽略了问题的这一方面，也就等于把我国的教育制度全盘否定了。无论是从历史的角度看问题，还是从发展的视角看问题，任何教育制度的存在都有其合理性。封建社会的科举制度的确害人匪浅，但我们又不得不承认，在封建社会里，科举制度是相对公平的，它为寒门子弟改变命运提供了一个相对公平的竞争环境。同时，我们也不得不承认，通过科举制度的选拔，的确发现了一大批社会精英人才。同样的，新中国高考制度的建立，是与我国的国情相适应的。在一个人口众多，底子较薄，经济较落后的国家，人人接受高等教育是不可能的。既然如此，只能建立一个相对公平的制度，让适龄青年同台比试，择优录取。因此，我国高考制度的选拔性质是我们无法否认也不必否认的。当选拔成为高考制度的主要功能时，优秀人才纷纷涌向高考的独木桥不是非常正常的社会现象吗？如果我们在批判高考制度功利性的同时，连同选拔优秀人才的功能一并否定，的确是不公平的。我觉得，这是我们的思维误区。

感情误区是指，由于我们想激励中职生成就自己美好的人生，于是，我们用各种理论来证明人的智能是多元的，学生之间只有差异没有差生，我们的学生是可爱的，与同龄人一样也是有着光辉前程的。我们不愿意承认一个客观事实：被中考淘汰的职业学校学生群体，在同龄人中的确是不那么优秀的群体。

我们不愿意正视、直面这个客观事实，是源于我们对中职生自尊心的维护，是源于我们对中职生深厚的感情。不仅如此，我们也不能容忍任何人说职业学校学生是不优秀的，是学习跟不上的，是被淘汰的。与此同时，我们(起码是我个人)还特别强调，高中三年是暗无天日的，是浪费生命的，是摧残青春的，而中职生的三年是天赐良机、是可以自由发展的、是符合马克思主义人的全面发展原则的。当然，直到现在，我也不认为我的观点全都是错误的。客观地说，我对职校生如何把握这几年光阴的分析还是有理有据有说服力的。我的感情误区在于，在肯定了职业学校的三年是天赐良机的同时，也彻底否定了高中三年对人才成长的作用。自我反思，这样的观点显然是有失偏颇的。

站在人生的转折点上，中职生应不应该做一次深刻的反思？

由于这两个误区的存在，影响了我对中职生动力缺失问题进行客观公正的因素分析，自然也就影响了相应对策的提出。比如，有一个问题我一直不愿意触及：我们的学生被中考制度所淘汰，除了社会环境、家庭、学校教育等方面的原因以外，学生自己有没有责任？中考的失败，被动地来到职业学校，无疑是职业学校学生人生的一个转折点。无论从哪个角度说，站在这样一个人生的转折点上，作为职校生本人，应不应该对自己的过去做一次深刻的反思？

我认为，我们在解决中职生动力缺失问题上之所以做了很多工作而效果不大，是与我们对中职生自尊心的过度维护分不开的。

我们的学生是否愿意反思以及如何反思，是他们个人的问题，任何人都无法代替。但作为职教人，我愿意谈谈自己的看法。

第一，从小学到初中，乃至高中，都是一个人打基础的时候。正如顾明远先生所说，是为人的一生发展做准备的阶段。在这样一个打基础的阶段，同学们为什么跟不上了？除去环境、家庭和学校的责任外，自己有没有值得反思的地方？

第二，不知中职生想过没有，他们为什么缺乏自信心？为什么缺乏进取的方向和动力？这两个问题我也曾千万次地问过我自己。除去早已分析过的原因外，我现在产生了一个新的认识：由于中职生的基础没有打好，就像盖房子的基础没有完工，因此，在一个未完工的基础上盖什么样的房子都是有问题的。我想，这也是同学们缺乏自信心的一个主要原因。

从小学到初中，学生要学习大量的文化基础知识。撇开应试教育的负面影响不说，这些文化基础知识对一个人的思维、思想、世界观、价值观等都会产生重要的影响作用。我想，正是由于在文化基础知识方面的欠缺，使中职生的心理、心智、思想、思维的发展受到了严重影响。对此，中职生是否应该反问自己呢？我们有没有正面地帮助学生去认识自己的不足呢？

第三，我多次说过，在应试教育制度的影响下，孩子的天性被磨灭了，个性发展被扼杀了。但中职生要反思的是，你们都是天性被磨灭、个性被扼杀才被中考制度淘汰的吗？如果真的是这样，那么，到了职业学校不正是天性被发现、个性被解放的大好时机吗？为什么你们的表现却没有证明这一点呢？

第四，青少年时期既是长知识的时候，也是长身体的时候，这都是自然规律所决定的。长知识的自然规律，使青少年充满了旺盛的求知欲；长身体的自然规律，使青少年贪恋体育运动和一切可以玩耍、娱乐的活动。这两个规律在一个人的生活中安排得当，就会出现我们常说的德智体全面发展，安排不当，就会导致两个极端，要么成了书呆子，发展出现偏差；要么成了贪玩的孩子，导致学业的荒废。中职生应该反思的是，在初中阶段，是不是让贪玩懒惰等因素占据了你们太多的时间？

是否进行深刻反思，对中职生未来之路将产生重要影响

以上几点我只是帮助中职生为自己的反思开了个头，其实，值得反思的地方还有很多。就像随机抽取的考试题一样，每个人的题目都是不一样的，只有自己知道确切的答案。问题是同学们愿意不愿意做这一张不怎么令人愉快的试卷？

我认为，做不做、怎样做这一张试卷，决定了中职生在职业学校这几年将如何度过？

认真地做好这一张试卷，学生会经历焦虑、不安乃至痛苦的心路历程。但经历过后，他们的人生将会谱写新的篇章。不做这一张试卷，那么一切都变得简单了。过去的一切，学生都可以找到种种理由加以粉饰和掩盖。比如：

我初一、初二时学习成绩很好的，但后来由于家庭的原因，我的成绩掉下来了；

我本来可以考上重点高中的，后来因为班主任总是和我过不去，我一生气就不愿意学习了；

我的语文、数学都学得不错，就是英语不行，不是我不想学，是我们初中的英语老师水平太臭了，把学生都教得不愿意学了；

初中时不是不想学，而是我们那个学校太烂了，没有几个人愿意学习，在那样的环境下，谁还能学得下去？

……

总之，如果不对自己的过去进行深刻的反思，学生就可以寻找各种理由来推卸属于自己的那一份责任；如果不对自己的过去进行深刻的反思，无论老师讲什么道理，都无法改变他们的现状。

据了你们太多的时间？

帮助学生找回动力，中职学校肩负重任

趋利避害是人的本能。无论是学生还是成年人，反思自己、总结教训都不

是自然而然就能够做到的，都需要外在的环境和压力。这个外在的环境和压力，恰恰是职业学校应该有所作为的。因此，我认为，职业学校有责任、有义务帮助学生正确地认识自己、反思自己，在此基础上，再对学生如何矫正自己、改变自己予以指导、给予激励。只有这样，长期困扰我们的中职生动力缺失问题才有希望从根本上得到解决。

黄全愈先生说，教育不是往车上装货，而是往油箱里注油。黄全愈先生的这句话我非常认同，也曾多次引用过。但就中职生而言，我认为，排在首位的还不是"往油箱里注油"，而是要先把"发动机"维修好。一台发动机有问题的汽车，即使油箱里注满了汽油，也是无法行驶的。因此，对职业学校来说，应该按照"维修发动机"、"往油箱里注油"、"往车上装货"这样的顺序来实施教育教学。

（1）必须加强中职生新生入学教育。新生入学是"维修发动机"的最佳时机。对于中职生来说，来到职业学校，意味着"重新洗牌"，一切都可以重新开始，一切都充满着新的希望。在这个节点上，如果职业学校能够有针对性地帮助学生反思过去，放眼未来，重新确立人生目标，就为中职生在校三年的有效学习、愉快生活奠定了良好的基础。

（2）必须创新人才培养模式。这是"往油箱里注油"的重要举措。现在中职学校的人才培养模式存在两个极端：一是沿袭基础教育的做法，没有针对性、缺乏职业性。二是忽略了学校教育的育人功能，片面强调技能、就业和实践，将中职教育办成功利性、工具性的"培训学校"。因此，如何针对中职生的发展需要，创新人才培养模式已成为中职学校亟待解决的问题。

（3）必须改革教学模式和评价模式。人才培养模式的创新最终要在教学过程中体现出来。因此，必须改革教学模式，使中职学校的课堂充满生机与活力，成为学生手脑并用、学做合一的成长园地；必须改革评价模式，建立与教学模式相配套的，容知识、能力、态度、价值观于一体的，学校、企业与社会多元介入的评价体系。

2012 年 4 月 27 日写，2012 年 4 月 29 日修改

工夫下在教室外

有一天晚上在学校值班，已经接近零点了，仍有学生在 QQ 上给我发来信息："'老大'，不要熬夜，早点睡觉，身体是革命的本钱啊！"我反问她"这么晚了，你怎么还没睡？"她说："我们宿舍的人都没睡呢，估计上半夜是睡不成了。我们作业交迟了，老师罚我们把作业抄写一百遍。"闻听此言，我顿时心生怒火，这个学生平时表现不错，算得上是优等生了，教师怎么能用这种方式处罚学生呢？我问是哪位教师，教的哪门课？学生却始终不愿意告诉我，并且安慰我说："老师也是为了我们好，想让我们改掉拖拉的坏习惯。"

相当一部分职校生就是这么单纯可爱，而我们一些教师却看不到学生的单纯可爱之处。学生在课堂上有一些不能令教师满意的表现，教师就常常用类似的手段来惩罚学生。

由这个事例我想到，在职业学校中，一些教师及班主任把主要精力用来盯住学生在教室里的表现已是较为普遍的现象。比如，任课教师为维持课堂秩序，会发愁、发火、发怒，并采取各种方法来"震住"学生；班主任为了管好班级，更是使出了浑身解数，动用了各种"兵法"。而一旦结束了一天的课程，学生放学，多数教师也就下班了。至于学生在业余时间都在做些什么，只有靠少数值班教师和学生干部来管理了。且不谈值班教师和班干部的责任心如何，这种用少数几个人来管理几千名学生的做法，其管理力度和效果可想而知。学生在课外活动以及在宿舍中的生活，基本上就处于无人管理、无人关注的状态。

任课教师和班主任关注课堂和教室是无可非议的，课堂毕竟是教育教学的主阵地。但就职业学校而言，仅仅关注课堂和教室是明显不够的。学生的课余时间都在做些什么？他们在宿舍里的表现如何？这些都应该是我们关注的重点，其重要性丝毫不亚于课堂和教室。

对学生来说，在教室内和教室外，仅仅是换了场景、换了活动场地吗？非也。学生在教室里表现出来的是"现象"，学生在教室外的所作所为所思所想才是本质。透过现象看本质，透过现象研究本质，才是我们职教工作者的工作着力点。因此，我认为，对职校生的教育与管理，功夫应该下在教室外。

学生在教室里的表现只是"冰山一角"

在管理制度的约束和校规校纪的强制下,学生在教室中的表现在某种程度上是异化了的。只有离开了教室,离开了教师的视线,离开了学校管理的重点区域,他们才还原成他们自己,他们最真实的一面才会毫无保留地暴露出来。相比之下,他们在教室内的表现其实只是"冰山一角",在课后、在宿舍、在校外的表现,才是"冰山"的全貌。

仔细分析一下学生的严重违纪行为就不难发现,类似骂架、打架、打群架等严重违纪事件绝大部分都是发生在课余时间。甚至有些事件发生了几天,校方却全然不知情。正常教学时间的校园一片安静,各级领导和管理人员穿梭巡视,教室里也照常传来书声琅琅。岂不知一些违纪事件的暗流却在学生中悄然涌动。一旦到了课余时间尤其是在宿舍,涌动的暗流就像地下的岩浆一样猛然喷发出来,酿成一起又一起的恶性事件。在这样的情况下,我们看起来非常有力、非常严密的管理制度和网络,就像"泰坦尼克号"一样往往只看到浮在水面上的"冰山一角",认为没有什么大不了的,直到被水下的冰山撞破船体危及安全了,才知道大事不妙了。

攘"内"必先安"外":工夫下在教室外才是根本

学生在教室内外的表现,不仅是"冰山一角"与"冰山全貌"的关系。根据我的长期观察,职校生在教室外的表现在一定程度上决定了他们在教室内的学习状态。反过来说,根据学生在课堂上的表现,我们就可以大致判断出他们在业余时间都做了些什么。比如,在课堂上昏昏欲睡或者酣然入梦的,课余时多半是在上网聊天玩游戏或谈恋爱了;在课堂上精神萎靡不振,注意力不集中,吃东西,照镜子,玩手机的,在课后多半把时间花在了无聊的消遣中;在课堂上思想集中、认真听讲的,在课后多半能够认真预习、完成作业。

弄清楚"冰山一角"与"冰山全貌"的关系,我们就不难得出这样的结论:要解决学生在课堂上学习动力不足的问题,就要把工夫下在教室外。

工夫下在教室外，不等于简单地消除管理死角

客观地说，职业学校的管理人员和班主任对学生的业余时间并没有放任自流，在众多职业学校的管理制度和规定中，也反复强调要做到全面管理、全员管理、全程管理，有的学校还提出要实现无缝隙管理。这些说法虽然不尽相同，但目的都是一样的，那就是要把学生在校的二十四小时都纳入管理的范围。不能不说，这些说法和做法都是为了对学生负责，甚至是出于高度的责任感。但无论是全程管理，还是无缝隙管理，强调的还是管理，还是简单地把学生作为管理的对象。笔者认为，学校的一切工作包括一切管理都应该是教育行为，即使是一些约束学生行为的制度或规定，也要注入教育要素。严格地说，脱离教育的管理必然是生硬的，当然，脱离管理的教育也必然是无力的。学校的管理必须以教育为目的，学校的教育也不能脱离管理而独立存在。在学校活动中，管理与教育应该是同一件事，而不是两件事。管理和教育紧密融合在一起不分彼此，你中有我，我中有你。那种看住学生、管住学生、以学生不出事为目的的单纯的管理行为，有可能见效，但却是反教育的。

笔者所强调把工夫下在教室外，是指在管理不留盲点的同时，教师和管理人员要深入学生生活，深入学生思想，走进学生内心，和学生成为无话不谈的知心朋友。只有这样，学生在教室外的生活才有了教育的存在。

学生只有敞开心扉，教师方可进入其中播撒教育的种子

我和学生的联系基本上都是在课余时间。学生把我当作真正的朋友而不仅仅是校领导，因而他们的苦闷、烦恼会毫无保留地向我倾诉。我的"学生粉丝"中，既有优秀的学生，也有一般同学；既有赫赫有名的学生干部，也有因犯错误被"休学"的问题学生。无论是哪一类学生，他们所倾诉的问题都是我们在教室内全然看不到的"另一面"。比如，有的学生与我探讨"人为什么要活着"这样的千年哲学之问，"想到每个人都将离开这个世界，就感到恐惧、茫然、苦闷甚至是绝望"；有的学生则向我倾诉家庭问题的烦恼，"回到冰冷的家中，感到沉闷、郁闷、烦闷，感到压抑、痛苦、孤独"；就是聊日常的学习问题，学生向我展示的也是平时鲜为人知的心里困惑，"自己没有动力，没有方向，

看书看不进去，提不起精神。看到别人学习，自己又感到恐慌；看到别人考证，自己又感到压力"；情感、恋爱等更是学生倾诉的主题，"明知道年龄小，不该谈恋爱，但看到别人恋爱，心生羡慕嫉妒恨"；还有的学生是爱上了一个不该爱的人，或者一个不该爱的人爱上了她，等等；人际交往方面也是学生常说常新的话题，有的学生说"未出校门，就感觉到了人际关系的复杂，今后应该怎么办"；有的同学则反映"我对她们一片真诚，为什么换来的却是不被人理解？为什么我越是与人为善，她们越是认为我软弱可欺"……诸如此类的问题不一而足。

　　我把学生倾诉的这些问题概括为"成长的烦恼"。我认为，对学生的"成长的烦恼"，既不可掉以轻心，也不必惊慌失措。处在这个年龄段的学生"无助感"、"孤独感"与自我调节能力并存。他们非常需要教师的引领和帮助，但在很多时候，他们更需要一个"过来人"作为他们的倾诉对象。

　　坚持与学生"聊天"，给了我这样的感悟：在空洞的说教和僵硬的管理面前，学生的心灵之门是关闭的、紧锁的。在这种情况下，即使教师煞费苦心地播撒教育的种子，也必然是把种子撒到了田边的沟壑里，起不到任何作用。只有当学生把教师看做朋友，教师成为学生的"自己人"，学生才愿意向教师敞开心扉。这时，教师方可进入其中，在学生的心田上播撒教育的种子。教育的种子不会立即见效，但假以时日，再加上良好的外部环境，教育的种子就会在学生的心田里生根发芽开花结果。对此，我坚信不疑。

写于 2013 年 1 月 30 日夜，2013 年 4 月 17 日修改

电脑游戏的评价机制给了我们什么启发?

周彬在《课堂密码》一书中说得好:"对学生来说,所有的知识都是学会的,而不是教会的。"我想,在信息时代,在互联网时代更是如此。但由于我们的教学模式习惯于满堂灌,长此以往,学生养成了依赖教师的学习习惯。这样一来,知识也就真的不是学会的而是教师教会的了。在这种情况下,教师俨然成了学科知识的代言人,学生则成了一无所知的接受者。

学生学习的被动接受贻害无穷。首先是求知欲的下降,探究欲的丧失,继而就是创造性思维的弱化。这种心态反映在学习兴趣上,也是弱化的、浅层次的。打个比方,一个食欲正常的人不需要他人启发,自然会有品尝美食的愿望和能力,这是一种本能。但对一个食欲不好的人来说,美食也就失去了吸引力。这正是当前职业学校教师面临的困惑之一。

学科教学的魅力我们挖掘出来没有?

从理论上说,每一门学科都有其独特的魅力,有的是显性的,有的是隐性的,有的是学生直接可以感受到的,有的则需要教师的教学艺术和教学功底来挖掘,从而给学生以积极的影响。

同样,学生的学习兴趣也有外在的和内在的之分。外在的兴趣是表面上的、浅层次的被吸引,内在的兴趣则源于对学科的热爱以及学习成就感所刺激起来的进一步探究的欲望。教师培养激发学生学习兴趣当然可以甚至也必须先从学生外在的兴趣出发,以吸引学生对学科的注意力,但更重要的是,教师要精心设计每一堂课的教学,想方设法地展示学科的内在魅力,激发学生的求知欲,不断让学生享有成就感。通过这个途径而激发出来的兴趣才是高层次的。在职业学校,没有高考的指挥棒,教师应该在这方面多做文章。如,让学生动手操作做项目,完成作品,然后予以表扬、展示或开展竞赛等。通过这些活动,让学生感受到自己的"有用"之处,感受到自己的价值和潜力,从而激励学生从一个个小的成功走向更多更大的成功。

在学生享受成就感后，教师可以进一步地引导学生关注学科发展动态，关注人类文化积淀和传承，鼓励学生的创造性思维，鼓励学生敢于质疑，引导学生学会用批判的眼光看待前人留下来的东西。这当然是理想化的目标，但教育的特性就是理想化的，就是为未来培养人才的，在职业学校虽说很难实现上述目标，但"心向往之"的追求精神还是应该提倡的。

电脑游戏的评价机制给了我们什么启发？

培养学生学习兴趣，激发学生学习动力，涉及教师对学生的评价机制。基础教育那种用考试的"标杆"来选拔学生的做法固然不可取，但目前职业学校低标准甚至是无标准的做法也是不利于职业教育的发展的。打个比方说，我们既不能像婴儿体检那样，把每一个原本健康的婴儿说成有问题、不正常，也不能走到另外一个极端：不论健康与否从不体检。理想的做法应该是：坚持定期"体检"，"体检报告"应突出健康指标，与此同时，对危及健康甚至危及生命的重大问题也要指出来，并开出药方。

培养兴趣激发动力与考试评价并不矛盾。职业教育不能谈"考"色变。在某种意义上，考试也是激发学生内在兴趣的重要手段和措施之一。没有考试评价，就不会有成就感，或者说成就感就会大打折扣。电脑游戏所以吸引人，其中一个核心要素就是通过评价，激励人的成就感。而且在许多游戏中，要想获得成就感并没有那么容易。既然如此，为什么学生还会痴迷于游戏呢？从学生热衷于"打游戏"，我们是否可以借鉴些什么道理呢？

我也曾几度痴迷于电脑，明知道玩游戏耽误时间，但常常欲罢不能。无论是学生还是成人，玩游戏为什么会这样？我琢磨电脑游戏有这样几点值得我们思考和借鉴：第一，由浅入深。所有的电脑游戏开始总是比较简单，容易上手。第二，通过评价，及时鼓励。过了一关，电脑就会自动做出评价。"你真棒！"、"恭喜你，你已成为初级能手"等。第三，不断增加难度，对玩游戏者构成挑战。鼓励使人高兴，激励人再接再厉，但挫折更能激起斗志，催人奋进。第四，有时间要求，有条件限制，刺激人的反应和敏捷，大脑皮层始终处于兴奋状态。第五，当遇到挫折时，目标不是高不可攀，每一次都是"差一点就能过关"。这样的设计不是让人失望后绝望，而是让人失望后激起新的希望。第六，经过努力，每个玩游戏者都可以不断进步，成就感始终伴随着你、牵引着你。

　　电脑游戏的上述特点，不应该对我们的课堂教学有所启发吗？我们的教学做到了"由浅入深"了吗？我们对学生给予及时鼓励了吗？我们的教学内容对学生构成挑战了吗？我们的课堂始终让学生的大脑皮层处于兴奋状态了吗？我们激起学生进一步求知的欲望了吗？我们做到了让成就感始终伴随着学生了吗？

　　因此，我们抨击应试教育的种种弊端，并不等于否定考试本身。考试与应试教育不是一回事。考试能力以及考试成绩的提高其实也是一种能力，也是对一个人综合素质的检验。甚至可以说，考试能力本身也是一种素质。一个浅显、简单的道理是：如果取消考试，将会给学校教育带来什么样的影响？这个问题不用我回答，地球人都知道。

写于 2013 年 4 月 7 日，4 月 13 日修改

聚焦职业教育的瓶颈：学生学习动力不足

(《江苏教育研究 职业教育》2013 年第 5 期)

学校放寒假了，平日喧嚣的校园顿时一片静寂。一名会计系的学生在 QQ 上告诉我，她在回家的路上，与同路的一位信息系的新生聊天。那个学生告诉她，进学校一个学期了，相当于上了一学期的自习课，老师讲的听不进去。这位学生对我说："刘校，听她这样说，我感到很震惊。分手时，我望着她远去的背影，心情很复杂，说不清楚是同情她还是别的什么。"

听了这一番话，与这位学生一样，我也感到很震惊，心情同样很复杂。

职业学校学生学习动力不足的问题，已经严重到非解决不可的程度了！这个问题不解决，职业教育领域的一切改革都将功败垂成，职教工作者的所有努力也将付诸东流。换一个角度看问题：解决学生学习动力不足的问题，不应该是职业教育改革的重要内容之一吗？不应该是职教工作者的努力方向吗？

如果说这个问题没有解决好，那是职业教育改革的着眼点、着力点、出发点和落脚点出了问题。试问，近年来，职教领域所进行的轰轰烈烈的改革究竟与解决学生动力不足问题有多大联系？这是值得我们认真考量和深刻反思的。

如果说这个问题没有解决好，是不是与我们职教工作者的畏难情绪和知难而退有关呢？面对学生学习动力不足现状，几乎所有的职校教师都感到无能为力。要说职校教师不愿为此付出努力，那是有失公允的。但当教师们全身心地投入到工作而没有功效或收效甚微的时候，职业倦怠感、事业挫败感便油然而生。

是的，这几年我们已经高度关注职业教育的教学质量，高度关注职业教育应该从一技之长的训练转向促进人的全面发展上来，我们也高度关注对职校生综合素质的培养，但是，我们要反思和追问的是：为了解决学生学习动力不足的问题，我们出台了哪些有针对性的文件？我们采取了哪些行之有效的措施？

光线传媒的刘同写了一本书，书名叫做《谁的青春不迷茫》。这本书写出了当代青年的共同心声。我写了这本书的读后感，在学生中引起了强烈反响。学生的反响为什么如此强烈，我想可以归纳为一句话："哪个职校生不迷茫？"

很显然，解决职校生的迷茫问题，单纯依靠大面积地说教是行不通的。我的看法是，必须走进学生心灵，才有可能找到问题的根源所在，才有可能因材施教，帮助学生走出迷茫，才有可能帮助学生健康、个性化地成长。如果这个观点成立，那么我们不妨反思：我们走进学生心灵了吗？我们为走进学生心灵进行了哪些努力呢？悲观一点地说，即使走进学生心灵，找到了问题的根源，我们也未必有什么良方，来唤醒或者激发他们的学习动力。职业教育所面临的现实就是如此地严峻。在这种情况下，如果我们还无所作为，眼睁睁地看着学生在混日子，职业教育希望何在？职业教育还有明天吗？

作为一名老职教工作者，我要大声呼吁：

一、职业教育要回归教育

教育是培养人、影响人、塑造人的事业，教育的核心是育人，而非"制器"。职业教育是教育的一种类别，当然也不能例外。职业教育应该为学生的就业做准备，这是毋庸置疑的。但职校毕业生进入社会的第一身份应该是一个合格的现代公民，其次才是一个有着专业技能和职业能力的专业人才。那种把职业学校看做"会开机器的技能型人才加工厂"的观念必须坚决摒弃。换言之，职校生首先是从教育走向职业，其次才是从掌握技能走向岗位，这个顺序是由教育的本质所决定的。颠倒过来就不是真正的职业教育，而是功利主义的职业教育了。功利主义可以刺激职业教育一时的发展，但从长远看，必将葬送职业教育。

二、职业学校教师要用大爱铸就师魂

何谓师魂？我没有查阅到规范统一的说法。我的理解，师德的不懈践行和长期坚守、具有大爱之心并与生命同在，大约就是师魂了。

职业学校教师队伍有没有重铸师魂的必要？笔者不敢妄加断言。但在职业学校教师队伍中存在着远离师魂甚至渐行渐远的现象，却是不争的事实。比如，当前，职业学校教师队伍中是否弥漫着一种风气：抱怨学生厌学、抱怨教学难教、抱怨任务太重、抱怨待遇不高、抱怨检查太多、抱怨要求太高。这种风气逐渐演变成一种病态，其"临床表现"是：教学满足于应付，不思进取；课堂上缺乏管理，玩忽职守；待遇上斤斤计较，按酬付劳；对学生缺乏关爱，态度冷漠。职业学校教师队伍的这种现状不改变,学生学习动力不足的问题便永无解决之日。

师魂用什么来铸就?改善待遇、减轻工作量、提高地位就能铸就师魂吗?笔者的回答是否定的。师魂与一切物质的东西没有必然联系。就像我们通常说的人格培养人格,素质造就素质一样,师魂只有通过净化、纯化、升华教师的灵魂才能获得。简单地说,只有大爱之心才能铸就师魂。具有师魂的教师一定是以饱满的工作热情投入每一天的教育教学中去的,一定是关爱每一个学生的,一定是不歧视、不放弃任何一名学生的,一定是孜孜以求不断提升教学水平和育人能力的。我们不能要求每一位职校教师都是具有大爱之心、具有高尚师魂的优秀教师,但我们完全应该对职校教师提出这样的要求:

不论学生以什么样的心态和姿态进入职业学校,我们都有责任和义务去关爱他们、影响他们、教育他们。学生不是我们"加工"的对象,而是需要我们用人格和灵魂去影响的生命个体。如果说职校生身上有着这样那样的不足,那正是我们必须面对的挑战,正是激起我们工作热情、让我们的每一根神经都变得敏感起来、让我们的内心变得柔软起来的源泉和动因。我们的人生因他们而丰富,我们的生命因他们而精彩!没有这样的情怀和激情,就不必也不配做一名职业学校教师!

三、职业学校对教师的评价必须改变

职业教育不同于基础教育。事实证明,生搬硬套基础教育的做法来搞职业教育鲜有成功者。远离学生的公开课、示范专业评估等自不必说,就是与学生密切相关的新课程、新课标等在职业教育的土壤里也难以生根发芽开花结果。其中一个重要原因是,基础教育的学生大部分都怀揣梦想,而职业学校学生的梦想已经破碎,前途一片渺茫。在这样的情况下,无论课程怎么改、课标怎么定,都无法从根本上解决他们动力不足、方向不明、信心丧失、对未来不抱希望的状态。

上述问题,正是职校管理人员和广大教师要面对和解决的。但我们客观地说,无论是校长、管理人员还是教师,他们有足够的精力去解决学生学习动力不足的问题吗?

我们以教师为例。目前,职业学校教师背负着满负荷甚至是超负荷工作、写论文、做课题、参加技能大赛、接受校内的各种指标考核、接受校外的各种检查视导听课、当班主任从早到晚盯着学生别出事等多座大山,能把这几座大

山背起来，不被压垮，已经使教师筋疲力尽了。每到周末、法定假日、学期末，据我所知，绝大多数教师都会发出感叹：终于可以喘口气了！

负重可以，忍辱也可以，但身心疲惫则难以前行；敬业可以，不计报酬也可以，但心力交瘁，就难以使教师做到爱岗。

平心而论，职校教师比任何领导、专家都希望看到学生上进心极强、学习劲头十足的精神状态，因为学生的状态与他们的工作、事业、心情、幸福指数甚至身心健康有着密切联系。就多数教师而言，他们不想走进学生心灵吗？他们不想让课堂充满活力吗？但他们的时间何来？精力何来？动力何来？

我们不妨做一个有些极端的假设：假如一名教师在完成了教学任务后，不写论文、不做课题、不参加技能大赛、不参加"两课"评比、不接受各种检查视导听课，全身心地投入到"走进学生心灵"中去，到学期末考核时，恐怕只有一个结果，那就是考核排名倒数第一。尽管这位教师的付出对学生的成长产生了积极的影响。

我说了，这个假设有点极端，作为一名教师在教学工作之余写写文章、做做研究不仅是必要的，对教师的成长也是大有益处的。但如果只磨刀不砍柴，只做研究不思考实际问题，只参加大赛等活动而远离学生，那就是本末倒置了。因而，这个极端的假设作为一种可能性的存在，仍有其重要的现实意义和警示作用。

基于上述分析，我呼吁：职业学校对教师的评价必须改变！改变的核心，要让教师静下心来、腾出手来，走进学生心灵，关注、帮助每一名学生成长。

四、教育行政部门对职业学校的管理模式必须改变

如前所述，无论是校长、管理人员还是教师，他们没有足够的精力去解决学生学习动力不足的问题。其中，管理人员和教师有没有精力，很大程度上取决于校长，而校长有没有精力，很大程度上取决于上级主管部门对学校的管理模式。因此，要给教师松绑，首先要给校长松绑；要改变对教师的评价机制，首先必须改变对学校的管理模式。

近年来，国家对职业教育的重视程度和扶持力度是空前的，也很有可能是绝后的。但学生学习动力不足的问题为什么没有得到有效解决？

对职业教育来说，政府给政策、拨经费、建基地、搞示范、免学费、办大赛、搭立交等显然是很大的支持，但如果职业学校的校长和教师为了争取这些支持而疲于奔命、疲于应付，并因此导致没有精力解决学生学习动力不足的问

题，我们不得不说，这样的支持就应该认真总结和反思了。我们倡导把课堂还给教师、还给学生，恐怕首先要做到把学校还给校长。不去行政化，职业学校就不是校长的，课堂也当然不可能是教师和学生的。

笔者这样分析问题，或许会令顶层设计者十分不快，但事实胜于雄辩。比如，国家投入巨资为职业学校建设了实训基地，为什么学生的动手能力和职业能力并没有明显提高呢？国家拨出巨款用于减免职校生的学费，换来的结果是什么呢？是职业教育的吸引力增强了吗？是学生的学习积极性提高了吗？是职业学校的生源猛增了吗？显然都不是。职业教育的吸引力依然不强，学生的学习动力依然不足，职业学校的生源继续在萎缩。学生每隔一段时间就会向学校频繁发出质问："为什么还不发钱"，倒成了职业学校的一道"风景线"。

在笔者看来，职业学校学生学习动力不足的问题，已经成为制约职业教育发展的瓶颈。要解决这个问题别无他途，唯有将职业学校校长和教师的精力聚焦于育人而不是其他。倘若能做到这一点，瓶颈问题则可迎刃而解。瓶颈一旦打开，职业教育的"容颜"必将焕然一新，职校生的人生之路必将大放异彩，职业学校的发展必将日新月异！

2013 年 1 月 22 日写，4 月 13 日修改

学生的期盼心理是如何消失的？

学生的期待心理为什么如此短暂？

在教学活动中有这样一种现象：在新学期新课程开始的前两周，课堂秩序普遍较好(起码比平时好)，但过了两周以后，课堂纪律开始松懈，学生的注意力开始转移，玩手机、睡觉、不听课的多了起来。这个现象说明了什么问题？是什么原因导致学生的兴趣很快消失？诚然，学生对新课程的新鲜感不等于真正的感兴趣，但学生的新鲜感为什么如此短暂？

前两周的课堂秩序较好，说明学生对新学科的学习和新教师的教学原本是有期待心理的。为什么有的教师能成功地把学生的新鲜感保持得较为长久？为什么有的教师成功地把学生的新鲜感转化为浓厚的学习兴趣？这难道不应该引起我们的反思吗？

我相信，每一位教师都希望学生喜欢自己的课。但希望学生喜欢和学生是否喜欢显然是两码事。为了让教师的希望变为现实，我们就有必要对学生期待心理的迅速消失做一番分析。找到了学生由期待到放弃的原因，或许我们就找到了改进课堂教学的良方。

教师的看法正确码？

如果询问教师，为什么学生的新鲜感如此短暂，为什么新鲜感没有转化为学科兴趣？多数教师恐怕会归因于以下原因：一是学生基础差(潜台词就是说学生笨)，最基本的教学内容他们都听不懂，听不懂自然就没有兴趣；二是学生不愿意学习，厌学情绪严重。有的教师常说，想学习、愿意学习的都上高中了，到我们职业学校的都是不想学、不愿意学的。三是学生在课堂上只想听笑话、听故事而对学科知识不感兴趣。作为教师，要激发学生的这种"兴趣"很容易，但我们不能以丢失学科教学为代价，来换取学生的这种"兴趣"。换一种说法就是，教师要坚持学科教学标准，不能降格以求，不能迎合学生的低级趣味。

我相信,上述三种看法会覆盖到大部分教师。但是,我们要追问的是:这三种看法正确吗?符合学生实际情况吗?

这三种看法都把学生丧失学科兴趣归因于学生,只是落脚点不同罢了。对第一种看法,我们要追问的是,我们的教学内容为什么让学生听不懂?我们不是都知道,教师不能教教材,而是用教材教吗?用教材教的过程不就是结合学生实际对教材进行再加工、再调整、再重组的过程吗?不就是把教材内容还原成学生能够接受的过程吗?说学生听不懂,是表达了我们的无奈,还是暴露了我们的无能?对第二种看法,我们要追问的是,有天生就不愿意学习的学生吗?职校生被中考所淘汰是因为他们不愿意学习还是因为他们达不到应试教育的评价标准?如果不是天生就不愿意学习,那就是评价标准的问题了。职业教育没有了应试教育的枷锁,我们的评价标准完全可以也必须进行必要的改进。我们的课堂教学,其目的不是为了选拔出精英人才,而是为了每一个学生的进步成长。当我们带着这样的目的进行课堂教学的时候,学生还会拒绝我们吗?如果学生依然拒绝,那么,我们为了让学生获得在初中从来没有过的成就感又做出了哪些努力呢?对第三种看法,我们要追问的是,学生对学科的兴趣是自然产生的吗?学科兴趣难道不需要教师的激发吗?教师在备课时为激发学生兴趣又做了哪些精心设计呢?同样的教材,同样的学科,同样的教学对象,为什么有的教师就能够将学科知识的严谨性、科学性和系统性与课堂教学的趣味性、学生追求未知的积极性有机地结合在一起呢?

学生的看法正确码?

如果询问学生,为什么对新学科的新鲜感如此短暂,为什么新鲜感没有转化为学科兴趣?多数学生会回答归因于以下几个方面:一是教师照本宣科,将教材上的东西搬到黑板上,然后要求我们把黑板上的东西搬到作业中,最后再让我们把作业中的内容搬到考试卷上,对这样的学习我们实在提不起兴趣。二是我们感到教师讲的内容不实用,一本教材从头讲到尾,什么都讲了,什么都没讲透,我们感觉并没有真正掌握这门课。三是课程与课程之间没有联系,没有形成合力。每个老师都说,学好了这门课程以后在工作中肯定能用上,但每一门课都是蜻蜓点水,学完了全部课程,感觉还是没有底气,不知道自己能胜任什么样的工作。四是老师擅长讲的、讲得起劲的都是他们自己熟悉的,而真正实用的或者在实际操作过程中遇到的种种问题,老师讲得少而且讲不透。

客观地说，学生的看法未必恰当，起码有解脱自己不用功、不刻苦之嫌，但我们必须明确的是，通过课堂教学掌握知识和技能的是学生，不久的将来走上实习及工作岗位的也是学生。也就是说，教师的备课再到位，讲课再精彩，如果学生在课堂上、在学科的学习中没有收获，那也是没有任何意义的。因此，对学生的看法你可以说不全面、不准确，但却不能不重视，不能不把学生的反映作为我们改进教学的起点和着力点。

出 路 在 哪 里？

课堂是师生共同的家园，没有学生，课堂也就不复存在；没有教师，课堂只能称之为学习的场所。当课堂教学中出现了问题，自然也应该从教师和学生两方面去寻找原因，任何只强调一方而忽视另一方的做法都是片面的。但尽管如此，我们还是要从学生主体地位这个角度来看问题、分析问题和解决问题。忽略了这一点，既远离了教育的本质，也违背了常识。就像我们为特定的对象举办一场演出，这场演出是否成功，演职人员和观众都可以发表意见，但毋庸置疑的是，我们的演出是为特定观众服务的(而且观众是需要付费的)，如果观众一致认为演出不成功，那么，演职人员还能说"我们的演出没有问题，是观众的欣赏水平太低"这样的话吗？

假如上面这个比方成立的话，那么，解决"学生的期待心理为什么如此短暂"也就有了明确的出路。这个出路就在于，我们的"演出"首先要让"观众"喜欢看，其次，我们还有责任通过演出提升"观众"的欣赏水平。

在写作本文的过程中，我注意听取了学生的意见。学生告诉我："对我们来说，哪个老师的课能引起我们的兴趣，我们就愿意听他的课。即使上他的课也有睡觉玩手机的，但比例明显降低了。给我们上课的教师中就有几位这样的老师，这几位老师在讲课时，非常幽默，非常亲切，经常讲一些故事，讲一些对我们有用的、教材中没有的知识。他们赢得了我们的喜爱。"

看来，要让学生的期待心理长期保持下去，教师就必须从学生现实需要出发，一方面努力培养学生的学习兴趣，另一方面努力提升自己的人格魅力，然后，引导学生从对听故事的兴趣转化为学习的兴趣，再由一般的学习兴趣上升为对学科的兴趣。只有这样的"兴趣"才是持久的，对学生的影响才是深远的，对学生素质的形成才是深刻的。

写于 2013 年 4 月 12 日夜

学生上课睡觉，我们应该怎么看？

读作家卞毓方的文章，读到这样一则故事：

1979 年到 1980 年，哥伦比亚大学，两个政治科学系大一的新生，课堂上总是没精打采。一个是来自夏威夷的黑人，惯于占据教室右后方的角落，戴一顶足以遮住脸部的阔帽，常常呵欠连天，伏案寻梦；另一个是来自台湾的华裔，喜欢窝在教室左后方的一隅，听得无趣，也索性呼呼大睡。

前者是奥巴马，后者是李开复。

(2010 年 3 月 21 日《文汇报》)

读罢这一则故事，我不禁浮想联翩：在我们职业学校的课堂上，"呵欠连天，伏案寻梦"、"呼呼大睡"的现象随处可见，在这些学生中，有没有将来的"工程师"、"会计师"、"高级技师"呢？我想，肯定是有的。既然如此，我们又该怎样看待这个现象呢？上面的故事告诉我们：上课睡觉的学生未必都是庸才，那么他们上课为什么睡觉？简单的回答是：因为教师的上课不能吸引人。那么，假如教师上课具有很强的吸引力，就一定没有学生睡觉了吗？无论是什么原因，我们对上课睡觉的学生应该如何教育和管理呢？作为教育工作者，对所有这些问题都应该进行一番认真深入的思考。

我琢磨，学生上课睡觉有这样几个问题需要弄清楚：

第一，无论什么课，无论教师多么优秀，总有学生在课堂上睡觉。也就是说，学生上课睡觉是一种客观存在的现象，是不以我们的意志为转移的。所不同的是，在有的课堂上，学生睡觉的很少，甚至几乎没有，而在有的课堂上则是睡倒一大片。其实不用说学生上课了，我们在电视上常常可以看到，一些非常重要的会议也有会议代表昏昏欲睡的。作为教师，我们恐怕都清楚地知道，参加学校的一些会议，主持人或校长总是要批评一些教师不能遵守会场纪律，而且在批评这种现象时，还常常拿"你不希望学生上课睡觉，你自己就不应该在会场上睡觉"来说事。

我说这些并不是要为上课睡觉的学生开脱，我只是想说，睡觉说到底是一个人的生理现象，你让一个毫无睡意的人睡觉那也是相当困难的。看过朋友发的一张搞笑的图片：两个学生模样的男孩子和一个婴儿站成一排在罚站，罚站的原因却是完全相反的，图片的标题即为"因为睡觉而罚站，因为不睡觉而罚站"。还看过一个笑话是这样说的：教师看到同位的两名学生都睡着了，于是发怒，叫醒其中一个学生(平时学习成绩不好)说，你看看你，拿着书居然能睡着？你再看看人家(指同位的另一位睡觉的同学，平时成绩优异)，睡着了手里还拿着书呢！

第二，在课堂上睡觉的学生总有一定的原因，或者说睡觉对这些学生来说是最佳的选择。除非我们能给他们提供更好的选择，让他们放弃睡觉。

虽说睡觉是一种生理现象，但它和吃喝拉撒不一样。睡觉这种生理现象极易受精神因素的影响。不喜欢读书的人常常说的一句话就是"我一拿起书就犯困"。相反，这个人若是酷爱读书，也许本来很困倦了，但只要一本好书在手，就立刻来了精神。

正因为睡觉和吃喝拉撒不同，所以才值得我们认真研究。

第三，凡是由学生自己选择的活动，很少有睡觉的现象。课堂上睡倒一片的学生，一旦到了课外活动时间，一个个又立刻生龙活虎起来。平时学习稍微紧张一点，学生就叫苦不迭，而他们一旦搞起社团活动，却又不知疲倦了。

学习是艰苦的，自然不能和娱乐、课外活动相提并论，但我们不妨对这个现象进行一番研究。如果课堂教学中增加一些学生的活动，增加一些趣味性的成分，如果我们对学生的评价增加一些多样化的选择和标准，其教学效果会不会好一些呢？睡觉的学生是不是会少一些呢？

第四，明白了以上几点，我们就会知道，对学生上课睡觉的现象我们要做的不是叫醒他们(即使叫醒了，他们也听不进去)，而是要反思我们的教学管理和课堂教学。比如，我们的课堂教学对学生构成足够的吸引力了吗？学生有没有选择专业、课程的自由？课堂究竟是教师表演的舞台，还是学生学习的园地？如果学生可以自由选择专业和课程，自由选择任课的教师，在课堂上睡觉的还会有这么多吗？

第五，即使我们具备了让学生自由选择专业、课程和教师的条件，也有可能会出现另外两种情况：一是个别学生没有选择到适合自己的专业、课程或教师；二是不排除个别学生天性就不习惯班级授课制，而更喜欢自己学习。而这两种情况的学生都完全有可能在课堂上睡觉。

综上所述，我认为，对学生上课睡觉的现象我们既不要大惊小怪，也不能熟视无睹。一方面，我们应该以此为契机，不断深化教学改革，不断扩大学生选择的余地,不断贴近学生的成长需要;另一方面,作为教师更应该把精力放在如何做好自己的学问以及增强个人魅力上来。有了过硬的实力,有了足够的魅力,当我们走上讲台时,就能够做到举重若轻,挥洒自如。教师达到了这样的境界,还怕学生上课睡觉吗?真有个别学生仍然在课堂上睡觉,就让他们睡好了,何必在意呢!这些爱在课堂上睡觉的学生常常悲哀地感叹"自己睡醒了,老师还没讲完!"但作为有实力、有魅力的教师,我们应该有底气地告诉他们:今天你在课堂上睡觉,总有一天你会为错过我的课而后悔得睡不着觉的!

2013 年 5 月 11 日

一切从职校生的实际出发，
我们还有很长的路要走

与基础教育相比，职业教育有很大的不同，就拿学习任务来说，高中生的任务就是学习这一件事情，而职校生除了学习以外，同时要考虑继续深造、生存、就业等问题。同样是学习动力不足，高中生无非在报考志愿时退而求其次，上不了名牌大学就报一般大学，一般大学也上不了，就报三本，实在不行，还有高职高专等着呢。假如这些学校都上不了或不愿意上，还可以考虑复读一年，明年再考。而职校生学习动力不足直接要面对的是必须走向社会，能否顺利就业，能否对口就业，能否相对体面生存等问题。

这样分析起来，职校生的命运的确悲催了些。但事物总是具有两面性的，职校生在小小年纪就开始面对生存问题，固然有"压力"的一面，但他们比同龄人的职业预备期起点早，准备早，职业生涯开始早，这对一个人的发展未尝不是件好事。我曾在一篇文章中分析过：当大学毕业生走向社会的时候，中职生在职场上已经摔打四五年了，如果积极肯干、好学上进，极有可能已成为某一岗位的熟练内行人了，说不定本科毕业生还要跟着他们当徒弟呢！而且，由于职业教育没有了高考的压力和应试教育的束缚，师生都获得了自由，这就为人的全面自由发展提供了绝佳的机会。我把这个绝佳的机会称之为"天赐良机"。

但是，在职校生的现实生活中，一方面是"天赐良机"，另一方面却是学习动力不足，二者就这样矛盾着。假如我们深入探究这一对矛盾形成的原因就不难发现，在"天赐良机"的背景下，由于体制、政策以及操作层面存在的问题，导致"天赐良机"没有得到应有的重视，更没有充分利用好。良机丧失殆尽，实在令人惋惜。

为此，职业教育还需进一步解放思想，更新观念，大胆创新，鼓励实验。笔者以为，从如何充分利用"天赐良机"入手，寻求破解"职校生学习动力不足"难题的出路，是大有文章可做的。

职教情深深几许？笔者从事职业教育三十多年，不敢妄谈经验，但大半生精力奉献于斯,痴心不改,痴心绝对。面对学生学习动力不足,焦虑不已,寝食难安。有些思考和建议,萦绕在心,如鲠在喉,不吐不快。

(1) 职业教育呼唤小班化教学。

现在的职业学校为了充分利用有限的教育资源,大都是实行大班化教学。一个班级少则四五十人,多则五六十人甚至更多。班级人数过多,所带来的害处是显而易见的。美国教育家博耶的观点或许说出了这个问题的实质。他问过很多校长:30 个学生和 50 个学生的班级到底有什么不同?很多校长说没什么不同。博耶说:"当学生人数超过 30 人的时候,教师的注意中心就从对个体的关注转为对班级的控制。"我接着博耶的话说,如果教师的注意力放在对班级的控制时,学习动力不足学生自然就成为重点管理和控制的对象。反过来说,只有当"教师的注意中心"放在"对个体的关注"时,学习动力不足的问题才有了解决的可能。

1981 年,美国著名心理学家、教育家布鲁姆主持了两个独立的实验,每个实验学生都是随机选择的,布鲁姆为每个实验学生配备了专门的教师。在这种一对一的个别教学中,中下水平的学生超过了常规班中等生的水平,而在常规班中,中等学生占了绝大多数。布鲁姆的实验充分说明了小班化教学的必要性和重要性。目前条件下,职业学校当然不可能做到一对一的个别教学,但布鲁姆的实验给了我们重要的启示:在教师关注的条件下,中下水平的学生也有可能成为优等生。

(2) 人才培养方案应该因校而异,只有适合的,才是最好的。

现在的人才培养方案强调高度统一,虽然允许各校制定实施性人才培养方案,但大的框架和课程体系、课程标准已经被固定下来,各校可以自行调整的余地很小。大统一的人才培养方案显然不利于职业教育的健康发展。以江苏为例,同一专业在苏南、苏北的生源情况、实习条件、师资水平、就业去向等就有很大的差异。不考虑这些差异,要求所有学校都执行统一的人才培养方案,势必导致一些学校削足适履。

类似的做法在职教领域还有不少,我总感到这是一种怪异的现象。学校的创办、专业的开设都是层层审批的。学校和专业获得合法地位后,有关部门又不信任依靠学校自身力量能把学校办好,能把专业建设好,因此,必须出台相应的规定以规范和统一学校的行为。这种"不信任"传递到学校,多数校长不去思考"为什么非得这样,为什么不能那样",而是不自觉地受其"传染",把这种"不信任"传递给教学管理人员和专业系部,及至到了教师层面,已经没有多少创新、改进的空间了,多数教师的教学成了"大统一"机制下的机械执行者。可以想象,失去了活力和创造力的教师队伍还会投入大量精力去解决学生学习动力不足的问题吗?

我设想,如果由层层的"不信任"转变为"层层信任",即有关领导部门相信多数校长可以把学校办好,把学校还给校长;校长们相信多数教师会尽心尽力教书育人,把课堂还给教师;那么,不排除个别校长会影响学校发展,部分教师会误人子弟,但从总体上考量,我相信,职业教育的局面将会有根本性的改观。我还相信,校长、管理人员和教师的积极性和创造性将会被激发出来,职业教育也将会出现百花齐放、各具特色、颇具活力、蓬勃发展的局面。到那时,解决学生学习动力不足的问题,将会有各种有效的方法涌现出来。因为学校的活力是巨大的,教师的智慧是丰富的,学生的潜能是无限的。当学校充满活力,教师充满智慧时,学生的潜能被最大限度地开发出来,就是水到渠成的事了。

(3) 职业学校的课程改革必须动大手术。

职业教育领域里的课程改革进行了多年,始终没有突破性的成就。学科教学模式、统一的教学计划、一成不变的固定班级授课制、以考试成绩作为评价手段等几十年来没有突破性的改变。进入职业学校的校园,除了一些实训课外,与普通中学毫无二致。

笔者不是职教理论专家,只是一个普通的实践者。从近距离观察职业教育和职校学生的角度看问题,我以为,职业教育发展到了今天,课程改革必须是革命性的,必须动"大手术"。比如,以会计专业为例,在文化基础课中,除了语文、德育和体育可以作为必修课以外,其他课程能否作为选修课来开设呢?即使作为必修课开设,这些课程是否可以用其他课程、活动及特长来替代呢?报载,澳大利亚的高考采取的就是 1+X 的做法,即学生可以在一百多门课中任选自己的喜欢的课程作为高考科目,但英语是必考的。每个学生的高考成绩是以英语的成绩加上学生参加考试科目中最好的三门课的成绩。这样的做法既照顾了学生的个性发展,又体现了人性化。澳大利亚的高考尚且可以开放,我们职业教育课程改革为什么不能有革命性的突破呢?

笔者的观点或许会遭到强烈的反对和质疑。比如,不学好数学怎么能学好会计呢?不学点外语怎么能成为合格的现代社会的公民呢?我以为这些质疑都是纸上谈兵,都是脱离了职业教育实际的。高中数学及高等数学知识对于大学会计专业来说或许是必需的,但对中职学生真的是必不可少的吗?既学好会计专业,又掌握一门外语固然可喜,也的确有用,但不能不顾学生的原有基础和兴趣,要求学生必须掌握到统一规定的水平。说句极端的话:中职生即使不学外语又如何? 他们就业的岗位有多大的可能要用到国际会计准则? 有多大可能要用外语记账? 诚然, 作为现代公民素养, 职校生应该掌握一定水平的数学、外语知识, 这是无可厚非的。笔者只是强调, 对职校生中的学习动力不足者或学习这些课程确有障碍者应该提供另外一种选择。

(4) 职业学校的学习环境和学习节奏应该与基础教育有大的区别。

职业学校的一切工作都应该以学生的发展为中心。不同专业、不同学生的需要也有所不同, 职业学校应该最大限度地满足学生发展的需要。一切从受教育者的需要出发, 这才是真正的专业建设, 这才是真正的课程改革, 这才是真正的教书育人。比如, 职业学校应该大力推行工学结合、工学交替、顶岗实习等, 努力增加学生的实践机会。但如何结合、如何交替、何时顶岗、顶岗时间如何确定等, 所有这些具体问题, 都应该根据地域不同、专业不同、条件不同等实际情况由学校自主灵活掌握。再比如, 寒暑假制度对于职业学校来说适用吗? 不同的专业为什么不可以有不同的假日制度呢? 在基层学校经常会遇到这样的矛盾: 越是节假日, 一些企业越是需要我们的会计商贸类专业的学生去顶岗帮忙, 但学生们平时在校学习, 节假日当然不愿意放弃休息。我相信, 其他学校和其他专业也会遇到类似情况。如果把寒暑假根据专业的不同划分为多个时段的假期, 那么, 学校在进行校企合作的时候也就便于统筹安排了。

以上仅以顶岗实习和寒暑假制度为例来说明问题。其实类似值得探讨和改变的情况还有很多。比如校园的建设、建筑的布局、教室的大小等, 都应该从职校生的发展需要出发, 不拘泥于传统做法, 不囿于原有格局, 以开明开放的视野, 真正为学生考虑, 给学生提供最大的便利和最好的成长环境。正如《学会生存——教育世界的今天和明天》一书中指出的那样:"教育虽然建立在从最近的科学数据中抽取出来的客观知识的基础上, 但它已不再是从外部强加在学习者身上的东西, 也不是强加在别的人身上的东西。教育必须是从学习者本人出发的。"很显然, 在这方面我们还有很长的路要走, 职业教育的改革创新还有很大的空间。

写于 2013 年 2 月 2 日夜, 2013 年 4 月 13 日修改

一味地迁就让步，不是职业教育的特性

　　在职校生中，学习动力不足者多数伴有学习习惯不良、意志品质较差等问题。如何改变他们的学习习惯，改善他们的意志品质，这是职教工作者必须面对的问题，同时也给职教工作者带来了严峻挑战。不能迎接挑战，不能在挑战中赢得胜利，职业教育的发展也就无从谈起。

　　许多职校教师和管理人员为迎接挑战、破解难题付出了辛勤劳动。但总的来看，收效甚微。如何让我们的辛勤付出转化为丰硕成果，对此，笔者提出如下观点和建议，供职教同仁参考。

学习动力不足者如果不痛下决心，必将一事无成

　　我以为，我们耳熟能详的一些名言警句如果不能正确理解，不仅对人没有帮助，反而会误人子弟。比如，有一句话说，无论什么时候开始都不算晚，重要的是开始以后不要轻易结束。这句话的本意是让人们坚持自己选定的目标，不要轻言放弃。如果断章取义地认为，既然什么时候开始都不算晚，那么今天就这样吧，一切等明天再说，这就等于曲解这句话的真正含义了。事实上，就掌握知识、开发智力、发展兴趣、培养人格、树立志向而言，青少年是最佳的黄金时期。所谓大器晚成，并不是等到中年晚年才开始努力，而是指早年发奋但苦于没有机会、错过时机。

　　对于职校生而言，尽管人生的路还有很长，但用来为一生的发展打基础的时间已经不多了。因而，我经常告诫我的学生：如果在职校这几年你是浑浑噩噩度过的，那么，我基本可以断定，你这一生不会有大的出息。我还经常对学生说："今天你们是同窗，十年、十五年、二十年以后，你们这个群体将会出现较大的分化。但是你们没有觉察到的是，你们这个群体分化的起点不是某年后的某一天而是现在。"

　　毫不讳言地说，职校生在文化基础方面比高中生、大学生已经有了明显差

距，那么职校生中的学习动力不足者，与同龄人的差距就更大了。在这种情况下，学习动力不足者如果还不痛下决心，迎头赶上，更待何时？

快乐学习，不适用于学习动力不足者

就人的天性而言，学习原本是件快乐的事情，这是毋庸置疑的。但随着人类社会的发展，人们对世界认知得越来越多，知识的广度和深度都达到了前所未有的程度。作为后学者，继承人类文化传统的任务也在不断加重。因而，获取知识的过程必然是伴随着用功的"痛苦"的。不经历这样的"痛苦"，就跟不上社会发展对人的发展的要求。

职校生跟不上高考队伍而遭淘汰，除去社会、体制等原因外，就其个人来说，多数在"用功的痛苦"面前望而却步，出了问题。不能刻苦用功，不能科学利用时间，不能及时纠偏改错等一旦成为习惯，很快就会掉队。更严重的是，一旦养成不良习惯，要想改变过来，的确是非常困难的。

我们常常提倡，让学校成为学生健康成长的乐园，让课堂成为学生快乐学习的殿堂。这个提法是理想化的，可以作为教育的终极目标来激励我们朝着这个方向努力。但这个提法不适用于学习动力不足者。学习动力不足者在矫正学习习惯、培养意志品质的过程中，必然伴随着煎熬和痛苦。就像凤凰涅槃一样，不经过"煎熬和痛苦"，他们便无法获得再生。

一味地迁就让步，不是职业教育的特性

我常常表达这样的观点：在职业教育领域，无论是教书还是育人，都不能由我们预设教育教学的起点。因为我们清楚地知道，按照严格的标准来衡量，许多职校生在文化基础知识的掌握和行为规范方面并没有达到九年义务教育应有的水准。鉴于这种情况，职教工作者应该迎上去，在他们的现有水平能够达到的地方接住他们，就像"扶醉者"一般搀扶他们继续前行。在这样一个起点上，有人出于对职校生的同情，有人源于对职校生的无奈，也有人对职校生持有放弃的念头，看法不尽相同，但他们却有着非常相似的观点：由于有了职业学校的存在，职校生没有流落到社会上去，我们已经功德无量

了。至于学生的学习能达到什么水平，就不必再苛求了。甚至有的领导者在讲话中强调：职业学校的教学质量标准是什么？学生在原有的水平上有所进步，这就是标准！这位领导还进一步举例说明：有的学生原来连26个英文字母都认不全，经过我们的教育，他能够认清读准26个英文字母了，这就是进步，这就是收获！

不可否认的是，这位领导的观点在职教领域是颇有市场的。不少职校教师也认为，能看住学生不出事，就是我们最大的成绩。至于在学习方面让学生达到一定的水平，那是不现实的。

我批评过一位教师"我们必须树立标杆，达不到标杆的学生就应该淘汰"的看法，但我也不能同意上面那位领导和一些教师认为对职校生不要提出学习要求的观点。我坚持认为，让步要有尺度，宽容须有限度。任何教育都不能没有目标，都不能没有要求。没有目标，也就没有追求，没有追求实际上是在宽恕我们自己的懒惰；没有要求也就没有标准，没有了标准的教育教学就是对学习动力不足的职校生一味地迁就让步，而一味地迁就让步，绝不是职业教育的特性。

分类教学，扬长避短，是解决学习动力不足的一剂良药

一些教师也赞同对职校生的学习应该提出要求，但他们同时认为，由于学生的水平有很大差异，因此，对不同的学生应该有不同的要求。于是，分层教学的理论和实践应运而生。但经过调研我发现，真正推行分层教学的学校少之又少，即使有少数学校推行了分层教学，也是简单地对一些文化基础课按照学生成绩的高低分成所谓的快慢班。我总感觉，这样的分层教学不是真正的教育行为。我理解的分层教学，应该是区分学生不同情况，分别施以帮助，分类加以指导。

教育不是让不同的学生变得趋同，而是让不同的学生变得更加不同。现行的分层教学，看起来是分层了，但实质上还是为了趋同。我认为，面对职校生的实际，职业学校应该大力推行分类教学。我所说的分类教学，是指按照学生的不同特点，分类加以个性化的培养。这就要求我们的教学安排和课程体系更加符合学生实际，给学生尽可能多的选择和尝试。在这样的教育环境中，学生可以扬长避短，发展个性，发展特长。即使有些"短"避不开，适当补短达到合格要求也就可以了，不必要求所有学生都没有短，重要的是学生的长处有没有被发现、被培养、被弘扬。其实，只要我们认真研究人才

成长的规律就会发现，凡是优秀的人才也都是有短处的，甚至越是优秀，短处也就越明显。这是因为一个人的精力是有限的，把主要精力用来扬"长"了，其"短"处也就更加明显了。

优秀学生尚且不能扬长无短，对待学习动力不足的学生，我们更应该着力发现、培养、弘扬他们的长处，适当弥补他们的短处。这不仅有利于恢复他们的自信心，同时也更符合教育之道。

写于 2013 年 2 月 1 日夜，2013 年 4 月 16 日修改

职业学校教师"懒"一点，如何？

(《江苏五年制高职杂志》，2014 年第 7 卷，第 4 期)

> 让教师知道自己哪些方面"不行"很必要，
> 如何帮助教师"行"更重要

　　我在担任教学校长期间，经常批评"教师很流畅，学生很惆怅"的课堂教学现象。其实，凡是属于这种情况的教师，他们自身也知道自己存在的问题，他们甚至比外人更郁闷、更痛苦。可以想象的是，教师花了很大精力去备课，在课堂上一丝不苟地讲课，换来的却是学生的无动于衷、按兵不动，哪一个做教师的会心安理得、心情舒畅呢？想到这里，我真有些后悔当初对一些教师的批评了。

　　但是，不得不说的是，教学的目的毕竟不是看教师"表演"得是否精彩，而是看学生是否有收获？背离了这个目标，一切同情、理解都是虚伪的，也是不负责任的。因此，仅仅是同情教师的"苦劳"和"疲劳"，是没有意义的。换言之，作为教学校长或教学管理人员，我们不能仅仅指出教师在哪些地方"不行"，更重要的是要和教师一起探讨怎样做才能"行"。前者是职务所为，后者是使命驱使；前者可以不费吹灰之力地"指点江山"，后者则需要深入地研究与艰苦地探索。

　　从理论上说，要让教师"行"，首先要知道教师在哪些方面还"不够行"。但实际上要指出教师在哪些方面还"不够行"是非常困难的。原因在于，"行"的教师总是相似的，"不行"的教师则各有各的"不行"。既然如此，我们能不能反其道而行之呢？即，教师的种种不行先放在一边，我们把精力放在那些"行"的教师究竟"行"在哪里？然后，让教师用优秀教师的"行"为榜样，来寻找自己的差距和不足，这样做不是事半功倍了吗？

> 优秀教师"行"在哪里？我们能否借鉴？

　　也许有的同志会对我的看法提出质疑：质疑一，优秀教师也是"各有各的优秀"，怎么可能归纳出共同点呢？质疑二，即使归纳出了共同点，按照常理来说，也不是一般教师简单模仿就可以做到的，不然大家不都成为名师了吗？这样的质疑不能说是没有道理的。但我想，第一，尽管优秀教师"各有各的优秀"，但不能否认他们之间的一些共同点。当然，这个共同点不是"明摆着的"，而是需要我们去研究、去发现、去感悟、去总结的。第二，简单地模仿优秀教师不能有效地帮助自己教学水平的大幅提升，这个质疑是正确的。这正如许多教师所反映的"听了名师的报告心潮澎湃，回到课堂一切还是原来状态。"很显然，问题不是出在名师不优秀，而是我们要把名师的经验转换为自己的财富，这中间需要一个艰苦的、不断琢磨和感悟的过程。正如乒乓球爱好者看了马林、张继科等国手的比赛很受启发，但回到球台上，自己的球技并没有立刻提升一样。因为无论是国手打球的思路和应变能力，还是他们的技术手段，你看懂了、理解了是一回事，自己能不能掌握是另一回事，这中间需要你经历千万次地模仿和揣摩，才能逐步内化为自己的战术和技术。

回到我们的话题上来，优秀教师有没有共同点可以让我们借鉴呢？我以为是有的，而且是很突出、很明显的。

我们先来看一个现象：一般教师上公开课，尤其是示范性公开课，都是以自己的教学班级为对象的，而且在很多情况下还是经过一番演练的。因此，一般教师的示范性公开课，多少有些"汇报演出"的味道。但名师们就没有这么幸运了，他们常常被要求临时性地借班上课。也就是说，这堂课的教学对象是他们完全不熟悉的，更不要说提前演练了。但从我听到、看到的情况来看，名师就是名师，借班上课同样上得很精彩。这是为什么？其中的秘诀是什么？

我研读了一些名师授课的案例，总结出他们上课的秘诀(也是共同点)是："一个中心，两个基本点"。一个中心：以学生为中心；两个基本点是：俯下身子上课，面对要完成的教学任务，他们和学生站在同一起跑线上，与学生一起"出发"，共同学习；学生自己看书就能掌握的他们不讲，学生愿意主动表达的他们不讲，学生之间有不同看法希望争论的他们也不讲，他们要做的就是点拨、引领、指导、推进，然后让学生继续讲、继续争论，在适当的时候，他们再予以点拨、引领、指导、推进，一堂课下来反复如是。

所以我们有时候看名师的讲课案例，乍看起来毫无新奇之处，仔细品味，就可以悟出其中的真谛，那就是：教学有法，教无定法。无论采取什么方法，无论上课的形式如何，教师的进与退，讲与不讲，多讲还是少讲等都是可变的，但万变不离其宗的是：始终是"学生"在学习、在探究。

用优秀教师的"行"，反思我们的"不行"

反观我们的课堂教学呢？我总感到，我们的教师太"辛苦"了，太"勤奋"了。尽管教材中的定义、例题写得清清楚楚，但为了让学生便于理解，教师辛苦地备课，补充大量资料，精心设计教学步骤，到了课堂上，不厌其烦地一遍又一遍地分析、讲解教材内容；看到学生听懂了，就布置题目让学生练习；针对学生练习中的错误，教师通常会再把这堂课的重点内容予以强调，然后布置课后作业。在整个教学过程中，很显然，主角是教师而不是学生。

如果说，在名师的课堂上始终是"学生"在"学习"，在一般教师的课堂上则始终是"教师"在"讲课"。我想，这是我们与名师的主要差距之一。

说到这里，我们的一些教师可能又要不服气了，他们会认为，不是我们愿意多讲，是学生不动脑筋。就是这样讲他们都不学，要是我们不讲，还不知会成什么样子呢？对于这样的"不服气"我是不敢苟同的。这是一个"先有鸡还是先有蛋"的老问题，后面我会回答这个问题。

看到了差距，并不等于解决了差距。一般教师要想像名师那样做到"一个中心，两个基本点"，不经过长期的"修炼"是不行的。但有了目标，我们就可以迈开双腿前行了，只要我们向着目标前进，我们就会不断进步，不断向名师靠拢。

由名师授课与我们一般教师授课的对比，尤其是联系我们职业学校课堂教学实际，我想到了一个关键词：勤与懒。

在我看来，在我们职业学校教师队伍中，绝大多数教师是勤奋的。但问题出在我们的勤奋是否用到了点子上？我们是否有这样的普遍认识：教材内容我们已经滚瓜烂熟了，我们要做的是在课堂上把这些知识教给学生？如果真的是这样，那么，我们的勤奋必然表现在课堂教学中而不是课前的备课和课后反思上。我的看法与之正好相反。我认为，职业学校教师的勤奋主要应该用在课前的备课和课后反思上。在课堂上，我倒是提倡，我们的教师不妨"懒"一点。

"懒"一点不是要教师在课堂上消极怠工，而是要像名师那样，让学生自己学起来，做起来，相互帮助起来，相互讨论起来，相互争论起来，等待学生学不会了，做不了了，讨论争论没有结果或偏离方向了，教师再出面点拨引领。尽可能地减少"我讲你听"、"我示范你模仿"的做法。

解决我们的"不行",需要付出艰苦努力

我国有一句老话:习惯成自然。我们的学生在课堂上非常被动,这种情况不是先天的,而是后天的,是我们教师培养了他们的习惯,久而久之,这种习惯成了"自然"行为。

生活中有一个活生生的例子:夫妻二人干家务活各家有各家的格局。丈夫做饭打扫卫生,妻子刷碗洗衣服,或妻子做饭打扫卫生,丈夫刷碗洗衣服等等。这些家务没有什么谁会谁不会、谁行谁不行之说,只有谁愿意干谁不愿意干之分。

在我家,由于我工作忙,家务做得少,于是,饭后就主动帮助妻子刷刷碗、拾掇拾掇厨房卫生。时间一长,刷碗打扫厨房就成了我必须完成的任务。无论是我们夫妻二人在家,还是女儿、女婿都在家,甚至来了客人,吃完饭后,每人都是放下碗就奔向沙发聊天看电视,留下我收拾杯盘狼藉的餐桌和厨房。于是,"格局"就这样形成了。回顾反思做家务的过程,我得出一个结论:在家庭里,谁越是主动,谁承担的家务活也就越多。而且耐人寻味的是,天长日久,格局一旦形成,仿佛谁干什么谁不干什么就是天经地义的事情了。由开始的积极主动,变成后来的天经地义,这个现象多么像我们的课堂啊!

我们的课堂不正是这样吗?一开始,教师为了让学生尽快掌握学科知识,总是不自觉地主动多讲一点,讲细一点。时间长了,这样的做法就变成常态了,而且学生也就真的不会主动学习了。一旦有个别教师愿意培养学生的自主学习能力,学生反而感到很不适应。《颜氏家训》里说的"教妇初来,教儿婴孩"也是同一个道理。

一个担任五年制高职四年级教学任务的教师非常无奈地对我说:"您在会上讲的要培养学生自主学习的能力,我很赞同。可是,我在教学中真的努力这样做了,学生感到很不适应。学生说,其他老师的教学方法都不是这样的,老师你也别费劲了,就和其他老师一样教我们吧!"

这个老师的良知让他感到很无奈,他所说的情况也让我很痛苦。我知道他说的是实情,绝无半点虚构和夸张。我曾经听过一位英语老师的课,他采用的引导启发式教学方法我非常欣赏,我在内心为他叫好。我觉得职业学校的课堂就应该是这样子的:不直接把答案告诉学生,而是引导启发学生一步一步地靠近最佳答案。可我在课堂上看到的却是学生木讷的表情、被动地应付甚至是消极的抵抗。为此,我特意关注了这个老师的学生测评情况,结果不出我所料,

每学期他的学生评教分数都不高。

当一个人长期需要别人把食物嚼碎了喂到嘴里的时候，这个人自然会丧失咀嚼的功能。道理就是这么简单。

以上说的是习惯成自然的负面影响。既然习惯是后天养成的，当然也就是可以改变的。尤其是职业学校学生，他们来学校之初，其实也是一种"初来"或"婴孩"阶段，我们完全可以以此为起点，培养他们自主学习的好习惯。只要我们坚持不懈地努力，只要我们每一个教师都把课堂还给学生，难道不会收到"少若成天性，习惯成自然"的正面效果吗？

当我们向着"一个中心，两个基本点"努力的时候，或许开始学生感到不习惯，时间长了，习惯也就养成了。这样的习惯一旦养成，课堂也就真正实现以学生为主体了。

需要说明的是，在课堂教学中，我提倡教师"懒"一点，这一个"懒"字，是需要教师的教学功底、教学水平、教学经验、教学智慧来支撑的。没有这些素养、素质来支撑，教师就必须暂时用勤奋来填充，然后逐步向"懒"一点来过渡。否则，教师的"懒"必然会带来课堂的松散和低效。正如初学武功者，必须首先学会使用刀枪剑戟；随着武艺的高强，手中"家伙"也逐渐变得简单，真正的武林高手，甚至手中空无一物，照样可以在谈笑间击败对手。如果初学者简单模仿武林高手，手中也是空无一物，其结果可想而知。因此，教师的"懒"一点不是放任、放松、放弃，而是启发、等待，等待学生自己向前走。"教学者如扶醉人"，教师既不应不顾"醉人"的"醉态"，反复给"醉人"做示范应该如何前行，也不能把"醉人"放一边不管不问，自己优哉游哉地等着"醉人"自己醒来。教师的作用是"扶"，是和"醉人"一起走。尽管这样的做法看起来慢一点，但随着"醉人"的逐渐"醒酒"，速度会越来越快，最后直至不用教师"扶"也能快步行走。

没有教师的"懒"，就没有学生的"勤"；没有教师的"扶"，就没有学生的"走"。课堂教学的格局如何形成，就在这样的取舍之间和教师的努力之中。我是这么认为的。

写于2013年4月7日夜，4月8日修改

职校教师要有悲悯的情怀

职校生与其他类型教育的学生相比，的确有着太多、太大的不同。他们中的一部分学习动力不足、行为习惯不良、生活方向不明。有人打了一个比方，说职校生(特别是中职生)就像发育不良的孩子，虽然令人同情，但却让人喜欢不起来。面对职校生现状，作为职校教师应该怎么办？

笔者以为，如何看待职校生实际上是职校教师树立什么样的学生观的问题。树立不同的学生观，就成为职校教师或走向优秀、或走向平庸、或走向职业倦怠的分水岭。

客观地说，高等教育大众化背景下的职校生与高等教育精英化背景下的职校生相比，的确发生了很大的变化。无论我们如何看待这种变化，以下几点应该成为职教工作者的共识：

第一，不论职业学校学生素质如何、表现如何，他们就是我们的教育对象。这是无可更改的事实。没有了他们，我们也就没有存在的必要了。

第二，即使在发达国家，现阶段，职业学校学生与普通高校学生也有着比较明显的差距。这是职业教育的时代烙印，短时期内无法消除。

第三，职业教育的存在是人类生存的需要，是社会发展的需要。一个文明的社会，只有职业分工不同，没有高低贵贱之分。人的全面发展包含了人的自由发展，人的自由发展包含了个人对职业的选择自由。在现阶段，每个人的全面发展、自由发展尚无法实现，因此，用一定的选拔手段和标准区分不同类型的人才便成为社会唯一的选择。从这个意义上说，职业学校学生并不是差生的代名词。不同的评价标准，会产生不同的结果。职业学校学生是在用应试教育标尺来衡量的情况下被淘汰的。换一个标尺来衡量，换一种理念来培养，其结果会有很大的不同。

弄清楚以上几点，我们就不难得出这样的结论：今天的职校生不是劣等生，而是现行体制的产物。他们的过去是由社会、家庭、教育三方面共同铸就的。无论他们现在是什么样子，需要对他们的今天负责的都不应只是他们自己。职校生的现状在一定意义上决定了今天的职业教育并非真正意义上的职业教育，在一定程度上，职业教育成了应试教育淘汰学生的"收容所"，成了经济社会发展的附庸。但是我想说，今天的职业教育虽然不是真正意义上的职业教育，但作为职教工作者，我们应该坚持办真正的职业教育。真正的职业教育是面向人人的，是着眼于人的发展的。以办真正的职业教育为目标，以职校生的现状为起点，这就要求职教工作者对待今天的职校生，应该具有同情的心态和悲悯的情怀。

为什么说要对职校生具有同情的心态和悲悯的情怀？在长期的职业教育实践中，我形成了一个基本的看法：我认为，在职业学校学生成长经历中有"两个集中"：

一个"集中"是，在职校生身上集中反映了中国社会的现实问题和矛盾。比如贫富悬殊差距拉大而形成的贫困家庭，经济结构调整而形成的下岗职工家庭，城市化的高速进程导致农村劳力外出打工从而形成了农村儿童家庭教育的缺失，城市的迅速膨胀而形成的农民失地家庭，由于社会原因所带来的婚姻解体单亲家庭增多等等。上述这些社会问题和矛盾，不是说在其他类型教育中没有体现，但没有哪一种教育类型学生像职业学校学生那样"集中"地反映出上述问题。

另一个"集中"，就是集中反映了人生无法选择、无法改变的"悲情"的一面。所谓悲情的一面，就是父母给定的无法更改的一面。比如，一个人出生在北京、上海、广州等地与出生在贫困山区、边远地区，该有多么大的不同啊！一个人能选择自己的父母吗？出生在不同的家庭能有一样的发展机会吗？

尽管我没有做过专门的调查，但我敢断言，如果把职校生和重点高中生、大学生相比较，我相信，调查结果一定会支持我的结论的。

作为职教工作者，如果能考虑到这两个"集中"，难道不应该对我们的学生充满同情心吗？难道不应该具有悲悯的情怀吗？

悲悯本是佛教用语。悲是指慈悲，即对人间的苦难有一种感同身受的情感；悯是指同情，怜恤。悲悯二字合在一起，我的理解就是，对职校生身上体现的"两个集中"，我们要有深刻的理解，并且想方设法地走进学生心灵，倾听他们的故事，感受他们心灵的呼唤，从而激发我们灵魂深处的大爱情怀。

当我们具有了悲悯情怀，学生在我们眼里就从令人操心的被管理的对象，变成了一个个鲜活的生命个体。

当我们具有了悲悯情怀，我们就会对学生不读书、不学习、不听话背后的原因充满了好奇，我们就会渴望走进他们的内心世界，了解他们昨天的故事。

当我们具有了悲悯情怀，我们就会抱着极大的热情去关注每一个学生的成长和变化。

当我们具有了悲悯情怀，我们就会怀着极大的兴趣，去研究每一个学生不同的性格特征和心理特点，帮助他们走出迷茫，走向成功。

当我们具有了悲悯情怀，我们对待学生就会从失望变为期望，从焦急变为等待，从焦虑变为期待。

当我们具有了悲悯情怀，我们就会对自己从事的职业从消极变为主动，从单纯地付出变为生命的体验，从持久冷漠变为激情永在，从职业倦怠变为忘我投入。

当我们具有了悲悯情怀，我们就会发现，我们的学生是千姿百态、丰富多彩、特点鲜明、可塑性很强的。

当我们具有了悲悯情怀，我们就会意识到，职业教育是何等伟大而光辉的事业。因为在我们的影响下，学习动力不足的学生找到了力量的源泉，人生方向不明的学生找到了努力的目标，原本对生活失去了希望的学生找到了生活的乐趣和人生的价值。

影响一个学生，成就一个人生，造福一个家庭。在这个过程中，我们也将拯救自己，成就自己，铸就职业教育辉煌的明天。

2013 年 1 月 27 日写，2013 年 4 月 24 日修改

职校生学习动力缺失的背后是什么？

职校生常说的一句话是：我不知道现在应该做什么，更不知道将来自己能做什么？也就是说，职校生进入职业学校后，站在迷茫的人生十字路口，不知道自己该往哪个方向走？无论往哪个方向走，不知道前方等待自己的是什么？

不认真对待职校生的上述问题，就很难解决他们的学习动力缺失问题。

为什么职校生会失去了前进方向，陷入迷茫之中？要回答这个问题，就要从他们的成长经历说起，就要追溯到我们的教育体制。

在现行的教育体制中，虽然说我们实行了九年义务教育制度，但在九年义务教育之后，考取重点高中、重点大学，依然成为学生及家长的首选。不要说考高中、考大学是"一考定终身"，就是在九年义务教育阶段，考试成绩也是我们评价学生的主要手段。在这种机制的作用下，"不能让孩子输在起跑线上"就成为所有家长的共识。于是，考试成绩突出的学校就理所当然地被认作为优质教育资源。这些优质教育资源为了巩固自己的地位，又把考试成绩突出作为自己的奋斗目标，在学生、家长、学校的相互作用下，培养优秀的"考生"而不是优秀的学生(黄全愈语)就成为三方共同追逐的目标。因此，在这样的情况下，学生从幼儿园一直到高中，都有着明确的方向，那就是考取理想的大学。

但遗憾的是，在现阶段，无论什么社会制度，无论哪个国家，都不可能满足人人都上大学的愿望。反过来说，即使人人都可以上大学，也未必是人人都愿意上大学。无论是实行九年义务教育还是十二年义务教育，义务教育阶段结束后，必然形成分流，一部分学生升入大学，继续学习深造；另一部分学生则分流到职业学校，接受职业技术教育。是不是一旦分流到职业学校，学生就一定会失去方向、陷入迷茫呢？从发达国家的情况看，并非如此。那么问题出在哪里？我以为，问题出在义务教育阶段后的分流，是采用选拔淘汰机制还是采用选择自愿机制？是一次性的"一考定终身"，还是给学生多次机会、多种可能性的选择？如果采用的是后者的做法，那么，学生到了职业学校多半是学生在尝试了多种选择后的一种"自觉行为"，这样的职校生很清楚地知道自己现在应该怎么做，将来可以做什么。

　　我国现行的教育体制采取的是第一种做法，即中考和高考都是"一考定终身"的。考试成绩既是选拔一部分学生上高中、上大学的标准，同时也是淘汰另一部分学生的依据。被淘汰下来的学生大部分进入了各级各类的职业院校。我们可以设想，从中考、高考应试教育的千军万马中突然被淘汰下来，我们的学生怎么可能不陷入迷茫之中？怎么可能在很短的时间内就找到自己的人生方向呢？如果说，直奔高考的是一支急行军的队伍，那么，职校生就是因为跟不上急行军的步伐才被淘汰下来的。因此，作为职教工作者，我们不能只看到学生学习动力不足，我们更应该分析：他们为什么跟不上高考大部队的步伐而遭淘汰？应试教育机制对他们有哪些负面的影响？他们自身存在哪些问题？他们的家庭给了他们什么样的影响？他们在义务教育阶段是如何度过的？到了职业学校，他们渴望的是什么样的环境和氛围？他们当中又可以分为哪几种情况？只有弄清了职校生学习动力不足背后的这些情况，我们的教育教学才能是有效的。同时，职校生学习动力不足的问题才有可能从根本上得到解决。对此，我有以下几点基本看法：

　　第一，尽管中考和高考制度做了很多改进，但仍没有脱离应试教育的窠臼。目前的中考和高考仍然是用一张试卷作为选拔人才的标准，这种做法显然是有悖于教育要促进学生全面发展的本质的。教育没有促进学生的全面发展，无论是对职业教育还是对高等教育都是非常不利的。

　　第二，应试教育在很大程度上抹杀了学生的天分。为了中考和高考，学生不得不压抑、放弃原有的兴趣和爱好，一切服从于考试。我们不难设想，如果让学生的天分充分发挥，兴趣得以培养，选拔的标准也充分考虑学生爱好和职业取向，我相信，进入大学的一部分学生原本是适合到职业学校学习的，反过来，职校生中的一部分原本是适合接受高等教育的，甚至是适合就读研究性大学的。应试教育单一的选拔方式，使得这两部分人都没有找到适合自己的位置。

　　第三，无论是受家庭、学校或社会的影响还是源于个人的因素，部分职校生的确存在着学习习惯不良、求知欲低下等问题。对此，职教工作者应该准确把握，以便有的放矢地矫正学生的行为，同时职校生也应该进行深刻反思。因为进入职业学校是职校生的人生转折点，在这重要的人生转折点上，如果职校生再不做出深刻的反思，蹉跎度过几年的职校生涯，也许他们就真的没有希望了。

　　第四，我们应该对每一个职校生抱有充分的信心。职校生尚处于未成年阶段，他们的今天是丰富多彩、千姿百态、可塑性很强的。只要我们能转变他们的思想，只要他们愿意，一切都还来得及。他们的人生道路还有很长很长，只要他们重塑信心，鼓起勇气，奋勇直追，他们的梦想就一定会实现，他们的人生一定会十分精彩的。这一点不仅我们要坚信，还要通过各种方式加大宣传力度，给职校生提供恢复信心的环境。让职校生在职业学校找到归属感，享有成就感。

第五，职业学校教育教学工作必须与学生的原有水平和实际情况对接。需要强调的是，这种对接不应该是单一的、整齐划一的，而应该是多样化的、个性化的。相比较而言，职业学校与学生的对接，要比高中与初中的对接、大学与高中的对接情况要复杂得多。有人用"三分法"来分析职校生的学习状态，我认为是有一定道理的。"三分法"的观点认为，在职校生群体中，一部分学生是积极向上、有较强的学习动力的；一部分学生处在中间位置，有好的环境和氛围，这部分学生也会产生学习的动力；另一部分学生学习动力缺失，到了职业学校就是浑浑噩噩地混日子，不要说学习成绩了，就是对毕业文凭也是抱着无所谓的态度。我经过仔细琢磨发现，这个"三分法"不仅可以用来分析学生的学习情况，用来分析学生对升学、专业、就业的态度也是有道理的。比如，对待升学，职校生就有三种态度，一种是积极打听升学渠道，一心想着升学深造，提高自己的学历层次；一种是升学就业都可以，顺其自然；另一种是根本没有升学的愿望，即使有机会直升大学，这些学生也不会考虑。再比如对待专业的态度，一部分学生会在很短的时间内树立专业意识，培养专业兴趣，一部分学生对专业缺乏认同感，学习专业只是随大溜；另一部分学生对专业则毫无兴趣，无论教师怎么动员和启发，都无法激发他们学好专业的兴趣和动力。

鉴于"三分法"的确有一定的合理性，职业学校的教育教学不妨也采用"三分法"或者"多分法"与职校生的实际情况相对接。有了这样的意识和理念，我们就能为学生提供多样化的、个性化的服务。具体地说，我们可以为有升学愿望的学生提供升学辅导咨询服务，为打算就业的学生巩固专业思想，强化专业技能，推进校企合作，广开就业渠道。除此以外，剩下的那些既没有升学愿望，也没有就业积极性的学生，就成为我们工作的重点。对这一部分学生，首要的不是教育他们学业进步、练好技能，而应该耐下心来，倾听他们的故事，了解他们内心深处的想法，从而点燃他们灵光闪现的那一点点希望之火。他们的希望和兴趣也许与课程和专业无关，但只要不是歪门邪道、旁门左道，我认为都应该予以支持和激励。比如，会计专业的学生喜欢计算机，计算机专业的喜欢写作，商贸专业的喜欢唱歌等等，诸如此类看起来是不务正业的爱好，但对于这一部分学生来说，可能就是人生的转折点。他们这些"不务正业"的爱好一旦从地下转为地上,不但可以激发他们对学校生活的热爱,也有可能带动他们把动力迁移到学好专业上来,甚至不排除他们在"不务正业"的爱好中取得骄人的成绩,成就自己的人生。倘能如此,不也是令人欣慰的事情吗?更何况大量的事实证明,对一个人来说,何谓正业何谓不务正业是很难说清楚的。许多专家学者当年的正业成绩一般甚至很差,倒是业余爱好成就了他们的事业,这样的例子不胜枚举。谁知道哪片云彩会下雨?

诚然,要帮助第三部分学生找到自己喜欢做的事情,是一项非常复杂、艰巨的任务。这就要求我们职教工作者对待学生要有足够的耐心和爱心。教育,在很多时候能做的事情很少,就像对待生长中的植物一样,当我们做了通风、日照、松土、施肥、剪枝、除虫等事情后,剩下的就只有等待了。有一句话说得好:教育就是聆听花开的声音。难道不是吗?

写于 2013 年 1 月 28 日写,2013 年 4 月 22 日修改

职业学校教师有没有这样的一种勇气？

看到一位教师 QQ 上的个性签名是这样写的："以水为榜样，遇事以柔克刚，遇困难绕道前行。"这段话作为一个人的处世哲学，是无可厚非的。但如果是一名职业学校教师有这样的想法，恐怕就有些问题了。

职业学校学生难教、难管，是众所周知的，无需我饶舌。面对这种情况，一些职校教师就产生了这样的心态：在可能的情况下，以不带班主任为原则，带了班主任以带高职班不带中职班为原则，带了中职班以不带非主干专业的班级为原则(分数相对更低)，带了非主干专业的中职班以不出事为原则；如果班上有总爱惹是生非的学生则尽可能以家教、除名甚至是开除为原则……

于是，我们就看到了这样的现象：有的班级学生越来越少，学生尚未毕业，就已经流失了八九十来个甚至更多，而有的班级直到毕业一个不少。这是为什么？这个现象与班主任工作没有任何联系吗？

不难设想，如果职校教师带着上述心态做班主任工作，他们能走进学生心灵吗？他们会关注每一个学生的成长吗？把学生交给这样的班主任，学习动力不足的问题能得到有效解决吗？

职校生的现状让我们忧心忡忡，职校教师的职业倦怠让我们深感忧虑，教师职业的崇高使命感又让我们寝食难安。因此，在当下，职业学校呼唤这样一类教师：

给我一个班，无论是高职班还是中职班，我有信心、有能力把这个班带好，不让一个学生掉队！

事实上，在各个职业学校中都有这样一批默默无闻、辛勤耕耘的教师。他们没有什么豪言壮语，他们只是朴素地认为，教育工作的全部意义就在于把学生带好。如果说他们有什么要求的话，安徽省合肥市第 62 中学小学部语文教师薛瑞萍说出了他们的心声："给我一个班级，我就心满意足了！"

第一次看到薛瑞萍老师的这句话，说真的，我为之震惊，为之感动，为之热泪盈眶。这句话是那样的普通，又是那样的震撼人心；这句话是那样的平实，又是那样的振聋发聩！这是一种执著的人生态度，这是一种高远的精神追求，这是一种纯净的理想情怀！

薛瑞萍的境界与追求是所有教师的标尺与榜样，但对职业学校教师来说，更像是一声震耳欲聋的棒喝：面对职校生的现状，我们有没有这样一种勇气——给我一个班级，我就心满意足了！

作为一名老职教工作者，联系职业学校实际，我想和广大的职校教师一道思考这样一些问题：

我们有没有这样一种勇气：在自己带的班级中，把一部分学生培养成品学兼优、成就大器的优秀人才！

我们有没有这样一种勇气：用自己的言行和个人魅力，影响学生对自己的人生进行反思？

我们有没有这样一种勇气：俯下身来，倾听学生的心声，与学生心心相印地交流，从而帮助学生找到人生的方向？

我们有没有这样一种勇气：把一些厌学情绪严重的学生，影响成为积极上进的学生？

我们有没有这样一种勇气：把表现不好，行为习惯不良的学生纳入自己的门下，勇于担任这个班级的班主任？

上述种种勇气从何而来？没有对生活的热爱、对职教事业的挚爱、对学生的大爱，这些勇气会从天上掉下来吗？相反，有了对生活的热爱，对职教事业的挚爱，对学生的大爱，学生就不再仅仅是我们管理和约束的对象，学生就变成了需要我们爱怜的孩子、需要我们滋润的小草、需要我们修剪的果树、需要我们感动的生命、需要我们真诚相待的朋友。这样的教师是离不开学生的，离开了学生哪怕去当领导，他们依然觉得心里被掏空了。这样的教师不用任何行政命令和考核指标，他们也会和学生融合成一体。学生的一切活动，班级的大小事情，他们即使不在现场也依然会如影随形。这样的教师在学生眼里不是高高在上的，而是身边的朋友，在学生心里，早已把他们当作"自己人"了。就像陶行知先生说得那样："你若变成小孩子，便有惊人的奇迹出现；师生立刻成为朋友，学校立刻成为乐园；你立刻觉得是和小孩子一般儿大，一块儿玩，一处儿做工，谁也不觉得您是先生，您便成了真正的先生。"

反观我们职业学校的现实，我总觉得不少教师没有融入学生的生活。他们更多的是在按领导的要求和学校的规定做事，其中鲜有教育的要素。特别是班主任，除了完成班主任的"规定动作"以外，其余的似乎就是学生自己的事情了。学生的许多活动与我无关；学生丢了东西，那是学生保管不善；学生中闹矛盾，那是学生不懂事；学生中有违纪行为，根据学校规章制度予以处理或处分；至于学生双休日、寒暑假做什么，就更无需操心了。这样的教师显然只是站在学生对立面的管理者，不可能真正成为学生的朋友，更不可能成为学生的"自己人"。教师依然是教师，学生依然是学生，二者之间不仅有着称谓的不同，更有着心与心的隔膜。

真正的教育显然不是这样的。真正的教育应该如陶行知先生所言："真教育是心心相印的活动。唯独从心里发出来的，才能打到心的深处。"

教师的所作所为如果不是"从心里发出来的"，自然就不能打到学生"心的深处"。这样的教师去管理学生，其管理必然是生硬的；这样的教师去教育学生，其教育必然是苍白的；这样的教师去影响学生，其影响必然是无效的。管理生硬、教育苍白、影响无效的教师自然也就不可能有教育的勇气。

正因为如此，目前，具有教育勇气的教师依然是职业学校的稀缺资源。因为稀缺，所以珍贵；因为珍贵，所以要挖掘、要善待、要激励！

我相信，有教育勇气的教师大批出现之日，就是解决学生学习动力不足大见成效之时！

写于 2013 年 1 月 24 日夜，2013 年 4 月 15 日修改

做一名称职的 "扶醉者"

(《福建教育》2014 年第 25 期)

　　事例一: 在一次期末考试中,我校一名教师发现,他所任教的这门信息技术类的课程,学生考试成绩不真实。这位教师在作了分析调研后判断,看起来学生都是独立完成的,但这些高年级学生运用了一些 "技术手段" 和网络开通的便利,相互之间有了串通。因而他们的 "作弊" 有较高的技术含量而非简单地抄袭夹带。

　　面对这种情况,按照常规,这位教师可以有以下两种做法:一种做法是心照不宣,装作不知道,成绩照算,教学管理部门根本不会知道其中的隐情。另一种做法是将情况整理后上报教务处,对有关学生做出严肃处理。

　　这位教师经过思考后认为,第一种做法等于姑息了学生投机取巧的错误行为,显然是有悖于教师职业道德的;第二种做法虽然能达到惩戒学生的目的,但取证相对困难,而且学生也很难从中受到教育。也就是说,这两种做法都达不到教育学生的目的。于是,他想出了第三种做法:用自己的 "技术" 戳穿学生的 "技术",然后给学生机会,让所有相互串通、考试成绩不真实的学生自己来说明情况。后来的情况完全在教师的预料之中,心中有 "事" 的学生纷纷到他办公室承认错误,并愿意重新考试。其实我认为,是否重新考试已经不重要了,重要的是教师和学生在 "教育" 这一道试题中都已经过关了,并且取得了良好的成绩。

　　事例二: 一个班主任因故卸任,另一位教师临危受命接替这个班主任的工作。说临危受命,是因为原班主任因为家中的特殊情况无暇顾及班级工作,致使该班在同年级中处于弱势地位,在全校性的文体活动中从未得过好的名次。新班主任上任后遇到的第一件大事就是元旦长跑。这个班的同学对这样的活动因为没有信心,所以也没有什么兴趣。面对这种情况,新班主任完全可以采用传统的套路,动员学生积极报名参赛,同时进行 "重在参与" 的正面教育。然而这位班主任并没有这样做。他反其道而行之,在动员会上他这样讲道:"人的能力是有限的，人的潜力是无限的。因此，身体不好的一定不要参加比赛，愿意测试自己潜能的一定不要错过这样的机会。"经过动员，只有少数学生向班主任申请因身体原因不参加比赛，大多数同学都站在了起跑线上。在发令枪响之前，班主任与参赛同学一一握手，并叮咛着同一句话："安全第一，等你回来。"比赛结果，出乎班主任及全班同学的预料：班级获得了历史最好成绩——全校第四，同时，班上一位从未参加过长跑比赛的、看起来有些羸弱的女生竟然跑了全校第七名，受到了表彰和奖励。这位班主任采取了欲扬先抑的做法，首先动员身体不好的学生不要参加比赛，其次才鼓励学生试一试自己的潜能。这就等于把决定权交到了学生自己手中。学生习惯了自上而下的命令和要求，而且也习惯了叛逆这些命令和要求，一旦自己拥有了决定权，学生反而变得兴奋起来。我分析，让学生积极报名参赛并勇夺良好成绩的力量源泉并非来自说教和管理，而是来自教育。

这两个事例引发了我的思考。

其一，我们往往习惯从自身的角度来判断事物的是与非、好与坏、优与劣，却很少从学生角度看待、分析问题。

同一个问题我们和学生的看法往往差别很大甚至针锋相对。甚至"职校生学习动力不足"这一结论也是我们对事物做出判断的结果，从学生的角度看问题，恐怕就不是这么简单了。职校生或许会说出种种道理，来反驳我们的结论。比如，不是我们学习动力不足，是我们的文化基础薄弱，跟不上教师的教学进度，是学校的课程吸引不了我们，是教师的教学水平不及初中，是所学的知识距离我们的需要太远，是我们不清楚学了这些知识今后能不能派上用场等等。即使我们的看法是百分百正确，学生的看法是百分百错误，如果我们不了解学生的看法，也难以让学生无条件地服从我们正确的看法。更何况在很多时候我们的看法未必百分百正确，学生的看法也并非一无是处。

多数职业学校是不允许学生化妆的，也是不允许学生烫发卷发染发的。据我所知，多数学生对此类规定是颇不以为然的。学生认为，他们的身份一方面是学生，另一方面也是即将踏入职场的职业人，作为一名准职业人，学会如何把自己打扮得漂亮些，何错之有？浓妆艳抹，不仅校方禁止，就是在学生中也是没有市场的。但学着化点淡妆，以增加个人的魅力，就一定要禁止吗？就没有一点妥协的余地吗？笔者认为，这起码是一个值得讨论的问题。即使学校禁止，也应该经过讨论的程序，引导学生如何着装，而不是简单地禁止。对这些值得讨论的问题，如果学生没有话语权，统统由校方单方面地禁止甚至处罚，就等于把学生放在了学校的对立面,必然引起学生的反感与叛逆。

一个已经毕业的女生告诉我,回忆学校的生活,乐趣之一,就是偷偷把指甲染成各种颜色,试用各种唇膏,并且与检查的老师斗智斗勇。她还告诉我说,当老师在课堂上说"作为学生,染指甲、染头发,你们以为这样就是美吗?",她们几位女生会在下面小声回答"美"。我相信,教师是真的觉得那样不美,我也相信,学生真的以为那样很美,这两个"真的"相互碰撞,碰出了对立,但却把"教育"碰没了。如果教师能从"爱美之心人皆有之"的角度去理解学生,如果学生能体会教师的用意和善意,那么双方就都向"教育"靠拢了。

需要说明的是,笔者绝非鼓励职校生化妆,笔者只是想说,学生是在成长中的鲜活的生命,不是可以任由我们拿捏造型的、没有生命的泥人。因而教育的一个重要命题就是要尊重受教育者的生命感受与体验。

其二,职校教师的以生为本,应体现为"扶醉人"的责任与使命。

以生为本是从以人为本的理念引申、发展而来的。由于以人为本的理念为世人普遍接受和拥戴,以生为本从提出到实施,都是一路绿灯,畅通无阻。但需要警惕的是,以生为本,不能简单地把学生看做是被关怀、被教育、被启蒙、被鼓励的对象,而应该通过我们的种种努力,使学生认识到自己的尊严是任何人不能蔑视的,自己追求幸福的权利是任何人不能剥夺的,自己的价值是任何人不能忽视的。反之,如果我们的学生一天意识不到自己的尊严、权利和价值,那么,我们所实施的教育就是低效的,甚至是无效的。

具有重要意义的是:对于学习动力不足的职校生,我们同样应该意识到,他们是有尊严的,他们拥有选择自己学习方式的权利,他们的价值也是任何人不可忽视的。甚至"学习动力不足"本身也是他们的权利。有了这样的认识基础,我们才能在尊重学生的前提下,履行我们的职责,引导学生积极向上。

朱熹有一句话说得好:"教学者如扶醉人,扶得东来西又倒。"我理解,职校生学习动力不足犹如朱子说的"醉人"。醉,是他们的生命状态,是他们的存在形式,这种"状态"和"形式"是别人无法剥夺的。作为教育工作者,我们要做的不是在"醉人"面前,以我们"清醒"的身份来批评他们的"醉态",而是要迎上前去"扶"他们。批评"醉人",只能表明自己是"清醒"之人,于"醉人"毫无益处;"扶醉人",才是教育工作者的责任与使命。由此我想到,面对学生学习动力不足,我们绝不能止于议论和批评,重要的是行动。一个"搀扶"比上百篇论文都更有意义。

"教学者如扶醉人"的前提是"扶醉者"自己要有力量,倘若"扶醉者"

自己就是个醉汉，那是无法履行"扶醉者"的职责的。退一步说，即使"扶醉者"自己不是醉汉，但如果没有扶醉的意识和力量，当出现"扶得东来西又倒"的情况时，恐怕"扶醉者"也就与"醉者"一起倒下去了。

最后要强调的是，"扶醉者"的最终目的不是仅仅让"醉者"不倒，而是要让他们"清醒"，要让他们在无人"搀扶"的情况下也能卓然正立。这才是教育的目的，这才是真正的职业教育。

写于 2013 年 1 月 31 日夜，2013 年 4 月 20 日修改

第三篇

听课杂感

五堂课的感受各不相同

——听课杂感(1)

题记：经常听课，边听边思考，一些杂感就这样记录下来了。

最初记录这些杂感，是向被听课的老师反馈用的。我们学校的老师很守规矩，也很谦虚。我听课后，他们总是抽时间找到我，听取我对他们课堂教学的意见和建议，有的老师还拿着本子把我的意见和建议记录下来。老师们的认真态度，促使我在听课时集中精力，分析问题，思考原因，寻找对策。由于一些感想或想法是在课堂上的情境即时生成的，所以，有些杂乱无章，故称之为杂感。

教育离不开细节

听了一节外语课。上课一开始，教师便要求学生听写八个单词，同时让三个学生上黑板听写。在听写过程中，教师在教室里来回巡视。但据我观察，教师是"巡"而未"视"，因为教师没有在任何一位学生面前停留，只是来回地走着。听写完毕后，教师对上黑板三个同学的听写打了对错。这时，我以为教师会讲评一番。没想到，教师对听写情况未作任何评价，接着就开始讲课了。

我在听课笔记上，对教师在这一环节的处理上打了问号。

我想到的问题是：

让学生听写这八个单词用意何在？如果是了解学生课后复习巩固的情况，为什么会"巡"而未"视"？既然学生听写情况不在教师关注的范围内，为什么还要设计这一环节呢？

上黑板的三个同学，书写的美观程度不同、熟练程度不同、规范程度不同、正确率也不同，教师为什么不作点评呢？

让学生听写单词是教师的教学设计，还是针对听课人临时设计的呢？

复习旧课，导入新课，的确是传统的教学常规。但如果"复习"和"导入"不是源于教学的需要，而是用来对付听课人的，这样的"教学常规"倒不如没有。不仅如此，更为重要的是，从教师对这一环节的处理中，我想到了教育，想到了教书和育人的关系。在日常的教学工作中，教师们常常困惑于如何把教书和育人融为一体。其实，在教学的细节中往往就蕴含着教育的因素。比如这堂课学生上黑板听写单词，教师完全可以通过对学生的点评，培养学生认真预习的好习惯，鼓励学生的书写规范和美感。教师表扬了一两个学生，肯定了他们的努力，对全班来说也是个很小的比例，但对这一两个学生来说，是百分之百地受到了鼓舞和激励，而且未受表扬的同学中有的也会暗暗下定决心，争取赶上来，让教师表扬自己。我以为，这就是教育。

教学设计不够饱满

也是一节外语课。离下课还有五六分钟时间，教师让学生自己看看书，很显然，本节课的教学任务已完成。教师和学生都知道，这五六分钟是无法用来看书的，于是，学生中干啥的都有，一片混乱现象。

这种现象在我们职业学校课堂上是比较普遍的。

这是个教学设计和教学经验问题。但不论是什么问题，这种情况应尽量杜绝。就新教师而言，由于缺乏教学经验，可以作一些有针对性的准备。否则，课堂教学显得不饱满。对老教师来说，出现这种情况就十分不应该了。

听来的知识记不住

听了一节财务会计课，内容是无形资产的核算。单纯从授课来说，教师没有任何问题，甚至可以说比较优秀。但从教师熟练的讲授中，我还是有些疑问：

(1) 会计类课程为什么都是"老师讲、学生听"一个模式？如何实现突破？会计类课程能否做到"学中做，做中学，学做结合"？为什么会计学科教师"师傅带徒弟"的情况比较突出？

(2) 学生为什么对教学内容记不住，忘得快？我想，一个主要原因是，这些知识是他们"听"来的，是教师"喂"的，而不是他们学来的、问来的、要来的。

《学会生存——教育世界的今天和明天》一书中说："总的讲来，教师的作用目前正在发生变化。权威式的传递知识的办法正在通过花费更多时间判断学习者的需要，推动和鼓励学生学习，考核所获得的知识等办法加以补充。"

教师应该尝试在"判断学习者的需要，推动和鼓励学生学习"等方面多做些努力。

学生的咀嚼功能在逐步丧失

听了一节财务会计课。教师讲授的是无形资产减少的核算。应该说，教师讲得很细，也很清晰明白，教学常规没有任何问题。

我听课的一个突出的感受是：教师把食物咀嚼得很碎然后喂给学生。整个教学过程，学生没有思考、没有疑问、更没有探究。已经讲得如此之细了，就在学生做一个小题目的过程中，教师仍不断做出提示，反复提醒，唯恐学生错了。我坐在下面替这位老师着急：学生做作业的时候，她为什么不能巡视一番、观察一番，看看哪些同学接受快，哪些同学接受慢？不分你我他，不分快与慢，统统把学生看作需要"喂饭"的孩子，长此以往，学生不仅丧失了咀嚼功能，甚至会丧失吞咽功能。

《学会生存——教育世界的今天和明天》一书中说："未来的学校必须把教育的对象变成自己教育自己的主体。受教育的人必须成为教育他自己的人；别人的教育必须成为这个人自己的教育。这种个人同他自己的关系的根本转变，是今后几十年内科学与技术革命中教育所面临的最困难的一个问题。"

"教育虽然建立在从最近的科学数据中抽取出来的客观知识的基础上，但它已不再是从外部强加在学习者身上的东西，也不是强加在别的人身上的东西。教育必须是从学习者本人出发的。"

以上所说的虽然是未来学校要实现的，但我们应该朝着这个方向进行不懈的努力。

教师的讲授没有教材安排的内容精彩

课堂实景：

听了一位新教师的网络技术课。这堂课是新学期第一次课，教师讲了计算机网络的发展、技术分类等。听课后，我想与这位教师交流几点看法是：

(1) 没有过渡，没有引领，没有课程介绍，没有任何铺垫，直奔主题，开门见山。这个问题今后要注意纠正。对学生来说，学习一门新课之前，是希望对这门课有所了解的。对教师来说，第一堂课如何吸引学生的注意力，如何培养学生的学科兴趣，也是非常重要的。

(2) 教师使用了 PPT，速度快，无法记录，学生干坐着听，无事可做。有的学生就开始玩手机、发呆、说话。

(3) 拓扑、路由器、交换机等概念不断跳出来，我估计学生根本就没弄懂。然后教师接着讲拓扑的分类，学生更是不知所云了。

(4) 这种现象在新教师中比较普遍。教师按照自己准备的内容一直讲下去，不研究学生，不关注学生，教师关注的是自己的教学内容、教学进度。对这样的课堂，我用十个字总结：教师很流畅，学生很惆怅。

(5) 查看教材，使用的是校本教材。教材编写比较符合职业学校实际，第一章内容，安排了网上冲浪、发送电子邮件等内容。第二章安排了常用工具软件，如迅雷等。但教师偏偏不按教材设计教学。

一般说来，教材的编写受到很多限制，不能自由发挥。教师授课的精彩程度要远远超过教材。但就这堂课而言，教师的讲授还赶不上教材呢。

(6) 这位青年教师的问题出在哪里？我以为，出在备课环节。他在备课过程中，只注意到了教学内容、专业知识，没有做到备教材、备学生、备教法。打个不恰当的比方，就像部队打仗，战士只熟练了枪支的使用，而对敌情、地形、天气等一无所知，这样的仗能打赢吗？

2010 年 10 月 15 日

同样的课程，不同的教师，对比很鲜明

——听课杂感(2)

第一节课这样上，就对了！

新学期第一次课，网络技术课程。上课的教师很有经验，举重若轻。

他不用课件，像聊天一样，从学生最熟悉的上网开始讲起，非常自然地抛出问题：如果家中或小公司有几台电脑都要上网怎么办？于是，引入了本节课要解决的问题：网络的概念。这一堂课，教师和学生都是在轻松、愉快的气氛中度过的。

我在课堂上如沐春风地坐了 45 分钟，觉得时间过得很快。教师的教学风格和教学内容深深吸引了我，以至于我都没顾得上写下即时的感受。回到办公室，细细回味这位教师的授课，有如下杂感：

(1) 没想到这位年轻教师会这样处理教材。作为听课者，一堂课下来，丝毫不感到疲劳。教师设计的每一个环节，都充分考虑了学生已有的知识、本节课学生需要掌握的知识以及如何让学生对这门课感兴趣。

(2) 一个小公司有五六台电脑，工作需要相互联结，如何解决？问题设计得很现实，是学生想知道、知道一点、又不是很有把握的问题，正所谓"不愤不启，不悱不发"，因此，教师提问后，学生非常活跃，效果非常好。同时，交换机的概念自然引入。在教师的帮助下，学生提出了最经济、最适用的配置方案。

(3) 步步深入，由浅入深。教师进一步设计情境：公司扩大了，有 10 多台计算机了，原有的 10 口交换机不够用了，是直接增加一台，还是更换 24 口的交换机？学生纷纷计算，答案不尽一致。

(4) 连续提出问题：公司发展壮大，计算机设备迅速增加，公司的网络如何改造？网络、交换机、路由器、拓扑图等概念自然进入学生头脑中。

(5) 这是一堂比较成功的课。但也有值得商榷之处：如，作为进校两年多的影视专业的学生，对网线、交换机的价格应该有所了解，在计算时，教师应先问学生是否知道，这样可以给一些学生提供表现的机会，同时对不知道的学生也可以顺便提出要求。再如，学生回答问题，回答对的没有鼓励，回答错的没有启发，似乎不够妥当。

我听过印度外教的课，印度外教在课堂上非常有激情，课堂气氛非常活跃，提问学生时，哪怕这个问题非常简单，只要回答对了，外教都带头鼓掌，以示鼓励。"OK"、"Very good"等对学生表现的评价声不绝于耳。

一堂沉闷的课

也是网络技术课，也是新学期的第一次课，但这位新教师驾驭课堂、驾驭教学内容的能力与前边那位青年教师不在一个档次上。我随手记下了一些杂感。

(1) 在机房上课，上课铃声响了以后，没有学生喊"起立"，教师就开始讲课了。这样的课堂教学明显准备不足，不少学生仍在练习打字，也有学生无所事事。因此，当教师让学生回忆数据库的某一部分知识时，学生干什么的都有，就是没有人主动回答问题。面对这种情况，教师并未进行课堂秩序的整顿。

(2) 学生无人回答问题，教师给了学生一个页面，然后再提问，让学生整理几个语句，学生仍然不会；再问，在网页新闻中，如何把最新的四条新闻取出来？提问了两个同学，都说忘了。教师再提示，再提问，学生仍然不会。教师一边埋怨"上学期学过的知识为什么都忘了"，一边把语句列了出来。

(3) 课堂气氛如此沉闷，究竟是谁的责任？有些需要学生预先复习的内容，为什么不提前告知学生？一些具体的语句整理，完全可以作为预习内容布置给学生，那样的话，课堂教学就会流畅多了。

(4) 人在课堂，但我的思绪在飞扬。每次晚上值班，总有这样的感慨：大部分学生处在无事可做的状态，特别是周末，偌大一个学校竟然没有几个学生在看书。学生课后无事，所有的教学内容都压在了课堂上，因此，课时总是不够用。以这堂课为例，有相当一部分内容都可以放在课后进行，学生课后有事做，课堂教学也会顺利些，这样一举多得的好事为什么不做？

看来，如何让学生在课后动起来，在课堂上活起来，是今后教学工作的一个重点。

2010 年 10 月 16 日

"我做你学"和"学做结合"的两个实例

——听课杂感(3)

实例一

教学对象：五年制高职三年级学生，软件专业

课程：图像处理

本次课内容：用计算机软件剥桔子皮

教师的基本做法：老师讲，学生听；老师做，学生看。然后让学生照着老师的做法去做。

听课杂感：

(1) 这堂课是典型的培养学生动手能力的技能型课程。这样的课程应该怎样上？老师做的过程中，学生无事可做，盯着电脑屏幕，坚持不了多大会，有的学生就开始做其他事情了。

(2) 学生上网吧，聊天，下载东西，看电影，玩游戏等有人教过他们吗？每一个学生都是无师自通的。为什么到了课堂上，学生就完全变成了被动地接受教师灌输的容器？

(3) 为什么不能把任务布置给学生，把需要用的软件和程序告知学生，让学生动手去做呢？学生在做的过程中，必然变被动为主动，遇到自己处理不好的问题，要么问同学，要么请教老师，老师在这时实施的点拨，学生记得住，记得牢。

(4) 沿着这个问题追溯下去，可能我们的教师在学习的时候就是这种模式，于是，师傅带徒弟，一代传一代。

(5) 最近看了一个材料，是清华大学的一名学生回母校做的一场报告。他说，在大学里，好多老师只布置任务，学生对完成这个任务所需要的软件和程序一无所知，纷纷给教师提意见。教师只留下一句话就走了："不会的你们可以学啊，周五把结果交上来。"于是，学生纷纷到图书馆借阅相关专业书籍，疯狂熬夜自学，最后，学生全都完成了作业。

中职生固然不能和大学生比，更不能和清华的大学生比，但这种精神还是

应该借鉴的。一个人没有压力，不仅会变得懒惰，长此以往，连学习能力都丧失了。

实例二

教学对象：三年制中专二年级学生，计算机应用专业

课程：图像处理

本次课内容：用计算机绘制卡通鼠

教师的基本做法：运用学生过去学过的知识，开始介绍并绘制，绘制的过程中，设计了请学生上机演示，教师利用这段时间，告诉学生，新的任务并不难，有些是同学们已经掌握的内容，只要注意新内容就可以了。整堂课下来，学生学做结合，节奏适当，不急不缓，恰到好处。

听课杂感：

(1) 我感到，这种听听做做，做做听听的方法比较适合中职学生。我观察，学生都能跟着教师的思路走，一堂课时间过得很快。

(2) 更为难能可贵的是，在学生有快有慢的情况下，教师注意到了少数同学"吃不饱"，提示这部分同学可以往前走，多走一步。

(3) 这堂课的不足：教师在复习旧课(绘制奖杯)时，仅用时一分钟，一带而过。可见上节课并未留下让学生预习、思考的问题。

这两堂课的性质相同，但教法不同，效果自然也就不一样了。前者的教学对象是高职生，理应比后者的接受能力强，更应该采用学做结合的教法才是。

2010 年 10 月 19 日

精心而不够精彩的一堂课

——听课杂感(4)

听了一堂网络技术课，教学对象是五年制高职会计专业四年级学生。授课教师是有一定教学经验的骨干教师。

由于是新学期的第一次课，本次课安排的内容是介绍网络基本知识。

教师的基本做法是：用 PPT 演示，介绍计算机网络的概况，进位制的转换等基本知识。

作为听课人，我能感觉到，这节课教师做了精心的准备。为了讲清楚网络发展的概况，教师从古代的驿站开始讲起，先后介绍了电报、电话，最后讲到网络。在此过程中，教师举了《风声》、《潜伏》等学生熟悉的例子，体现了教师的用心、精心。但精心不等于精彩。我感到这节课缺少一个"魂"。这个"魂"就是学生的起点和需求。缺少了这个"魂"，教师的一切努力都显得没有了"根"，都显得浮漂，都显得生硬，都显得突兀。比如，为什么要从驿站讲起？教师没有交代清楚。即使交代清楚了，也是教师的思路而不一定是学生的需求。从电话过渡到网络，感觉有些突然，中间少了过渡。尽管教师认为是连贯的、流畅的。

听完这节课的直觉是，整个教学设计都是教师的意志。这说明教师在备课时就没有备学生、备学情。缺少了对学生的关注，这样的教学会是有效的吗？就像打仗一样，对敌人的情况一无所知，也不想知道，只按照自己现有的条件部署兵力确定战术，以这样的态度对待战争，岂有不败之理？也如同看了一部电影，单从镜头、画面看，还是比较精彩的，但为什么要用这样的镜头和画面，观众看不懂。再加上情节不够自然、流畅，因而，观众看到的只是导演、剪辑的痕迹而不是艺术作品了。

教师作自我介绍时，在黑板上写下了自己的姓、办公室房间号码，很好。多数教师是做不到这一点的。但我想，为什么不写下自己的名字呢？如能留下电话、手机号码、QQ 号就更好了。当然，这有些求全责备了。

2010 年 10 月 19 日

这样的提问毫无艺术性可言

——听课杂感(5)

➤ **课堂实景：**

物流管理课，中专班。教师首先进入复习旧课环节。要求学生打开教材，复习第一章练习题。第一大题是判断题。

教师问："上次布置的练习大家做了没有？"

学生中无人回答。

教师："我们先看第一题。第一题是对是错？"

提问一学生。学生答："对。"

教师问全体学生："这一题是对的吗？这位同学的回答对吗？"

部分学生回答："对！"

教师："你们的答案是错的，这一题应该是错。下面再看第二题。"

……

➤ **即时杂感：**

(1) 既然布置了做练习，教师应该首先检查做了没有？教师的督促，可以帮助学生养成良好的习惯。如果没做，教师应该问清楚是什么原因。

什么是育人？育人就体现在这些细节中。这位教师的做法无疑告诉同学一个信息：下次布置的练习也可以不做！

(2) 当一个同学做出回答，有一部分同学附和的时候，教师轻率地做出结论"你们是错的"，这样的做法很不妥当。为什么不再问问其他同学有没有不同意见，启发同学之间相互讨论呢？

(3) 教师提问学生不喊名字，这个问题较普遍。我认为，这是课堂教学的一大忌。教师与学生交流必须叫名字。教师能叫出每个学生的名字固然好，叫不出来也属正常，可以按照花名册提问。提问的过程，也是认识学生、了解学生的过程。心理学上不知有没有这样的原理，即自己的名字被提到和仅仅用"你"、"他"来称呼，对一个人的心理感受是不是会产生不同的影响？我想，当一个人被作为独一无二的个体来关注时，肯定会产生独特的效果。

2010 年 10 月 20 日

中职生遇到理论问题，教师究竟应该如何处理？

——听课杂感(6)

➤ **课堂实景:**

物流管理课。教学对象为中职会计专业。

教师讲授新课：物流系统。先提问学生，什么是物流系统？被提问的学生照着教材内容念了一遍。然后，教师开始讲授。20 分钟后，教师仍然在讲什么是系统？课堂开始出现骚动，做小动作的同学逐渐多了起来。有一名女生一直趴在课桌上睡觉。

➤ **即时杂感:**

(1) 中专会计专业为什么要开这门课？在有限的教学时间里，开一些会计类的拓展、延伸课程不是更有意义吗？

(2) "物流系统"这一概念，重点是物流的系统还是系统概念本身？对于中职生来说，无疑是前者，更何况还是非物流专业的学生。应该说，教师为了讲清楚"系统"这个概念，还是下了一番工夫的，对输入、处理、输出以及限制干扰和反馈等基本环节做了详尽的讲解。通过这堂课，我感到，这位教师在教学基本功方面有了长足的进步，教师自身提高很多。尤其是即兴发挥，举例自如，对于一个青年教师来说也的确是不容易的。

这堂课的问题出在"弹琴"不看对象上。备课不备学生，怎么可能有好的教学效果呢？

2010 年 10 月 21 日

会计课的课改难点

——听课杂感(7)

➤ **课堂实景：**

财务会计课。教学对象为中职会计电算化专业。

教学内容： 银行存款的收支业务。这堂课主要任务是让学生掌握银行结算中支票、汇票、汇兑结算等几种方式。教师除了能够熟练讲授外，还想了一些办法让学生直观了解这些业务的办理流程。比较新颖的是，教师叫四个学生上台，分别"扮演"收款人、收款银行、付款人、付款银行的角色，然后演示票据的传递程序。

➤ **即时杂感：**

(1) 银行业务如果动手去做，则变得非常简单，如果在黑板上开支票、传递票据则比较困难。这位年轻教师精心设计了"这一招"，的确用了心思，动了脑筋，也取得了一定的实际效果。

(2) 会计课中的"做中学"究竟应该怎样体现？还有没有更好的做法呢？

(3) 四个学生上台演示的时候，教师还是在旁边不断叮咛应该注意的程序。我认为，这个过程教师应该少说话，让学生自己做，如果错了，可以让其他同学订正。会计专业的教师讲得过细，交代太多，这种现象比较普遍。

(4) 上台的四位同学演示完毕后，教师应予以热情鼓励，但教师没有表现出这种热情来。

我坚持认为，无论是提问，还是上讲台默写、展示等，学生都应该得到鼓励，但许多教师也许是教学任务重或是职业麻木感的原因，对学生显得平淡甚至有些冷漠。

2010 年 10 月 24 日

教师放松，学生就更放肆

——听课杂感(8)

➤ **课堂实景：**

(1) 电子商务实训课。教学对象为五年制高职会计电算化专业四年级学生。

(2) 教师复习旧课：制作网页；讲授新课：网页定位。

(3) 上课铃声还没响，教师就打开了网络，学生利用这段时间聊天、查看股市行情、"偷菜"等。

(4) 上课铃声响起，教师未整顿课堂秩序即开始教学，学生始终未安静下来。教学过程中，教室始终乱哄哄的。

➤ **即时杂感：**

(1) 根据听课的经验，我判断，这位教师平时对学生就是很宽松、很放松的，于是，学生就很放肆，根本无视教师的存在，无视听课人的存在，该干啥干啥。

(2) 这门课本身就是实践类课程，但教师依然没有跳出我讲你听、我做你看的老套路。

(3) 总体感到，类似课程都是一个模式，教师备课不备学生，只备教学内容。无论学生兴趣如何、接受能力如何，教师都是按照自己准备好的内容讲授。大家在教师的带领下"齐步走"，想快的快不了，兴趣、爱好、天赋等都被扼杀了，没有激发出来。

(4) 会计系、商贸系、信息技术系各专业存在着课程互用的现象。像这节课就是会计系的学生开了电子商务课，会计系的学生还开了物流基础、网络技术、数据库等课程，商贸系的学生则开了会计基础等课程。查阅人才培养方案，都有某类知识的拓展课程模块，但拓展并不等于把某些课程直接拿过来开设。这个现象值得重视，值得研究。

2010 年 10 月 24 日

三节不能让人满意的考证课

——听课杂感(9)

一堂糊弄人的会计课

➤ **课堂实景：**

中级会计实务辅导。五年制高职会计电算化专业四年级学生。

辅导内容：非货币性资产交换的计量原则。

(1) 在大教室上课，有五六名学生迟到，堂而皇之地进入教室，均不喊报告，教师没有任何反应。

(2) 教师随机点了三个学生的名字，算是考勤了。

(3) 教师没有复习旧课，直接进入新课；对新课内容没有引领，直接讲授内容。

(4) 教师拿着教材讲课，基本没有板书，也不用讲台。举例有板书，但是把教材中(92页)的例子一字不动地搬到了黑板上。面对教材中的例子，教师还提问了两名学生。学生拿着教材回答问题，教师说："很好！"

➤ **即时杂感：**

这是一位外聘教师，研究生毕业。这堂课让我十分郁闷。

(1) 拿着教材照本宣科，举例还是教材上的，这样的辅导课能调动学生的积极性吗？

(2) 既然是教材上的例子，还提问学生，有必要、有意义吗？

(3) 我们的学生在校期间只能考取会计从业资格证书，连初级证书都不能考，现在给他们辅导中级会计实务，适当吗？

(4) 这样的课堂，没有考试压力，没有严格考勤，教师讲得又不精彩，能怨学生玩手机吗？能怨学生上课睡觉吗？这样的教学不是糊弄学生吗？

值得探究的会计考证辅导课

➢ **课堂实景：**

(1) 会计从业资格证书考试辅导课。教学对象为五年制高职会计专业三年级学生。

(2) 辅导内容：教师没有明确本次课的内容，在复述了上次课的内容后接着辅导新内容了。

(3) 教师对教学内容非常熟练，表达清晰，思路清楚，重点突出，详略得当，是一位很有经验的教师。

(4) 在结合例题辅导时，要求学生计算答案，并询问谁先做出来了。这时，一名男生主动站起来回答。教师平淡地说，你的答案是正确的，但不是最简便的算法。接着，教师给出了最简便的算法。

➢ **即时杂感：**

(1) 几个班的学生合在一起上课，总有人在说话，静不下来，很难管理。多亏这位教师有经验、有水平，能掌控课堂局面，如果换成年轻的、没有经验的教师，情况就会更加糟糕了。

(2) 像其他许多教师一样，教师对主动回答问题的男生没有鼓励。

(3) 我以为，最简便算法不能直接给学生，应启发学生回答。

(4) 尽管教师经验丰富，内容熟练，但这节课没有明确的计划、设计、任务，给人感觉不够严谨。这也是老教师容易犯的毛病。

并不是每个人都适合做教师的

➢ **课堂实景：**

(1) 中级会计实务辅导。教学对象为五年制高职会计专业四年级学生。

(2) 教师说，因为有人听课，临时调整，原来安排的是做练习，改为复习。这里所说的"有人"，当然指的是我。

(3) 教师提问学生，学生回答得很流畅，教师反应木讷，没有表情，没有点评。

(4) 教师提问学生后，自己转脸板书，学生回答后不知该坐下还是继续站着？

(5) 教师只写板书，边写边说，基本上没有"讲解"、"分析"、"辨误"的过程，写完了，说完了，这部分内容也就算"讲"完了。

(6) "讲"了不到 20 分钟(包括复习)，即出题目让学生做练习。

> ➤ **即时杂感：**

这是一位外聘教师，研究生毕业，正参加学校教师的应聘。但她显然不适合做教师，不具备做教师的基本素质。一个人如果选错了职业，不仅本人痛苦，也会给工作带来损失。

2010 年 10 月 25 日

一堂我很欣赏但学生不习惯的外语课

——听课杂感(10)

听了一节外语课。教学对象为会计专业二年级学生。任课教师是一位中年骨干教师，具有丰富的教学经验。

上课开始后，教师没有马上讲课，而是利用上课前的几分钟时间，强调了学校最近正在开展的"优化教学秩序，打造优质课堂"的活动，并且强调，系部也提出了具体要求，希望同学们予以配合。

"优化教学秩序，打造优质课堂"是我校本学期的一项重要活动，旨在整顿学生上课不听讲、玩手机、不在学习状态等现象。这位教师不是这个班的班主任，以任课教师的身份配合学校的中心工作，我以为实在难能可贵。

开始讲课后，教师带领学生做练习。学生边做教师边提问、边讲解，显示了较强的驾驭课程内容、驾驭课堂的本领。教师强调"语境"的重要性。有几句话我记了下来："语境在心中，情景在眼前；语境不能断，情景在转换"。

我注意到，教师提问学生时，都能叫出学生的名字；一位男生未带书，被教师发现，当即告诫学生，下次一定要记得带书；一位女生将一个句子翻译出来了，教师有激情地带领学生鼓掌。

在我看来，这位教师讲得多好啊！一些句子的翻译，一些单词的用法，教师一再地、不断地引导启发学生，努力让学生自己豁然开朗、茅塞顿开，这种做法是想把课堂还给学生。为此，教师付出了许多努力。但学生的反应比较木讷，甚至有些不耐烦，希望教师直接告诉他们答案。我感觉，我们的学生已经很不适应做"课堂的主人"了。

我一直倡导把课堂还给学生，学生不能只做接受者，学生的身份更重要的是"学习者"，是"学习中的人"。但是我深深地知道，要让学生从接受者变为学习者，绝不是一蹴而就的事情，不仅需要全体教师付出努力，还需要一定的时间。学生已经习惯了大部分课程的节奏，习惯了被动地跟着教师走，习惯了"齐步走"，习惯了"统一口味、统一数量、统一速度、统一吃相"的进食法，突然之间，面对山珍海味的自助餐，需要学生自己各取所需，搭配食物，寻找作料，使食物味道更美，也许只是举手之劳，也许稍微留意一下都可以实现，但丧失了咀嚼功能的学生，一时难以做到。

面对当前这种状况，教师需要做的是什么呢？我的看法是：

(1) 万万不可丧失信心；

(2) 欲速则不达，应有步骤地慢慢调理，好比对待久病初愈之人，不能期望他们一下子就能恢复到正常的进食状态，而应该按照流质、半流质、正常饮食的顺序进行调理；

(3) 在调理过程中，应注意恢复学生自身的消化功能、肠胃功能；

(4) 可以适当刺激学生的食欲，但"补品"(教师替代学生)尽量少用。

2010 年 10 月 27 日

形散神不散才是好课

——听课杂感(11)

> **课堂实景：**

(1) 应用写作课。教学对象为五年制高职四年级学生。

(2) 教学内容：调查报告的写作。

(3) 教学过程：教师教态亲切自然，讲课就像拉家常。

(4) 教学难点的处理：我曾经较长时间地讲授《应用写作》这门课，我深知，像调查报告这样的内容是很难吸引学生的。二十世纪八十年代的时候，我在讲授调查报告时，给学生布置了撰写调查报告的作业，并要求有数据、有分析、有建议。结果学生纷纷走出学校，对身边事、社会现象进行"真枪实弹"的调查研究，撰写了一篇篇带有浓重生活气息和时代特点的调查报告。三十年过去了，至今这些调查报告我都舍不得扔掉。当年可以这样讲授调查报告，现在能做得到吗？因此，给今天的学生讲授调查报告本身就是个难点。我想听听这位教师是如何激发学生学习调查报告写作的兴趣的。

教师说，估计本班同学有一部分正在谈恋爱，还有的已经失恋，正处在烦恼中。说到这里，教师话题一转说，我说的这些只是猜测，要想详细了解这方面的情况，就必须进行专门的调查。接着教师进行现场调查，并把调查题目的关键词写在了黑板上。学生反应热烈，积极回应教师。教师当场公布调查结果，引来学生阵阵欢笑。然后，教师开始讲"调查报告"的作用、写法。讲到调查报告的选题时，教师再次要求学生分组当场完成调查报告的选题。课堂气氛异常活跃。一堂课就在这样的气氛中结束了。

> **即时杂感：**

(1) 在通常情况下，应用写作，是语文教师的弱项。我知道，每学期在分配教学任务时，语文教师愿意上"美文精读"之类的课，而不愿意接受"应用文"的教学任务。原因十分简单：一是教师自身不熟悉应用文写作，备课难度大；二是应用文写作也的确不容易上出彩来。

(2) 这位语文教师非常聪明地采用了扬长避短法，避开比较枯燥的调查报告的概念、定义、分类等，从学生熟悉的谈恋爱问题入手，巧妙地过渡到调查报告的写作上。效果非常好。

(3) 教师注意和学生互动，让学生参与到教学过程中来。这样的教学设计，较好地调动了学生的积极性。

(4) 课堂气氛好，整堂课学生没有睡觉的、玩手机的。

(5) 拨开课堂气氛热闹的迷雾，我感到，这堂课也存在着一些不容忽视的问题。

问题一：开头进行的现场调查问卷，应该提前印发给学生，以节省课堂教学时间。

问题二：为了讲好调查报告，这个调查问卷应该提前进行，这样做效果更好。

问题三：从学生熟悉的生活中寻找选题，有利于学生掌握教学内容，但教师应该强调，调查报告与日常生活中存在的一般问题有所不同，调查报告的选题更具有典型性、复杂性、普遍性，这些内容不应回避。否则，就把教学内容庸俗化了。

问题四：分小组现场完成调查报告选题，可以活跃气氛，但不够严肃，也不符合调查报告写作的规律。调查报告的选题应该有个过程，应该给学生留出思考、酝酿、讨论的过程，这一过程也是学生观察问题、概括问题、分析问题、提炼观点的过程，很有意义，不能化简。在课堂上完成选题的设计不够合理。

问题五：由于教师回避了什么是调查报告、调查报告的特点等内容，因此，学生选题时出现了问题，调查报告的选题成了了解个别情况的问卷。教学内容的安排不够充实、厚重。

听课后，给我留下两个字的突出印象：成功在"活"，失之在"散"。

2010 年 10 月 28 日

有经验的教师掌控的课堂是这样的

——听课杂感(12)

➢ **课堂实景：**

(1) 经济法课。教学对象为五年制高职会计专业三年级学生。

(2) 我于上课前到达教室，所有同学都在读书、背书。

(3) 教师复习旧课，提问学生。看来学生已经十分了解教师的习惯，因此，上课前就已经进入状态。

(4) 教师讲授新课。教学内容讲得清清楚楚，重点突出，显示了丰富的教学经验。

➢ **即时杂感：**

(1) 这是一位经验丰富教师的授课。教师对教材吃得透，对学生情况十分了解，因此，在教学内容、难易程度、教学节奏等问题的把握上显得胸有成竹，驾轻就熟。教师把自己对教材的理解、知识点的把握融进教学内容，做到了适度、适当、适时，效果很好。

(2) 课堂秩序很好，教师无需管理。学生都在学习状态，没有做其他事情的。

(3) 很显然，教师无需管理的状态不是一日之功，而是前期做了大量的工作，包括精心备课在内。其实，备好课、上好课也是管理的重要内容。

(4) 许多教师总是抱怨现在的学生难教，难管，并为此产生了深深的挫败感和职业倦怠。为什么这位教师的授课能做到无需管理呢？按说经济法这门课也是比较枯燥的，都是些法律条文，但为什么学生学得津津有味呢？我想，一个十分浅显的道理是，学生是否愿意学习某一门课程，在很大程度上取决于任课教师的教学能不能吸引他们？任课教师的教学有没有魅力？从这个意义上说，我们不难得出这样的结论：职业学校学生厌学不是天生的，不是不可以改变的，教师的教学水平和教学魅力是解决学生厌学的关键所在。

2010 年 10 月 29 日

三位新教师的课

——听课杂感(13)

> 当教师"目中无人"时，课堂气氛就会沉闷

➤ **课堂实景：**

(1) 经济学课。教学对象为中专会计电算化专业一年级学生。

(2) 在本教室上课，教师戴着耳麦，面无表情，没有激情，提问学生时，教师指着某一学生起来回答。

(3) 教师与其说是讲课，倒不如说是对着空气复述自己讲稿的内容。课堂气氛沉闷，根本形不成互动，教师与学生的隔膜何止千里？

➤ **即时杂感：**

(1) 对中专会计专业来说，经济学应该讲哪些内容，这个问题值得探讨。我以为，像效用、边际效用、边际效用递减规律等经济学常识是应该讲授的，而序数效用论、无差异曲线等理论性较强的内容则可以作一番删减处理。

(2) 这位教师存在的根本问题是眼里没有学生，只有自己的备课内容。因此，教师没有调动学生已有的生活经验和常识，启发学生由生活常识向经济学知识过渡。教学过程成了教师个人的自说自话。这种情况距离"教育"可以说是十万八千里了！学生的注意力始终处在游离状态也就不奇怪了。

(3) 教师戴耳麦的现象似乎越来越普遍了。原来只是教学任务重，年龄偏大，嗓子不好、在大教室上课的教师才会戴耳麦，大概是这些教师戴耳麦尝到了甜头(说话省力气)，就相互"传染"，一个跟着一个学着戴耳麦了，以至于发展到这堂课的新教师在小教室上课也要戴耳麦了。对此我有不同看法。

我认为，除了个别需要照顾的教师外，教师戴不戴耳麦不应该从自身的需要决定要不要戴，而应该从学生的角度看问题，戴耳麦给学生带来什么样的感受？考虑问题的出发点不同，结果也就会不同。这位新教师在普通教室上课还要戴耳麦，我听着就很不舒服。当然，我不能以我个人的好恶判断是非，还应

该多听听学生的意见才是。

教师上课带不带耳麦，何时可以带，何时不可以带，对这些问题，系部应该有统一的规定。

新教师要注重锤炼教学语言

➢ **课堂实景：**

(1) 物流课。教学对象为中专物流管理专业二年级学生。

(2) 教师开场白简要介绍了最近发生的智利矿难，并由此引出现代物流运输形式等内容。难能可贵的是，他在介绍矿难的过程中，附带强调了遇难矿工临危不惧、乐观向上的精神，我以为，这不是题外话，这恰恰是既教书又育人。

(3) 教师语言流畅，极富感染力，普通话很好。

(4) 教态亲切，作为新教师，尤为难得。不断说"同学们"，以引起学生的注意，拉近了与学生的距离。

(5) 举例多，而且都非常恰当自然，可见教师不仅备课充分，而且知识面较宽。

➢ **即时杂感：**

(1) 这是一位很有培养前途的青年教师，具备教师的基本条件，综合素质好。

(2) 两点改进的建议：一是集装箱的概念讲得过于简单，一带而过，与后面的集装箱的特点、作用平均分配时间，显得重点不够突出，没有做到疏密有致。二是教学语言还需要进一步锤炼。这位教师的语言风格有点类似于演讲，虽然很有激情，但不是理想的教学语言。

(3) 这位教师的授课，引起了我对教学语言的思考。教学语言是教师的基本功，是具有"专业技术性"的一种硬功夫，是教师构成个人魅力的重要因素。如同声乐一样，后天的努力固然非常重要，但一个人的音质、音量、音色等的确存在着天赋成分。理想的教学语言应该富有启发性、鼓动性甚至应该富有磁性，还应该具有吸引力、感染力、节奏感，抑扬顿挫、时急时缓也是必不可少的。有一个例子可以说明教学语言的重要性：每当我们回忆起过去的教师时，我们常说他们的音容笑貌犹在眼前。音容笑貌这个词，音是排在第一位的，可见一个人的声音有多么重要。事实也是如此，我们回忆中学、大学的教师时，首先想起来的恐怕就是他们各不相同的"声音"，即我们所说的教学语言。

每逢遇到教学语言非常棒的教师，我总是想起经济学中的一句话：金银天然不是货币，货币天然是金银。

这位新教师的教学语言有了相当的基础，距离有感染力的教学语言也许仅有半步之遥，但要跨越这半步，还尚需时日。

一位缺乏经验的新教师

> **课堂实景：**

(1) 基础会计课。教学对象为中专会计专业一年级学生。

(2) 复习提问后，开始讲授新课：会计账簿。账簿的"簿"写成了"薄"，而且整节课都是如此。

(3) 刚写下要讲的章节标题，就给学生 5 分钟时间看教材的第一个案例，然后回答案例中的提问。5 分钟过后，教师问学生思考好了吗？无人回答。提问一个学生，也未回答。然后，教师开始滔滔不绝地讲起来了。

(4) 严格按照教材讲授，基本上是照本宣科，没有教学内容的互动，也没有目光的交流，更没有教学相长的情境。

(5) 课堂气氛沉闷，有学生睡觉，临近下课时，睡觉的多达十一二人。

> **即时杂感：**

(1) 这是一位新教师，毫无教学经验。

(2) 教学缺乏设计，教学效能差。

(3) 出现错别字，实在不应该。

(4) 不是有老教师的帮带吗？为什么不对新老师的教案、讲稿进行审阅呢？根据这位教师的表现，我可以断定，他在备课的过程中，没有得到老教师的帮助和指点。这样的帮带不是徒有虚名又是什么？

2010 年 10 月 30 日

一堂本该生动活泼的技能实训课

——听课杂感(14)

在无锡某职业学校视导,听了一堂会计技能实训课。本次课的主要任务是:真假币的鉴别。教学对象为五年制高职会计专业一年级(10级)学生。

未到上课时间,教师、学生都准备就绪,显然做好了充分准备。

作为听课"专家",我与同学们作了简单交流。该班学生守纪律,讲文明,有礼貌,给我留下不错的印象。

这位教师的授课过程是这样的:

上课开始,教师即组织学生集体点钞,点了三次,间歇期间,教师简单强调了动作要领,但没有讲评。三次点钞,我都站起来作了巡视。我发现,一名女生每次都是率先点好,但教师没有表扬。

接下来,教师让五名09级的同学上台演示点钞。点了三次,教师都同样没有什么总结点评。随后,这五位同学下来,回到了座位上。这五位同学陪了整整一节课。

教师开始用PPT讲授本节课的主要内容:真假币的鉴别。在讲授的过程中,教师安排了两名同学上台,一名扮作银行工作人员,一名扮作办理存款业务的人员。"银行人员"在点钞时,发现了一张假币。情景也随之结束。

随着PPT的翻页,教师按照准备好的内容,讲述了鉴别真假币的"眼看"、"手摸"、"耳听"等方法,最后,教师把学生分成六组,每组发放一叠点钞券,其中有的含有假币。然后,让六个组的同学报告鉴别结果。整堂课结束。

> ➤ **即时杂感:**

(1) 这是一位年轻教师,据说教师本人是技能大赛选手。

(2) 教师用心做了PPT,设计了高年级同学示范、模拟银行业务情景、分组鉴别真假币等环节,力求改变"我讲你听"的课堂教学局面。但是,给我的感觉,这堂课显然不理想。

主要问题有:

第一，无论是让同学练习，还是让高年级同学示范，教师均应有点评。没有点评的练习和示范，教师的主导和引领作用何在？不仅要点评，还应该有表扬、有纠正、有督促等。

第二，点钞实训与真假币的鉴别放在同一节课，两项内容不搭界，显得有些生硬。

第三，安排高年级同学示范体现了教师的用心，但这里有几个问题：示范完了怎么办？让这五位同学陪一堂课合适吗？既然示范了，我不明白，教师为什么不把 09 级和 10 级的点钞作对比？比如，动作要领的对比、速度的对比、姿势的对比等，如果不对比，示范的意义何在？

第四，教师安排了情景模拟，用意非常好。但可惜的是，这个情景模拟没有起到应有作用。如果把这个情景模拟放在后面，真刀真枪地模拟，里面有没有假钞事先不告诉同学，让几个同学轮流上台演示，效果就突出了。

第五，学生手中没有教材，没有讲义，只能看 PPT，依然是老师讲，学生听的模式。

第六，总的感觉，教师不想、不习惯把课堂还给学生。即使是分组讨论，教师还在说个不停(许多职校教师都有这个习惯)。讲到对假币如何处理，有不少学生显然知道正确答案，但教师还是"亲自"把答案讲了出来。

我认为，这堂课应该这样上：事先应该把真假币的鉴别作为一项任务布置给学生(可以分小组)，让学生课余时间查找资料，自我归纳，相互补充，教师点拨，师生共同把鉴别真假币的"眼看"、"手摸"、"耳听"等方法总结出来，然后辅之以真实演练。这样，就能真正实现让学生课后动起来，让课堂教学活起来的目标。

2011 年 4 月 28 日整理

春风"未"度玉门关:一堂外热内冷的语文课

——听课杂感(15)

在外地某职业学校视导,听了一节语文课。这是一堂期中考试前的语文复习课。教师力图采用生动活泼的形式,寓教于乐。用教师的话说就是让学生"玩起来",在"玩"的过程中达到巩固所学知识的目的。教师的教学动机无疑是好的。

> ➤ 课堂实景:

(1) 教师把学生分成四个小组,以小组为单位,要求每组选出六个人组成参赛队,每一个人分别要完成一道题目,每一道题目的得分计入小组总分。最后,按小组总分由高到低排序,分数最高的为优胜组。

(2) 教师用 PPT 演示每一轮四个小组的赛题。

> ➤ 即时杂感:

(1) 仅仅把语文学科的基础知识作为复习(竞赛)的内容,这就注定了这是一堂带有鲜明应试教育色彩的、少有"教育"没有"生成"的语文课。

(2) 教育、教学必须面向每一个学生,这一点,在任何情况下都不能忽视。这位教师的做法明显存在着问题:第一,每个小组选出六人参加答题竞赛,那么,其余同学岂不成了局外人?这种做法公平吗?合适吗?第二,即使是被推选出的六位同学,每人只管一道题目,当一个同学回答问题时,其他同学都成了局外人。

(3) 教师热情洋溢、兴致勃勃地按照自己设计好的 PPT 组织复习竞赛,但在多数情况下,大部分学生并没有"动起来",更没有"玩"起来。表面上的"热",难以掩盖课堂气氛的"冷";形式上的"活",难以掩盖师生没有互动、学生之间没有讨论(教师只让答题的学生回答问题,禁止讨论或提醒)的"死"。

(4) 教师心中没有学生。具体表现在两个方面:第一,教师做的 PPT 界面小,字号小,中后排学生看不见。第二,教师叫不出学生的名字。

我在听课时有种感觉:几十名学生的心灵是封闭的,没有开启。面对几十位关闭心灵之门的学生,教师倒成了这堂课的局外人。如果说,教师的教学设计是"春风",那么学生心灵依然是"玉门关",似乎只有教师在此过程中感受到了快乐与满足。

2011 年 11 月 22 日

天梯石栈"少"钩连：一堂值得探究的语文课

——听课杂感(16)

在外地某职校视导，听语文课一节。教师讲授课文：《归田园居(其一)》。教学对象：中职学生。

➤ **课堂实景：**

(1) 年青的女教师，穿着得体，教态自然，举止优雅，美丽大方。

(2) 上课铃响之前，教师通过多媒体播放了一首有关《归田园居》的流行歌曲。

(3) 上课开始后，教师说了几句简单的开场白，然后组织学生齐声朗诵陶渊明的《桃花源记》中的两段。教师介绍了陶渊明的生平。由陶渊明的介绍转入本课课文的介绍。

(4) 教师示范朗读《归田园居(其一)》，接着指出容易读错的字，读音辨误，然后组织学生朗读。

(5) 教师逐句分析诗歌内容，并强调朗读时应注意的语气、重音等，然后，指定一名学生朗读，并要求同学们注意听，看看有没有感情的起伏变化。教师对该学生的朗读进行了点评，予以表扬。随后，再指定一名同学朗读。

(6) 教师对诗歌的整体进行分析，并抓住"归"字做文章，提纲挈领，紧扣"诗眼"，为学生讲述了陶渊明"为什么归"、"归向哪里"等重点问题。

(7) 组织学生议一议，题目是：谈谈你们是怎么看待陶渊明归隐这件事的？并强调要联系陶渊明所处的时代背景。议论过后，请两位学生上台谈体会。两位学生带着书上台，念体会。随后教师谈了自己的三点体会。

(8) 布置作业：背诵该篇课文。

➤ **即时杂感：**

(1) 从教学常规看，教师做到了精心备课、精心设计；时间分配合理，教学重点突出；教学内容熟练，教材处理得当；教师亲自做示范，重视培养学生的阅读能力。

（2）教师有较强的亲和力，与同学关系融洽；关心学生，尊重学生，提问时都能叫出学生的名字。

（3）教师避免了多数教师容易出现的问题，有范读，有启发，并鼓励学生谈出自己的看法。这些做法的背后，体现了教师"以学生为主体"的教学理念。

（4）这堂课有几个地方值得商榷，值得探究。

第一，课前播放的与课文有关的歌曲，是进入本次课的一个很好的媒介。可惜，教师只做到了播放，没有再加以点评、介绍、启发。多数学生没有注意到这首歌曲。

第二，开门见山地朗读课文、介绍作者、分析课文，感觉缺少了一些必要的铺垫。我想，讲授这篇课文，可以或者说应该从学生熟知的现象入手，充分利用学生已有的知识，激发学生兴趣，然后引入陶潜、引入田园诗、引入这首《归田园居(其一)》。对职业学校学生来说，尤其应该如此。比如，在当今社会中，城市的喧嚣、水泥森林、城市个性的消失、环境的日益恶化等，使得城市逐渐变得并不那么美好了。城市居民常常向往田园风光和自然景色，就连城市中的酒店、住宅小区的名字也都往田园上靠，"××山庄"、"××庄园"、"××山野村"等。从这里入手，就可以生发出对人类社会发展模式、路径的思考，从而得出结论：陶渊明的田园诗在今天仍有很强的生命力。

第三，让同学们议一议然后登台讲述的设计很好，但题目设计不妥。那样的题目对于中职生来说，显然太难了，就是大学生也未必能说得清楚。所以，学生议不起来，登台的两位同学也都是拿着教材上去念。这样的"议"就失去了意义。应该设计几个联系课文并且让同学们有话可说、有话想说的题目。这个题目设计好了，"教育即生长"、"课堂教学要有生成"的目标基本上就实现了。

第四，对职校生来说，学习这样的课文，能否结合当今的社会现象，对田园诗予以别解、新解，这是个值得探究的问题。我以为可以作一些大胆的尝试。

在职业学校，古诗文教学几乎像蜀道一样"难于上青天"，我想只有把现实融入其中，拉近古与今的距离，古诗文才能彰显其生命力，对学生也更有吸引力。如果把古诗文比作"天梯"，现实就该是"石栈"，天梯石栈相钩连，古诗文教学也许不那么难。而这一节课显然是天梯石栈"少"钩连，对本诗的现实意义也就少有拓展了。

2011 年 11 月 23 日

一位很有意思的青年教师

——听课杂感(17)

> **课堂实景：**

(1) 基础会计课程；授课对象是 11 级的会计中专班。

(2) 这是一位非常年轻的女教师，还谈不上有教学经验。

(3) 教师讲评了上次课布置的作业情况，然后开始了有针对性的提问。提问了七个问题，也就是七笔经济业务。每一次提问都是师生共同做题，教师板书，复习巩固已经学过的基础知识。

> **即时杂感：**

(1) 说是复习上次课作业的内容，结果"复习"了整整一堂课。我弄不明白了：这是一堂什么课？作业课？复习课？作业讲评课？都不太像，但又不知道在教师的教学设计中，这次课是如何定位的？

(2) 非常有意思的是，这位年轻的新教师，虽然教学经验不足，却很有"范儿"，口齿伶俐，表达准确，应变能力极强，无论是提问、语气，还是板书、表情，俨然一副老教师的派头。明明教学内容不十分熟练(在辅导时离不开讲稿)，却让学生感到，不是老师不熟练，是给他们机会，让他们来回答的。

(3) 虽然是年轻教师，提问时能叫出学生的名字，值得肯定。

(4) 表情过于严肃，没有笑容，亲和力不够。

(5) 这堂课的容量较低，这是会计课普遍存在的问题。

2011 年 11 月 24 日

"准备活动"何其重要啊！

——听课杂感(18)

> ➤ **课堂实景：**

(1) 财务会计课。教学对象为 10 级会计中专班。

(2) 任课教师已经熟练掌握了教学内容，独立授课没有问题，并开始进入教师发展的"平原期"。

(3) 上课铃声响起，教室内较嘈杂。学生起立、师生问好后，教室依然没有安静下来。

> ➤ **即时杂感：**

(1) 这是一堂平淡而沉闷的课。师生之间没有联系、没有互动。教师一路讲下去，学生一路听下来，不愿意听的也就乐得轻松自由了。

(2) 这堂课的主要问题出在没有做好"准备活动"。在教室没有安静下来的情况下，教师应该整顿好纪律后再开始讲课，但很可惜，教师没有做到。所以，教师开始上课后，学生中有说话的、有玩手机的、有相互递东西的、还有睡觉的。

教师整顿课堂秩序，这是课堂教学必要的"准备活动"。"准备活动"在体育运动中不是可有可无的，而是必不可少的。课堂教学也是如此。

我觉得，教师可以借鉴军训队列训练中的"原地踏步"、"向右看齐"等动作，可不要小看了这些不起眼的动作，有经验的教官善于适时利用这些小动作来调整、整理已经开始散乱的队形，使队形重新变得整齐，使状态重新恢复到精神饱满的样子。教学活动中也需要穿插一些"原地踏步"、"向右看齐"，来调整课堂秩序和学生的精神状态。

如何做"准备活动"？大有文章可做。一个教师的教学水平和掌控课堂的能力，在这一环节会受到考验。教学水平高超的教师会依靠精心的教学设计和独特的个人魅力，举重若轻地、没有痕迹地将"准备活动"、"向右看齐"等融汇在教学过程中。

2011 年 11 月 25 日

教师的备课和上课不能代替学生的预习和学习

——听课杂感(19)

在县级职教中心听课。教师讲授的是《林黛玉进贾府》这一篇课文。教材编写者所以要选《红楼梦》中的这一个场景，显然是想让学生见微知著，从人物、景物、事件的描写中，领略《红楼梦》的艺术魅力。

一部《红楼梦》可以说是一部百科全书，讲这一篇课文，可用材料很多，可供教师选取的切入点也很多，教师的发挥余地也很大。如果不做统一要求，我想，一千个教师就会有一千种讲法。但无论怎么讲，一个核心的东西不能忽略了：学习者是学生而不是教师，教师无论是备课还是上课，都不能代替学生的预习和学习。这就要求教师在备课上课的过程中，要始终以学生为中心而不是以自己为中心，要始终以学生的接受、感受为中心，而不是以自己的认识、理解为中心。进一步说，教师要花时间考虑的是学生应该通过这篇课文学到什么？学生能够学到什么？

非常遗憾的是，这位教师显然没有从学生的角度去思考这些问题。

上课一开始，教师就展示了自己精心准备的课件。课件上出现的是贾府的俯视图。然后提问学生，林黛玉进贾府的线路图如何标记？通过提问，教师用了大约十五分钟的时间完成了早已预设好的林黛玉进贾府的线路图。然后，教师问学生看了贾府的图片有什么感悟？学生无人回答。教师进一步引导学生，先从"硬件"上看，贾府的外观如果用一个词来概括，这个词是什么？提问了几个学生后，教师轻轻一点，课件上出现了"标准答案"：宏伟。接下来，教师依次在课件上展示了布局讲究、陈设华贵等内容。其间，教师几次叫学生起来，阅读课件上的内容。很明显，这堂课就是沿着这个思路进行下去的。

听了这堂课，我的总体感受是，教师进入了教材但没有走出教材。教师是在教教材，而不是用教材教。教师得意的地方不是学生有所收获，而是对自己的课件感到怡然自得。但学生在课堂教学过程中，没有触动，没有感悟，没有生成，没有启迪。

备课不备学生，是当前职业学校教师普遍存在的现象。沿着这个问题，我进一步思考：教师在有意无意间，用自己的备课、上课代替了学生的预习和学习。因而，我对"职业学校看上去什么都变了，只有课堂还是原来的老样子"这句话有了更加深刻、真切的理解。

2013 年 5 月 21 日

职业学校课堂容量太小·的现象令人担忧

——听课杂感(20)

在某市卫校听课,授课的内容是口服降糖药的用法。

教师精心准备了课件,对本节课的教学内容可谓十分熟练了。让我惊诧的是,口服降糖药的用法及其副作用这一点内容,教师居然用了整整一堂课来讲授。我所以惊诧,是因为这部分内容在教材中也就是两段话,不到两个页面。如果让我来讲,我可能十分钟后就不知道该讲什么了。

这位教师采取了如下方法:

第一,课件上的内容让学生朗读。我注意到,课件上的内容基本上是从教材上搬过来的。几次叫学生起来朗读,占去了一部分时间。

第二,给同学们时间,让学生看书,然后提问题。所提问题,也是教材中的内容。学生拿着书本即可流利回答。

第三,授课中间,PPT坏了几次,教师就真的变成照本宣科了。

第四,PPT上要展示的内容,先让学生在书上找。其实也不能用"找"这个字,因为要学生"找"的内容在教材中已经写得非常明白了。学生只要朗读课本即可。

第五,把几种降糖药的适应人群和不良反应画成表格,让学生填写。学生稍加用心,即可顺利完成。

整堂课下来,教师和学生都十分轻松。

课堂教学容量小,教师把简单的问题从教材上搬到了课件上,课件上的内容再让学生读一遍,然后教师再讲一遍,再让学生把书上的内容看一遍。这样的教学节奏和课堂容量,只要不是憨傻愚笨的学生,都能够轻松地对付。对学生来讲,没有构成任何挑战。这样一来,教师轻松,学生轻松,皆大欢喜。

然而我在思考的问题是:这么简单的内容学生看不懂吗?如果学生能看懂,为什么教师非要代替学生呢?长此以往,学生的学习能力不就丧失殆尽了吗?

在授课过程中，教师让学生从医生的角度来给病人介绍降糖药的用法，结果没有学生主动起立回答。教师即兴发挥说：为什么大家都不愿意当医生呢？要知道，不想当将军的士兵不是好士兵，同样，不想当医生的护士也不是好护士。听到这里，我大为惊诧。很显然，在这位教师的潜意识中，护士和医生是属于两个阶层的人，而不是社会分工所需要的两个不同的岗位。在培养护士的卫生学校中，如果教师有着这样的看法，又怎么能让学生热爱护理专业、强化职业意识呢？这种现象的存在，是教师迎合了学生懒惰的习性，还是教师本人的懒惰呢？是教师不懂得怎样上课，还是明明懂得而故意采取这种"你好我好大家好"的应付做法呢？

我带着诸多的疑问走出教室，心中想着要和有关部门负责人以及授课教师本人交换意见。然而，陪我听课的教学部门负责人告诉我，这位教师是新来的，能讲到这个程度已经非常不错了。我顿时无语。

2013 年 5 月 22 日

职业学校推行做中学、学中做何其难也！

——听课杂感(21)

这是一堂典型的实验动手课：小麦种子净度检验。

有关检验要注意的事项，教师在上次课已经讲过了。按说，这堂课只要简单说明一下就可以让学生动手了。但授课教师依然不厌其烦地把检测的要点和注意事项又讲了一遍，并穿插着提问学生。诸如镊子是干什么用的、样品是直接放入托盘还是应该先垫上衬纸等非常具体的问题，都是教师的"讲授内容"。教师讲授这些内容大约占去了一堂课的三分之一时间。

学生开始检验。学生先用直尺把掺有杂质的 500 克小麦种子搅匀，然后用"四分法"取样，取样后即开始了分拣，一点一点地把杂质挑出。挑出的杂质分为其他种子和杂物两类，分别放置。最后，按照小麦净种子、其他种子和杂质这三类所占比重的不同，填写出检验报告。

在学生做检验的过程中，我发现一个男孩子动作准确、迅速而细腻，检验得又快又好。我问他是否参加过技能大赛？他回答，没有。我鼓励他，好好学习，做一个技术能手。这个男孩子露出了羞怯的笑容，脸色也变得有些绯红了。

这堂课从整体看，教师的做法中规中矩，没有什么可挑剔的。但听完课后，我还是忍不住地和这位教师交换了看法。

我给这位教师交流的看法是：既然上次课都已经讲过了检验的要点和注意事项，为什么这堂实验课还要讲？如果非要讲，可不可以让学生讲？一个学生讲不完整其他学生不是可以补充吗？让学生自己教育自己，自己管理自己，教师成为课堂的组织者、协调者、引领者不是更好吗？

这位教师欣然接受了我的建议。我欣然着他的欣然。

2013 年 5 月 22 日

如果不"咬文嚼字"，这是一堂好课

——听课杂感(22)

在某县职教中心视导，我主动要求听了一节语文课。因为在另外一所学校听了一节英语课，由于自己的英语水平太烂，愣是没听懂，挺郁闷的。

当我来到教室的时候，距离上课时间还有五六分钟。老师和同学们很有礼貌地对我微笑，顿时，一种没有距离的亲切感油然而生。任课教师是一个年轻的女教师，举手投足，亲切自然，神态安详且稳重大方。其他学校的老师见听课的领导、专家来了后，即使不到上课时间，也大多是慌忙开始上课。而这位老师不慌不忙，颇有大将风度。除了对我报以微笑外，继续巡视学生课前准备的情况。

为了避免老师紧张和气氛尴尬，我走上了讲台，临时"过了一把瘾"。我大致讲了下面一番话：还有几分钟才上课呢，我先给同学们上课吧！(记得此处有掌声)同学们来到职业学校，是不是就一点前途都没有了呢？显然不是。一个人无论学历高低、处境如何，都不是主要的，最为关键的是不能没有自己的梦想。当前都在说中国梦，其实中国梦是由无数个人的梦所组成的。我相信同学们都曾经想过自己的未来。接着，我随机提问了三个同学。一名男生说，我想做一名厨师；第二名男生说，我想做一名建筑工程师；另一位女生说，我的梦想是当一名医生。

听了三位同学的回答，我的内心涌起一阵激动。这些学生多么可爱啊！尽管他们经历了中考的失败，但心中依然点燃着理想的火把。真的应验了那句话：火把即使掉在地上，火焰也还是向上的。我因势利导地启发学生：有梦想、有目标是可贵的，非常好！但我们要思考一个问题：我们为自己的梦想曾经付出了哪些努力？今后还应该作何努力？同学们都在十五六岁的年龄，用几十年的时间为自己的梦想努力奋斗，难道会一无所获吗？就在这时，上课的铃声响了，我只好就此打住。我告诉同学们，如果有机会，我还愿意来给大家随便聊聊，现在必须把课堂还给老师了。(掌声！这次可以确定，掌声真的有)

这堂课的教学任务是完成朱光潜先生的《咬文嚼字》这一篇课文。由于教师布置了预习"走近作者"和辨析生字词，因此，上课后，教师就开始了提问：

"谁来介绍一下朱光潜先生"、"谁来给大家读一读这些字词",有两名同学起立,非常流畅地回答了教师的问题。接着老师进入本次课的内容:咬文嚼字的正面和反面的含义。PPT清晰简明地展示了教师要讲授的内容。这些例子都围绕一个主题:为什么要咬文嚼字?咬文嚼字的必要性何在?咬文嚼字后的效果如何?所举例子有书上的,也有教师补充的,如"春风又绿江南岸"、"红杏枝头春意闹"等经典的例句。围绕这些例子,组织同学展开讨论。就在同学们积极踊跃发言的过程中,我注意到两个细节:一个是教师的表情,她始终带着亲切的笑容。那种亲切感,那种笑容,不是"做"出来的,不是"表演"出来的,而是"习惯成自然"地"流淌"出来的。教师亲切的笑容换来的是学生精神的放松和思绪的飞扬。另一个细节是,坐在最前排的一个男生,几次站起来回答问题,颇有自己的见解。这位男生显然不属于"帅哥"一类的,但他课堂上的表现得到了老师的表扬并赢得了同学们佩服的目光。

在我看来,教师"亲切的笑容"是教育,学生在教师的感染下,尽情展示自己的亮点也是教育,两者加在一起,这堂课让我感觉到了"教育的味道"。

当教师点评婵娟骂宋玉说:"你是没有骨气的文人"的例子时,提问了学生,教师也作了分析。教师和学生都认为用"这"比"是"好,因为语气加重了,更能表达憎恨的意思。此时,我觉得这个例子分析得不够过瘾,举手要求回答问题。得到教师的同意后,我说了自己的看法:"是"只是判断,而"这"比判断进了一步,更能表现情感的色彩。不知道别的听课人有没有参与到课堂教学中的,我当时就觉得应该参与进去,与师生一起互动。事后想想有些唐突,挺对不住讲课的老师的。

临近下课时,教师对本次课的内容进行了小结,并且布置了课后的作业。尽管是"规定动作",但教师丝毫不马虎,不苟且,是真的在"小结",真的在布置作业。

一堂课在轻松愉快的气氛中结束了。我带着对教师的谢意和对同学们的留恋离开了教室,身后传来同学们热情的掌声。(这个可以有)

这是一堂好课。但如果"咬文嚼字",这堂课也并非没有瑕疵,有的地方瑕疵甚至相当明显。比如,PPT代替了板书,对于语文课来说,合适吗?引领学生体会"咬文嚼字"的妙处,如果能抛开书本,结合同学们的写作实例,不是更有说服力吗?如果就教材讲教材,而不是"用教材教",课堂的"生成"又在何处体现呢?(这个真没有)

2013 年 5 月 27 日

学生在演讲课上为什么演讲失败?

——听课杂感(23)

去某职校听了两节课:"演讲与口才"。由于是"推门听课",授课教师呈现给我们的基本上是原生态的课堂。两节课的主要任务是演讲的练习。演讲的题目《面对新世纪的挑战》,是教师在上次课已经布置过的。

上课开始后,教师简要叙述了演讲应该注意的五个"标准":姿势、表情、手势、内容及主题、普通话及音量等,并将这五个"标准"定格在投影仪的屏幕上,让同学们时时对照。然后就开始了抽取纸条,抽到谁,谁就上台演讲。每一个学生演讲完后,教师都提问五名学生,要求指出演讲者的优点和缺点并报出所给的分数。去掉最高和最低,取平均分,算作演讲者的平时成绩。其间,穿插了两段示范性的视频。教学活动的安排大致如此。

可以看得出来,这位教师的备课是认真的,对学生的态度是和蔼可亲的,是热情鼓励每一个学生都成为演讲高手的。然而令人感到遗憾的是,几乎每个学生的演讲都暴露出许多"硬伤",一两分钟的演讲,多数同学磕磕巴巴,不时停顿,有的甚至只"演讲"了几句话,就"演讲"不下去了,只好下台重新准备。好在教师对每一位同学都及时予以鼓励,即使对失败的同学也鼓励他们"没关系,再准备一下,准备好了再来!"

听完了这两节课,我的总体感受是,教师的意图是想通过这种实战的演练来巩固所学知识,提高演讲水平,其用意显然是好的。但是为什么几乎所有上台学生的演讲都失败了?这个结果引起了我的思考。

纵观这两节课的全过程,我认为,学生演讲失败的主要原因有二:一是教师过于强调了技巧和"标准",而忽略了演讲更重要的要素:内容与情感。二是教师布置的《面对新世纪的挑战》这个题目太大、太空,远离了学生的日常生活,因而,学生没有触动,没有动情。在这种情况下,学生只好写干巴巴的演讲词,背干巴巴的演讲词。这样的演讲词要想大段大段地背诵下来,没有朱军、董卿那样的专业水平,恐怕是不容易做到的。

于是,教学与生活的关系问题,再一次进入我的视野。

为什么教师不能设定一些与学生生活息息相关的话题作为演讲的题目

呢？演讲的题目一定要涉及"祖国"、"爱国"、"民族"、"机遇"、"挑战"、"成功"、"成才"等内容吗？学生对友谊和爱情的看法、对考试和兴趣的看法、对知识和能力的看法、对校规校纪与社团活动的看法等等，就不能作为演讲的主题吗？如果允许学生自己拟定演讲的主题又有什么不可以的呢？

演讲的主题一旦脱离了学生的生活，学生即使把演讲稿背得滚瓜烂熟，这样的演讲也不能说是成功的，因为学生说的不是自己想说的、不是自己经历的、没有融入感情的、没有自己的思考在其中的。这就是学生上台演讲总是忘词、总是停顿的主要原因。

学生演讲失败还有一个重要原因，即教师始终强调的是标准、是技巧而不是内容、不是思想感情。当然，教师也不时提醒同学要有激情、有气势，但激情源于感情，感情源于触动，触动源于生活的感悟。演讲的主题远离了学生生活，触动何来？感情何来？激情何来？

我注意到，有三个学生在评价同学的演讲时都提到了内容和感情，而教师却提醒学生"技巧方面呢？"教师提醒了两次后，再也没有同学谈内容、谈感情了，所有同学都按照老师的要求谈手势、谈发音、谈流畅程度了。我为之感到遗憾。

为我的遗憾作注解的，是教师播放的演讲示范视频：亚洲超级演说家、国际行销大师梁凯恩的演讲。他的演讲在技巧方面多有瑕疵，发音不那么准确、姿势也有些过多，但他恰恰是以内容、感情和激情取胜的。

教师播放梁凯恩的视频时，强调学生要仔细看，好好学习这个演说家的演讲技巧。我以为，如果就技巧而言，教师所挑选的这段视频显然是不够示范"标准"的，因而也是事与愿违的。反之，如果把梁凯恩的视频引入课堂，教师应该强调的是：内容和激情在演讲中的作用多么重要！即使你在技巧方面有些不足，但完全不影响你成为一名超级的演说家！

对演讲，笔者是彻头彻尾的外行。外行看问题往往凭直觉，直觉未必准确科学，更不一定符合"标准"，仅供教师参考。

2013 年 6 月 6 日夜

"考证课"能不能上得有趣些?

——听课杂感(24)

参加市教育局组织的推门听课活动，在某职校听了两节"普通话"。作为旅游专业的中职生，这是一门必修课，也是考证课。对于职业学校来说，考证课的重要性是不言而喻的。

这两节课的主要任务，是熟悉、练习普通话标准中的单音节字词、双音节词语、朗读、说话。教师在简要重温了这几个标准后，安排一位姓于的男生到教室门口做"说话"的准备，然后带领其余同学复习以上内容。大约十分钟后，于同学进入教室，进行了四个标准的测试，当然重头戏是"说话三分钟"。

于同学测试后，教师发动学生帮于同学找错。在找错的过程中，教师不时叫另外一些同学起来，或读字词，或读词语，或朗诵等，每当有同学读完，教师立即让同学找错。第二位到教室门口准备的是一位姓徐的女生。徐同学准备了十分钟后，也同于同学一样做了测试。然后还是同学纠错，教师点评，反复如是。

授课教师是非常熟悉教材、熟悉普通话标准、熟悉学生情况的，而且从教学安排看，也是非常负责任的。不仅如此，这位教师也是有着厚实的专业功底的。这种功底不仅体现在教师自己的普通话水准上，还体现在她有敏锐的听力，能捕捉到学生的任何错误。学生朗读说话中的细微瑕疵，都逃不过她的耳朵。没有真功夫，是难以做到这一点的。

两节课下来，教师和学生使用频率最高的词就是"扣分"。

教师专业的功底，敏锐的耳朵，严肃的教态，快节奏的语言，使得课堂充满了专业氛围和考前的紧张气氛。"一切为了学生考证，为了学生考证的一切"，贯穿了整个教学过程。

从考证的角度看，这堂课无懈可击，无可非议。

然而我听课的时候还是走神了。走神并非"以为有鸿鹄将至"，而是不由自主地想到了另外一些问题：比如，考证课能否上得更有趣一些呢？如果教师进行一番巧妙的设计，也就是运用苏霍姆林斯基所说的"第二套教学大纲"，把学生应该掌握的标准融合到有趣、活泼的阅读思考中去，不是一举两得的事情吗？要达到这个目的非常困难吗？学生的"说话三分钟"为什么漏洞百出？如果设计一些与学生生活密切相关的话题是不是有利于学生"说话"呢？如何把普通话带入生活，如何将生活引入普通话的课堂，是不是应该成为教学的着力点呢？

之所以会想到上述问题，是因为心存担心：当我们在为学生考证费力教学的同时，会不会导致学生对普通话兴趣的减弱乃至丧失？反过来说，教师的"施压"应该可以起到提高学生考证通过率的积极作用，但这样的成绩是否是以牺牲学生兴趣为代价的？沿着这个思路我又想到：职业学校为什么要开设普通话课程？语言本身是鲜活的、传情达意的，除了专业的播音员、主持人以外，就一般职业而言(包括导游、营业员等)，只要能流利、流畅地说一口普通话也就足够了，至于个别音发不准，个别地方带有方言的痕迹，不也是无伤大雅的事情吗？考证能考取一级固然可喜可贺，考取二级甲等也不错，即使是二级乙等，就不能适应工作需要了吗？我还是以为，重要的是说普通话，是普及普通话，是用普通话准确地表达意思、表达思想感情，而不是非要用几级几等来说、来表达。据我所知，著名的电影表演艺术家赵丹、香港的四大天王之一的刘德华、声乐艺术家李谷一等，普通话都不是那么标准，甚至一些超级演说家也达不到二级甲等的普通话水平，不也没有影响他们做出一番事业吗？

普通话是汉语的标准语言，既然是语言，就存在天赋问题。有的人即使多练几个月甚至一年，至多也就是二级甲等；有的人即使不怎么练，很轻松地就能考个二级甲等，至于音质、音色等就更不是通过后天的练习能习得的了。因而，激发学生的兴趣，让学生通过努力达到自己天赋的最高点，这才是我们应该努力做到的。

让普通话在校园里飘荡，在学生生活中回响，比学生在课堂上、考场上能说非常标准的普通话，在生活中却方言依旧来得更有意义。因为如果是后者，普通话就成为应试的、机械的、没有生命的"技能"，这样的普通话，即使是一级甲等，又有什么意义呢？

2013 年 6 月 8 日夜

只要我们飞翔过

——听课杂感(25)

前不久，笔者曾经写了《职业学校课堂容量太小的现象令人担忧》一文，对职业学校课堂容量小的现象提出了质疑和批评。

最近在几所职业学校进行专业视导，听课是其中的一个环节。听了几节课后我发现，"容量太小"的课堂在职业学校绝非个别现象，而且不同学校、不同学科的教师，其教学模式真可谓"何其相似乃尔！"几乎都是"教师把简单的问题从教材上搬到了课件上，课件上的内容再让学生读一遍，然后教师再讲一遍，再让学生把书上的内容看一遍。这样的教学节奏和课堂容量，只要不是憨傻愚笨的学生，都能够轻松地对付。对学生来讲，没有构成任何挑战。这样一来，教师轻松，学生轻松，皆大欢喜。"

对听课人来说，遇到这样的课堂实在郁闷。在听一节美术课时，教师一边展示课件上的问题，一边提问。学生积极回答问题，然后教师轻轻一点课件，答案果然是学生刚刚回答的。教师沉浸在这样的一问一答中，学生沉浸在这样的轻松气氛中。我拿过学生的教材一看发现，教师在课件上所展示的以及所提的问题都是教材上的，学生拿着教材回答问题自然就十分"踊跃"了。我对陪同听课的学校领导说："这样的课，我听十分钟后就想逃离。因为我清楚地知道，随后的三十五分钟也仍旧是这个套路。这哪里还是中职学校的课堂，简直就是幼儿园或小学低年级课堂的再现。"

视导归来，回想起听课的情景我依然思绪难平。这样的课堂是在培养人才吗？这样的课堂是在帮助学生成长吗？回头再看看我前不久写的那篇文章，顿时觉得立意浅薄了。这样的课堂仅仅是容量小吗？这样的课堂能仅仅归因于教师的懒惰或学生的懒惰吗？

苏霍姆林斯基曾经说过："挑选、系统整理和分析事实的技能，也是在很大程度上决定能否顺利地掌握知识的十分重要的技能之一。"他强调指出"不要让学生的技能和知识之间出现关系失调的现象。"他说："这里所产生的关系失调，就是学生的思维仅仅局限在教师在讲课中所举的事实的圈子里。这种关系失调的后果，就是把学生头脑中的知识变成了一堆僵死的，不能再发展的东西，因为这些知识不能迁移，不能被新的事实所丰富，不能用来解释新的事实。这里发生的这种情况，我想把它称之为知识的僵化。"

经典就是经典。苏霍姆林斯基在几十年前说的话仍然有很强的现实意义和指导价值。我们职业学校的课堂不正是处在"技能和知识之间关系失调"的状态吗？如果我们对这一种状态进行一番剖析就会发现，这种状态几乎衍生出了职业学校教学工作中的所有问题，比如，教师就教材讲教材，学生还有记笔记的必要吗？学生在课堂上没有(也用不到)积极思维，课余时间还会去主动学习、自主学习吗？学生离开课堂时就已经完成了"全部学习任务"，课后他们不是无事可做吗？ 学生在课堂上，思维、能力、语言得不到锻炼，因此，在生活和今后的工作中，他们"一般地都不会用词句来表达自己的思想的某个部分，因此他的言语里就出现了坑坑洼洼，模糊不清"(苏霍姆林斯基语)。仔细观察我们的学生，不正如苏霍姆林斯基所说的那样不能流畅地表达自己的思想吗？教师在课堂上进行着简单的重复劳动，没有创造的火花、没有智慧的生成、没有心灵的碰撞，不产生职业倦怠才是咄咄怪事呢？

重读苏霍姆林斯基《给教师的建议》，联系职业学校课堂的现状，我想来想去，觉得还是要回到学校教育的本质上来看问题。即学生为什么要到学校来？学校要教给学生什么？学生毕业时从学校带走的是什么？单纯从教学的角度来说，培养学生获取知识的能力(而非接受知识)、分析问题和解决问题(而非记住问题)的能力才是我们的主要任务。

也许职业学校教师会对我的观点提出质疑：学生连被动地接受知识都不愿意、不乐意，何谈获取知识能力的培养？连教材上的提出的问题都不想了解，何谈分析问题、解决问题能力的培养？我要质疑的是：如果用这样的眼光看待学生，如果用这样的态度对待教学，如果用这样的观点从事教师职业，那么，我们的学生还有希望吗？我们职业教育还有希望吗？如果真的如此，为什么我们要制定"高素质技能型人才"的培养目标呢？我们干脆把职业学校称为"问题学生看守所"和"有技能劳动力加工厂"不就得了吗？还谈什么"人的全面发展"呢？

我从事职业教育三十三年，当然理解教师的无奈和苦衷。就在我写这篇文章的过程中，我的一个学生还在跟我聊天。这个 12 级的女生算得上是我们学校的优秀学生，也是个很懂事、很阳光的女孩。她问我每天都干些什么？我说读书写作是我基本的生活方式。她说："我们学生最大的爱好就是玩手机。"并且强调说"真是离不开，我现在如果不看手机就觉得别扭"。我说："如果你一天不看书就觉得别扭，你就离成功不远了。"她答应我"尽量往那个方面发展"。

优秀的学生尚且如此不爱读书爱手机，不优秀的学生可想而知了。

　　尽管如此，我仍然不能同意如此悲观地看待学生、对待教学。作为职业教育工作者，我们总得为学生的一生发展做点什么，我们总得为自己的教师生涯做点什么。也许我们的努力收效甚微，但我绝不相信我们的努力会付诸东流。我坚持认为，相当一部分学生会记住我们说过的话，会体会到我们的付出，会感受到我们的使命感，而所有这些都有可能会内化为他们的精神力量。这种力量也许不会立刻显现出来，但到了一定关头，他们瞬间做出的一些反应中，或许就有我们的努力在其中。因此，我觉得，只要我们努力过，探索过，奋斗过，我们就可以无愧于我们的学生，无愧于自己的一生，无愧于这个时代。就像泰戈尔说的"天空中没有翅膀的痕迹，但我飞翔过"。

2013 年 6 月 21 日夜

专业功底是一回事，教学功底是另一回事

——听课杂感(26)

在某高职校听了一堂"数控加工工艺"课，本次课的教学任务是"认识切削运动与切削用量"。很显然，授课教师做了精心准备。从授课的过程来看，教师做到了态度认真、备课充分，教学设计用心，教学过程完整，师生关系融洽，教学秩序良好，表现出教师较强的课堂掌控能力和良好的专业素养和敬业精神。据介绍，这位教师不仅有专业的研究生学历，而且有实践工作经验，因而讲起专业知识来，显得胸有成竹，非常自信。

在充分肯定教师课堂教学成绩的同时，我同时感到，教学，说到底不是一门技术而是一项专业化程度较高的工作。也就是说，教师的专业功底肯定会有助于课堂教学，但绝对不能代替课堂教学。换言之，作为一名专业课教师，不仅需要有对学科的熟悉程度，不仅需要很好的专业素养，同时还需要具备教师这个职业所特有的教学基本功。

如果说这堂课有所不足，那么，不足主要体现在教师的教学基本功方面。

教学基本功说起来非常简单，但对于一个青年教师来说，我觉得不下一番苦功夫是不行的。

我与这位年轻女教师探讨了以下几个问题：

(1) 教师在课堂上所使用的语言应该是教学语言。对于一名教师来说，普通话的标准程度是次要的，语言节奏的把握、抑扬顿挫的拿捏、声调高低的控制等才是主要的。所谓教学语言，既不同于日常说话的语言，也不同于演员表演时的语言。它是一种专门化的、艺术性的、富于变化的专业语言。对每一位教师来说，教学语言的锤炼都是一辈子的事情。

(2) 教学过程的推进应该与学生的接受情况相吻合。我仔细看了教师准备的教案，应该说，教案体现了较为先进的教学理念，教师也力求在课堂上改变那种"教师讲学生听"的局面。因此，在教学设计中，教师安排了视频演示、分组讨论、课堂提问、师生互动以及现场评价等环节。如果这些环节都能"落地生根"，这堂课肯定是非常精彩的一堂"任务驱动课"。遗憾的是，教师的教

学设计并没有完全得到落实。所有的环节看起来都在实施，但每一个环节都显得急匆匆。学生只能跟着教师的进度走，跟着课件翻页的速度走。教师注重了形式，却丢失了内容；注意了教学内容的推进，忽略了学生的接受情况。

（3）使用课件的做法有待改进。教师精心准备了课件，能够用现代教育技术展示教学内容，这个做法应该予以鼓励。但课件的使用必须在"适当、适度、适时"方面下一番工夫。这位教师不仅用课件代替了板书，而且由于课件预设了教学过程、预设了学生可能产生的疑问、预设了标准答案，因此，学生的积极思维和教师的随机应变都被课件束缚住了。这样的课堂也就没有了生动活泼，没有了学生的积极参与和积极思维，因而也就不可能有所谓的"生成"。

带着听课的几点感受，与授课教师交换了意见。教师的谦逊态度，让我感到，假以时日，这位教师一定能成为一名优秀的专业课教师。

2013 年 9 月 2 日夜

备课不充分，课堂无气氛

——听课杂感(27)

在某职业学校听课，教师讲的主题是物理中的"摩擦力"。

上课开始后，教师即提问了一个问题，由于声音较小，我没听清楚。提问了这个问题后，复习旧课就算是结束了，接着就开始讲授新课"摩擦力"。

在讲到"静摩擦"时，教师问：物体保持静止的条件是什么？没有学生回答，教师便自己回答了。如果是这样，为什么要问这个问题呢？在讲到概念定义时，教师让学生翻到教材 27 页，并要求学生把定义划下来。好像许多教师都有这种做法，我很不理解，学生的学习能力这么低吗？连定义、重要概念等也需要教师提醒才知道划下来吗？

在讲课的过程中，教师的语速偏慢，慢得有点拖沓，而且还常常含糊不清，有点像自言自语，听着很费劲。教室里倒是一片寂静，但我知道，在寂静的笼罩下，学生并没有在思考。师生双方都在耗费着时间。

我边听课边想，这堂课，应该让学生充分运用初中学过的知识。如果这样做了，学生也就参与进来了，教师的作用也就从干巴巴地讲课变为根据课堂情况的及时引导。

接下来的授课，虽然也有提问，但并没有把学生的积极性思维调动起来。因此，要想办法，让学生进入不停思考的状态，是教师应该考虑的问题。

还有一个小问题是，当教师提问一个学生时，就只和这个学生对话，其他学生好像成了局外人。我觉得，教师无论是提问，还是指导，都应该顾及到其他同学，不能形成教师与同学一对一的关系。课堂教学不能这样。

这堂课主要问题是：教师不能清晰、准确、严谨、简洁地表达自己的意思，这是个教学基本功问题，也有可能与准备不充分有关。我的直觉是，这位教师的备课不够充分。比如，教师愿意花时间读教材上的部分内容。我隐约感到，教师准备的"东西"已经讲完，似乎没东西可讲了。

最后一个环节是练习。教师让学生把教材翻到某一页，并且居然把教材上的例题一字不改地抄写在了黑板上。这个做法实在令人匪夷所思。这下子让我确信，他是真的没有什么内容可讲了。

写于 2013 年 9 月 10 日，9 月 14 日修改

应该如何看待"艺术类课程"的"随意"现象

——听课杂感(28)

在某职业学校听课，教务处给我的课表是素描课，到了课堂才发现不是素描课而是色彩课。艺术类专业的课堂总有些不同，总有些艺术氛围，这种艺术氛围有时候就表现为随意。这里的随意不是贬义，因为"随意"或许是艺术类课程的"个性"。

上课铃声落下，没有全体起立、"老师好"、"请坐下"等"客套"，教师直接开讲。教师提问：在色彩方面高考改革的方向是什么？(显然这个班级是对口单招班)听到老师这样提问，我的感觉是"一愣"：这样的问题问学生合适吗？果然，教师提问了三个同学，要么回答不完整，要么不熟悉。学生回答不上来，教师为了不尴尬、不冷场，只好自己讲了改革的主要方向，强调了构图、构形、构色、肌理四个方面。

讲完了高考的改革方向，教师开始点评学生的画作。我感觉点评作业和前面的提问，似乎关联度不大。我忽然想到，如果我不来听课，教师或许根本没有打算讲什么高考改革的方向，也没有打算讲评学生的画作，极有可能的是学生继续作画，教师巡视指导。看来一切都是"听课惹的祸"。

我的注意力回到课堂上。学生每人面前一个画架，一半同学在听老师讲，一半同学在继续着自己的画作。教师继续点评学生的画作，同时也让学生发言。

点评画作时，教师显得准备不足，似乎对这些画作并不十分熟悉，事先并没有认真准备好点评意见，有点"边想边说"的感觉。因此，教师的语言、思维不那么连贯、流畅，有思路短路、语言卡壳现象。这样的讲课无法吸引学生也就毫不奇怪了。

教师强调了色彩的重要性，并要求学生按照教师讲的作画。但我看见有几个男生没有画水粉画，而是继续自己的素描。我问教师这是为什么？教师说，这几个男生愿意继续画素描，"我觉得也可以，就同意了。"我感觉这样的做法还是有些"随意"了。

下课后，我与教师交谈。正如我所料的那样，教师说原来没有打算讲评作业的，看见专家来听课，觉得不讲点什么不好。我翻看了教师的教案，对授课内容还是有所准备的，只是准备得简单了些。即使是简单的准备，也有写在了教案上而教师没讲到的。这可能与教师紧张有关。

写于 2013 年 9 月 11 日，9 月 14 日修改

一切为了学生，不如一切问问学生

——听课杂感(29)

在某职校听了一堂"服装材料"课。任课教师是一位骨干教师，无论是教学还是教科研，都取得了很多成绩。仅从这堂课就可以看出，这位教师是在力求"用教材教"，而不是"教教材"；他备课花了很多的精力，把材料、色彩、款式、欣赏等结合起来，给学生全面的启发。备课的内容已经远远超出了教材的局限，这种精神是应该提倡的。应该说，"用教材教"这是这堂课的亮点。但总体感觉是，教师用心虽然良苦，但学生并没有动起来，这是一个突出问题。

课前，教师把PPT已经打开，显示的是：主要纺织纤维介绍。上课开始后，教师直接开讲，没有复习，没有过渡，没有阐明本次课的教学目标以及重点难点。给我的感觉是教师急于把自己精心准备的知识传授给学生。就在这样的状态下，教师按部就班地推进着自己的教学内容，就像一个用心的厨师，把自己准备的菜肴一道一道端给学生。

学生的反应有些木然。

当教师在PPT上展示"江南布衣"品牌时，教师问其中一款服装有什么特点？自己的话音刚落，就叫一个学生回答，学生根本没有时间品味、欣赏，更不要说组织语言表达了。然后，教师让学生读这款服装的"物语"。"物语"写得很美，很有诗意，但由于学生没有"进入角色"，显然欣赏不了。"江南布衣"没有完全弄懂、消化，教师开始介绍亚麻的优点、缺点和熨烫温度。后边的情形与前边一样，教师很投入地讲着，学生静静地"听"着。

回顾这堂课，我想探究的问题是：

(1) 类似于棉、亚麻的特点等，为什么不能让学生预习准备呢？不是都说学生课后无事做吗？根子恐怕还在于课堂上已经解决了所有问题，课后学生没有思考、没有任务，同时也没有了探究的欲望。

(2) 教师在传授知识方面的作用实际上是非常有限的，网上、书籍比教师在课堂上讲的要丰富多了。我特意在网上搜了一下，有关的知识铺天盖地，目不暇接。我想，教师只要布置任务，明确探究目标，其他的都可以放手让学生去做。

(3) 如果教师课前把任务布置下去，比如"我对'江南布衣'品牌的介绍与评价"，学生会自动通过网络或书籍寻找资料。这样的项目或任务，把服装材料、款式、特点、风格等都融合在了一起。再回到课堂上来，学生说的就是自己的话了，课堂也真正地还给学生了。

所以，我们常说的"一切为了学生"不如换一种说法"一切问问学生"。"一切为了学生"很容易造成教师的主观意志代替了学生的需要和想法(尽管教师在主观上也许是为学生着想的)，教师剥夺了学生的主动权和扼杀了学生的主动性自己还浑然不知，因为教师有一个冠冕堂皇的理由："一切为了学生"，"我是为你们好"；而"一切问问学生"则可以找到学生的起点，学生的起点恰恰是教师的出发点。当然，"问问学生"不是简单的提问，而是通过教学过程准确把握学生已经掌握了哪些？学生自己可以通过自学掌握哪些？需要教师的点拨和引领的是哪些？这既是一种教学方法，也是教师个人的教育智慧。不管怎么说，不顾学生的需要，不了解学生的想法，教师懂得再多，恐怕也无济于事。

写于 2013 年 9 月 11 日，2013 年 9 月 19 日修改，9 月 21 日再修改

教师这个职业，是需要天赋的

——听课杂感(30)

听了一节新教师的课，她的课给了我意外的惊喜。

听这位教师的课是我刻意安排的。原因是，有一天听课时，我随机问了身旁的一位男生：在你看来，给你们上课的教师中，哪位教师的课讲得最好？这位男生随即就推荐了这位女教师。

这堂课的教学内容是"金属材料"，教学任务是讲评上次课的测试情况并讲授新课。

上课开始后，教师对上次测试的批改情况进行了总体讲评，并表扬了四位学生。每表扬到一个学生时，教师都让被表扬的学生站起来。表扬学生时叫"学生站起来"，我以为是给被表扬的学生一种强调性的荣誉，这个做法我赞成。遗憾的是，有两位同学不在，说是被老师喊去有事了。

讲评结束后，教师根据自己的理解和经验，讲了做问答题时应注意的事项：

(1) 有问有答；

(2) 看好问题有几个问；

(3) 不要答非所问；

(4) 看问题要完整；

(5) 学会看清问题本质。

这几个问题显然不是教材中的，是教师给学生加的"小灶"，细心的学生会从中得到益处。

教师讲授新课。在黑板上写下了：4.什么是结晶？结晶的两个基本过程是什么？给出问题后，教师给学生一分钟的思考时间，让学生在书上找。提问一个学生，未找到。提问第二个，找到了，读了一遍。教师予以点评，点评后教师在黑板上写了两个答案，让学生判断哪一个是结晶的概念？

(1) 生产上金属的凝固；

(2) 金属由高温液态冷却凝固为固态的过程。

学生经过议论判断出来，答案应该是第二个。教师在肯定了学生的答案后，对"什么是定义"进行了补充。在阐述了定义的概念后，教师板书了"简单而准确的解答"。

这个内容的补充显然是有益于学生的，我理解，这是教给学生今后遇到定义问题时应该注意的一种方法。与前面补充的"做问答题时应注意的事项"一样，教师非常注意引导学生不仅要"学会"，还要"会学"。这恰恰是当前职业学校课堂教学中所缺乏的。

……

这堂课给我的总体感受是：

(1) 这位教师虽然是刚刚走上讲台的新教师，但她口齿清楚，思路清晰，语言简洁，富有逻辑性；课堂掌控能力较强。

课堂掌握能力来自哪里？我以为来自于两个方面：一是来自教师授课的吸引力；二是来自教师的责任心和管理意识。我觉得，职业学校不同于大学，每个教师都要进行课堂管理，而且都要有自己的管理原则，也可以说都要有自己的"西点军规"。这堂课有五个同学晚来，尽管是公事(教师叫去分发公寓物品)，但她依然提出了批评，这就是她的"西点军规"。

在讲课中，这位教师还强调了另一条"军规"："凡是我在课上提问过两个同学以上的问题，我不希望再看到错误的答案。"

(2) 这位教师的教态、语言等，在我看来，是非常适合做教师的。相比之下，有的教师虽然任教多年，仍然非常平庸，教学工作毫无起色。由此可见，教师这个职业也是需要天赋的。

对这堂课的几点建议：

(1) 序号的问题要注意，①后面不能出现(1)，前者不能统帅后者，而是相反。

(2) 新教师，新学期，新学生(13 级新生)，教师还不熟悉学生的名字，学生也不熟悉学校和教师。在这种情况下，教师与学生沟通，应该充分利用座次表或花名册，边教学边熟悉学生。这个细节教师注意不够，提问学生多是指着学生或是敲敲学生的课桌。

我坚持认为，学生被喊到名字时的心理感受是无法用其他的称呼或动作来代替的。

(3) 汉字书写水平要提高。听过许多新教师的课，板书的水平不能尽如人意。为了考察新教师的基本功，有的学校在招聘教师试讲时规定，不能使用课件，必须有板书，多数应聘者在这一环节"露丑"。这位教师不刻意遮丑，精神可嘉。衷心希望她能够下一番工夫，把汉字书写得美观大方。我们常说，写字是人的脸面，对教师来说就更是如此了。

(4) 板书要有章节的大标题，不能直接写 1、2、3…… 把章节或单元的大标题写在黑板上，有利于提醒学生从学科系统和知识体系的角度加深对教师授课内容的理解。

(5) 教师对定义的解释让我存疑。课后查阅资料，她讲得果然有误。定义应该是指"对概念的内涵或语词的意义所做的简要而准确的描述"。教师板书的是"简单而准确"的描述。简要和简单，一字之差，谬之千里。我估计是教师记忆有误，但对定义的解释应该是严谨的，这样的失误应该尽量避免。

写于 2013 年 9 月 12 日整理，9 月 24 日修改

诗歌教学，美感第一！

——听课杂感(31)

二十世纪八十年代初，徐州师范学院(现在的江苏师范大学)中文系的徐荣街教授讲现代诗歌，很受学生的追捧。我们中文系夜大学的学员只是耳闻，内心里非常希望能听到他的授课。中文系的领导非常了解我们的想法，专门安排了徐荣街教授给我们开了现代诗歌系列讲座。事实上系里对我们一直是照顾有加的，给我们上课的都是当时中文系最棒的教师。

徐荣街教授给我们讲的第一首诗歌是徐志摩的《再别康桥》。讲台上的徐教授，正值中年，中等个头，衣着干净朴素，表情淡雅从容，看似朴实无华，却又浑身散发着学者的气息。

他吐字清晰，说话简洁，一句是一句，句句都让我们听得非常真切。他在黑板上写下了漂亮的板书"再别康桥——徐志摩"，转过身来，用淡定的目光看着我们，沉默了几秒钟后，开始了讲课。出乎我们意料的是，徐荣街教授讲的第一句话是："好的诗歌是不能分析的，分析一首好诗，无异于是践踏这首诗。"接下来，他讲的内容大约是徐志摩才华横溢、浪漫不羁的一生以及写这首诗时候的心境等。越是听徐教授介绍这些，我们越是想深入了解这首歌的内涵，然而徐教授却没有逐字逐句地"践踏"这首诗，他说："每个人读诗歌的感受是不尽相同的，读者都在对诗歌进行着再创造。譬如这首诗，有的人热恋的时候愿意读一读，而有的人失恋的时候也会想到这首诗。这就是诗歌的魅力！"他只用很短的时间把这首诗串讲了一遍，这首诗就算是"学"过了。

后来，因为种种机缘，我多次触碰到这首诗，我的网名也一度叫做"我轻轻地来"，每次触碰这首诗，我都自然会想起徐荣街教授那富有磁性的声音"分析一首好诗，无异于是践踏这首诗……"

几十年过去了，我早已体会到当年徐荣街教授的"不教"恰恰是最好的"教"。他不愿意"践踏"诗歌的原文，主要是怕把一首意境优美的诗弄得支离破碎，从而丧失了原有的美感。他的这种"教法"为我们更好地理解、欣赏这首诗留下了巨大的空间。而他对优秀诗歌敬畏的态度却深深地影响了我们。

是的，一首优美的诗歌就像是一件精美绝伦的艺术品，可以从不同的角度欣赏，但不宜过多触碰，否则，一不留意，精美绝伦的艺术品就会变为一堆碎片。

我的这番感慨，来自于在一些职业学校听课的感受。请看下面两位职业学校语文教师讲授诗歌的课堂实录。

一位教师讲授的是普希金的《假如生活欺骗了你》。

教师用李娜唱的《苦乐年华》的歌词作铺垫，引入了普希金的这首诗。这个过渡很好，很自然。教师没用PPT，直接板书"假如生活欺骗了你——普希金"。教师简要介绍普希金的基本情况。让学生拿出补充教材，叫起一位同学读其中的一段普希金的生平。至此，作者普希金介绍完毕。

听课感受：关于这些作者介绍，一定要教师讲吗？一定要照着补充教材讲吗？一定要在课堂上讲吗？我的看法是，一定不能这样讲！这样讲还是"教教材"而不是"用教材教"；这样讲，还是让学生学会，而不是让学生会学。

教师让学生大声朗读诗歌。学生读完了，教师强调"再读，多读，读一遍不够"。学生按照教师的要求继续读起来。

教师喊学生起来读，第一个同学"读得准确，但诗歌应该更舒缓些"。第二位同学读，教师未再作评价。

再一次齐声朗读。

教师提问：这首诗歌写了什么？请同学们思考，也可以同位讨论。

教师喊同学起来回答自己的"思考结果"。第一位女生没有回答好；第二位学生说了"这首诗写了向往未来"。教师均不满意，接着说了自己的看法，教师的看法当然比较明了、全面。

教师又抛出了第二个问题：这首诗表现了作者怎样的人生态度？

让学生再读，或同位读你听，仔细体会老师提出的问题。

喊同学起来回答。第一位同学在老师的帮助下说了"面对困难，乐观向上"；第二位同学说了"面对困难，勇敢坚强"；第三位同学只说了"面对困难"……

教师总结：这首诗表达了作者乐观、积极的人生态度。

教师再次抛出问题：作品中哪些句子表现了这样的人生态度？

提问两个学生，学生按照自己的理解读了诗歌中的句子。教师未予评论。教师举了苏轼的例子。我很想让教师在这个"点"上做点文章，苏东坡传奇式的经历和乐观向上的生活态度对帮助学生理解这首诗是大有益处的。教师能想到这一点，说明了教师的用心。但可惜的是，教师没有展开。接下来，教师要求学生再读这首诗。这是学生第几遍读这首诗，我已经数不过来了。

教师提出问题：

(1) "假如生活欺骗了你"指的是什么情况？

(2) 怎样理解"而那过去的……怀恋"？

为了理解、回答这两个问题，教师要求学生再读诗歌，细心体会。

听课感受：再好的诗歌就这样反复地读也没有了"味道"。

教师喊一个同学回答，教师对学生的回答不满意。

教师自己回答了第一个问题：在生活中遭遇不幸，身处逆境。并说"同学们在生活中有没有遇到类似的情况？教师反复启发，只有一个学生说了"军训"。

至此，学生的思维始终没有打开，僵住了。

教师说：经过上面的讨论，相信同学们一定会对诗歌有了更深刻的理解，请大家说说收获和体会。

听课感受：学生有收获、有体会吗？教师又是如何"相信"同学们一定会有的？

提问第一个同学：遇到困难，沉着冷静。

提问第二个同学：勇敢地面对困难，对未来抱有美好的希望。

教师说："这首歌给了我们很多收获和体会。按照要求，这首诗要会背诵，请大家再读两遍。"

再读诗歌时，有的学生终于不愿意再读了，开始小声聊天、说话……

教师要求，把书合上，背诵一遍。学生齐声"背诵"，但我注意到，有的学生只张口、没背诵……

教师总结：很好！同学们都能当堂背诵了！

听课感受：教师不检查，就下此定论，我不敢苟同。

所有的问题都是教师抛出来的，当行当止，都是教师说了算，学生没有任何主动权。教师完全成了课堂的主宰者，而学习的主人——学生，完全成了被动的接受者。

另一位教师讲的是徐志摩的《再别康桥》(继续上次课的内容)。教师继续讲授现代诗歌的特点：音乐美、建筑美、绘画美。

这首诗的建筑美，教师讲得比较简单，说这首诗共有几段，在每段每行中，字数差不多。这首诗的绘画美，主要集中在第二、三、四节。教师在讲课过程中，没有离开讲台，眼睛基本没有离开教案讲稿，一边低头看教案，一边提出一个又一个的问题：

为什么把柳写成了金柳？

如果把金柳换成苍松翠柏,还能比喻成新娘吗?

为什么写夕阳而不是写朝阳?

作者为什么选择了柳?

作者为什么说"在我的心头荡漾?"

作者为什么甘心做一条水草?

"软泥"让我们联想到了什么?

为什么把清泉说成是彩虹似的梦?

听课感受:教师提出的一个又一个"为什么"?都希望学生主动回答,但学生已经被问得晕头转向,无人主动回答。对于学生来说,教师提出的问题都显得比较突兀,来不及思考。一个问题没有思考好,下一个问题又接着来了。教师和学生之间,没有思想的交流、情感的交流、目光的交流。教师与学生中间隔着一道无形的墙。

对诗歌的欣赏是没有对错的,每个学生可以有自己的理解。教师可以讲大纲的要求,但让学生发散思维更加重要。这位教师虽然注意到了这一点,也强调"没有对错",也鼓励学生"畅所欲言",但没有营造出"氛围"。问题出在教师以我为主,没有以学生为中心。

《再别康桥》中的一些词语,教师力图让学生从文化、文学的角度予以深刻理解并学会欣赏,这个用意是对的,是好的,但教师缺少方法。比如,教师讲到为什么徐志摩写了"柳"时,也想给学生介绍"柳"的象征意义,但只是点了一下,没有讲透,没有启发学生联想。其实教师不仅可以把"柳"在中国古典文学中的象征意义介绍给学生,还可以把与之相关的"梅"、"兰"、"竹"、"菊"等一并介绍,启发学生的联想,充分调动学生已有的知识。

我设想,是否可以预先布置给学生两道题目,让学生课前做准备:一是"我眼中的徐志摩"?二是我所欣赏的《再别康桥》?有了这两个题目,学生在课后就可以动起来。他们可以上网搜寻,也可以到图书馆查阅资料。到了课堂上,可以展示自己探究的"成果"。探究讨论的过程,就是相互影响、相互提高的过程,也是加深对《再别康桥》理解的过程。

中职学生的现状我是非常清楚的。在应试教育的折磨下,许多学生对传统文化早已丧失了兴趣,对优美诗歌的意蕴早已没有了感觉。再扩大范围来说,当今的成人世界和社会生活除了非常地"讲现实"之外,还有多少诗意呢?没有了诗意的生活,没有了诗意的教育,还能指望我们的学生被诗歌所熏陶、所感染吗?

当教师非常负责任地、热情洋溢地把"艺术品"弄成"碎片"时,我的心在痛。当学生面对"碎片"毫无感觉时，我们能简单地埋怨学生不学习吗？当教师面对丧失学习积极性的学生，按照大纲和课程标准的要求完成教学任务时，我们能简单地责怪教师不会教吗？既不能简单地埋怨学生，又不能简单地责怪教师，我们职业学校的课堂就只能这样继续下去吗？答案显然是否定的。

作为教师，作为教育工作者，我们总得做点什么，我们总得坚守点什么。如果从我们开始就成为"迷惘的一代"，我们还有资格站在讲台上吗？

讲授诗歌，美感第一！这是徐荣街教授的信条。我们不能让徐荣街教授那一辈只剩下远去的背影，他们的精神、追求和坚守，应该由我们来继承，并且在新的时代背景下，努力发扬光大。

写于 2013 年 9 月 12 日，9 月 29 日修改

"生活即教育",离我们有多远?

——听课杂感(32)

"生活即教育、社会即学校、教学做合一"这三个方面是陶行知教育思想的核心。稍微读一点教育理论的教师,对陶行知先生的这几句话无不耳熟能详。但是,知道陶行知怎么说的是一回事,能否深刻理解陶行知的教育思想,并在课堂教学中力求体现出来,就是另一回事了。

综观职业学校的课堂,能够充分利用学生生活这一资源宝库的是少数,远离学生生活,就教材讲教材的仍是非常普遍的现象。

近日,因参加省教育厅组织的教学视导,有机会听了两位老师的课,颇有感触。

一位教师讲的是《旅游心理》课程中的"对旅游者进行鉴貌辨色"。这一堂课,教师先后讲了"观察旅游者的体貌特征"、"观察旅游者的言行举止"等内容。由于有"专家"听课,显然教师和学生都做了充分准备。

教师先让两位同学展示自己准备的课件,并各自介绍一个主题。一个女生展示的课件主题是"英国的服装",另一个女生展示的课件主题是"黎族的生活习俗"。

应该说,让学生结合教学内容收集材料,准备课件,介绍一个主题的做法是值得充分肯定的。但在这个环节,我有几点感受:一是两个学生的介绍都显得比较"平",语速快,声调平,没有手势动作,没有情感色彩,没有语调变化。这个现象倒是可以理解,一个中职生如果不经过训练,当众讲话自然不会那么流畅和精彩。但问题是,作为教师应该如何提醒、指点、引导?没有,教师既没有流露什么表情,也没有加以点评,更没有让学生之间开展讨论。两名学生讲完了,这个环节也就结束了。二是除了这两个学生做了准备外,其他的学生有没有准备呢?估计是没有,即使有,教师也安排好了"其他的无需上台"。三是这个环节在这堂课中起到的作用是什么?教师没有讲,听课人也没弄明白。我的看法是,与其如此,这样的环节不如没有。

接下来,教师打开课件,开始讲授:观察旅游者的体型、轮廓、肤色、发色、发型、身体语言、面部表情、眼神、语言特点、生活习惯，等等。所有的问题，所有的答案，教师已经全部预设好了。因此，在授课过程中，尽管教师多次提问学生，学生回答问题都是单向的，即只对教师提出的问题作回答，师生之间、同学之间没有争辩、没有讨论。说白了，教师提问学生，是为了让学生朝着自己预设的目标靠拢。在这种情况下，教师对学生的回答就只剩下了"Yes"和"No"的判断，没有了体会、欣赏、评价学生观点的兴趣。也正因为此，个别学生较为生动但不符合预设答案的回答，一律被忽略了。教师的注意力放在了课件的翻页上，放在了引出正确的预设答案上，学生自然也就没有了探究、争辩的热情。

这是一所坐落在南京的职校，这是一个中高职分段培养的班级，这些学生学的是旅游服务与管理专业，更为重要的是，其中不少学生前不久刚刚参加了南京青奥会的志愿者服务工作。可以想见，在南京青奥会期间，这些学生和众多的"老外"有过广泛而近距离的接触。这是多么好的教学资源啊！如果教师能把这堂课的内容和学生参加青奥会服务的经历结合起来，该是多么生动活泼的一堂课啊！

这一节课，显然没有体现"生活即教育"的思想。相反，这节课教师置学生鲜活的生活于不顾，无比忠实地把教材上的内容向学生"复述"一遍(我翻看了学生手中的教材，其内容和教师课件上的内容是一致的)，这就难怪课堂气氛比较沉闷了。

我不赞同这位教师把一切内容都预设好了，并不等于我反对预设。备课本身就是一种预设，关键看如何预设、预设什么、预设时要考虑哪些因素？福建师范大学的余文森教授有如下精彩的论述："没有预设就没有教学，我们反对的是以教师为本位的过度的预设，我们需要的是以学生为重心的精心的预设。这种预设要遵循学生的认知规律，体会学生的学习特点，反映学生从旧知到新知、从已知到未知、从生活到科学、从经验到理论的有意义的学习过程。为此，教师在预设时要认真考虑以下这些问题：① 学生是否已经具备了学习新知识所必需的知识和技能；② 通过预习，学生是否已经了解了课文中的有关内容，有多少人了解？了解了多少？达到什么程度？③ 哪些知识是重点、难点，需要教师在课堂上点拨和引导？④ 哪些内容会引发学生的兴趣和思维，成为课堂的兴奋点？唯有如此，才能使预设具有针对性、开放性，从而使教师的教有效地促进学生的学！"[1]

客观地说，这位教师的备课是认真的，是充分的，也是花了很多时间才做出这个图文并茂的课件的。但课堂教学就是这样，"出力"未必"讨好"，要想让课堂活起来，让学生动起来，教师仅仅"出力"是远远不够的，更为重要的恐怕要依赖于教师的教学方法、教学理念和教育智慧。说得苛刻一点，如果方法不对、理念不对、方向不对，教师出力越多，教学效果就越糟糕。

课堂教学容量如此之小，方法如此之单一，学生如此被动，这样下去，学生在课堂上能获得什么呢？我们经常说，教师在课堂上仅仅传授知识是不够的，这堂课恐怕连传授知识都没有完全做到位。更何况这些学生不久是要升入高职院校的，一旦进入高校，这样的学习方式能适应吗？

写作此文的目的不是为了批评这位教师，据我所知，这样的课堂生态是中职学校的常态。也就是说，相当一部分职校教师平时就是这样上课的。我想探究的是：是什么原因导致了教师辛苦备课、认真地准备课件、不厌其烦地把教材上的内容搬到课件上再讲给学生听？是什么原因导致了教师不愿意了解学生的生活经验和生活状态？是什么原因导致了中职学生对这样的教学"非常适应"？原本应该是活泼可爱、想象力丰富、思维多元的学生，为什么在课堂上封闭了自己，让自己的思维处在"短路"状态？学校对教师的评价指标中，究竟突出了哪些方面？能否调动学生的积极思维，不应该成为评价课堂教学评价的重点吗？

第二位教师讲的是语文课中的《劝学》(荀子)。这位教师的课有些新意，或者说有些创意。上课开始，教师首先组织学生复习巩固这篇课文的基础知识。她采取的方式也是提问，所不同的是，她只提问第一个学生，然后，由回答问题的学生点名让另外一个学生回答下一道题目。教师强调，采用这种方法，老师和你们一样，不知道要回答下一个问题的是哪位同学。

应该说，这样的提问方式是比较新颖的。但据我观察，课堂上并没有出现老师和学生都"意想不到"的结果。一个学生回答完问题，点另一个学生的名，然后类推下去，其过程非常顺畅。正是因为"非常顺畅"，我才觉得有问题。我想有这样几种可能：一种可能是，所有提问都是师生彩排好的；另一种可能是，教师的确不知道学生之间会怎样提名，但学生之间早已打过招呼了；第三种可能就是教师提出的问题过于简单，对任何一个学生都没有构成挑战，因此无论提到谁，都不会感到紧张和突然。事实的真相无论是哪一种可能，教师都应该从中反思。

教师在课堂上的提问是一门学问，值得深入研究。国外有科研课题就是专门研究如何提问的。曾经看过一个报道，国外的一位教师在我国某学校讲课，她采用的提问方式是"抽签"，类似于我们日常所说的"抓阄"，抽到谁，谁就起来回答问题。这种提问方式才真正做到了"老师和学生都不知道结果"。这位教师做过专门研究，她说，这种提问方式可以让全班学生回答问题的几率提高不少的百分点(具体数字我忘记了)。

复习完基础知识后，教师开始带领学生分析课文的结构和主旨。教师先后提出了"为什么学"、"怎样学"、"作者用了哪些比喻，寓意是什么？"等问题，目的是为了帮助学生更好地理解课文。辅之以不断地让学生齐声读课文。教师的教学进程安排中规中矩，多少年前就是这样教学的。在讲课的中间，教师抛出了一个问题：今天我们学这篇课文有什么意义？这个问题令我眼前一亮，这是个好问题，也是个真问题。如果教师和学生共同就这个问题进行探讨，"生活即教育"就在其中了。这样的讨论也许没有标准答案，甚至会出现多元分歧的意见，但却是非常有意义的。非常遗憾的是，教师提出了问题，并没有深入下去，而是三言两语地一带而过。

这位教师在帮助学生理解文言文的语法、句法方面下了一番工夫，做到了耐心细致，不急不躁；而且教师也做到了驾驭课堂、掌控课堂，表现出了良好的教学基本功。从教学常规看，似乎没有什么可挑剔的。但在课后与教师的交流中，我依然提出了语文课要有"语文味儿"的建议。《劝学》作为经典的文言文，其"微言大义"、"朗朗上口"、"生动的比喻"、"极富节奏感"，是教师应该传递给学生的信息。我坚持认为，让学生学会欣赏古文，喜欢古文，比让学生掌握"宾语前置"等"技术"问题更为重要。学生欣赏古文、喜欢古文了，自会揣摩其中的奥妙。当然，让中职生欣赏古文、喜欢古文，说"易"行"难"。包括这位教师在内的许多语文教师，不是没有这个想法和愿望，但面对学生的"无动于衷"，往往感到束手无策，只好退守到完成"规定动作"。尽管如此，我们也要朝着这个方向努力，绝不能轻言放弃。

2014 年 12 月 11 日夜

参 考 文 献

[1] 余文森. 有效教学十讲. 上海：华东师范大学出版社，2009.

第四篇

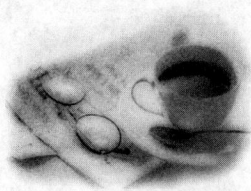

课堂之外话教学

把学生是否快乐当回事，学校才像那么回事！

由于工作的原因，我经常到一些职业学校参观、交流。每当提到学生的时候，我听到看到的都是一些没有"温度"的数字，诸如技能大赛获得几金几银、文明风采大赛获得多少一等奖、双证率达到百分之百、从业资格一次性通过率达到99%、就业率达到95%以上等等。

这些数据说明了什么？说明学生成功了吗？说明学校教学质量提高了吗？说明学校办学水平提升了吗？我想，单凭这些数据恐怕还不能充分说明上述问题。退一万步说，即使能说明上述问题，我们似乎遗漏了一个更为重要的问题：我们的学生快乐吗？

当前，每一所职业学校的领导似乎都很忙碌。所忙之事都是关乎学校建设与发展的重大问题，诸如学校征地、新校区建设、技能大赛、国家示范校建设等。仔细考量，这些重大问题与学生是否快乐都没有直接的联系。我不禁要反问一句：学生是否快乐，不是一所学校的重大问题吗？

我们的工作对象是学生，我们的服务对象是学生，我们的生命时光是与学生紧紧联系在一起的，学生是否快乐牵动着我们的神经，这不是一件自然而然的事情吗？我们不把学生是否快乐当回事，学生会把学校当回事吗？

我们不把学生是否快乐当回事也就罢了，学生似乎也没有这个奢望。然而让学生怨声载道的是，学校不仅不在乎他们是否快乐，而且还在"制造"着他们的"不快乐"，比如，这么多的机房下午课后一概不能使用；现代化的运动场不让学生进怕踩坏了草皮；校园越建越大越来越漂亮，但学生可以坐坐的地方却越来越少；学校食堂饭菜做得好坏都得吃，不许叫外卖；学校商店价格高低都得在此消费，不准外出；晚自习后男女生刚刚凑在一起就有雪亮的手电筒照射过来喝令"回宿舍"；就近的办公区卫生间门上有锁而且有醒目的告示"学生不得使用"；想在就近的电茶炉打开水得防止被逮着，因为同样有告示"学生不得在此打水"；在学校的图书馆待上一会就得走人因为"管理人员要下班了"；学校的道路、花园、广场等不是为了方便学生而是为了美观……我所列举的这些现象绝非夸大其词，在很多职业学校里都能找到注脚。

　　这样的学校还有教育的味道吗？没有了教育的味道，学校再美、荣誉再多，还能算得上真正的学校吗？

　　我关注这类问题的程度近乎偏执了。因此在参观一些学校时，我对那些大同小异的硬件设施并没有多少感觉，而对学生的精神状态却非常留意。在我眼里，学生一个灿烂的微笑，胜过几百台电脑。

　　让我感到庆幸的是，"德不孤，必有邻"。在众多的学校中，我还是发现了一些把学生是否快乐当回事的学校。

　　一所学校是徐州钟吾卫校。这所学校在徐州的新沂，规模不大，校园小巧。和该校的负责人、常务副校长任建玲接触了多次，相处了几年，每次见面总是要畅谈很长时间。我从任校长的口中听到频率最高的一个词就是"幸福"。"我要让我们的学生来到钟吾卫校享有幸福感"、"学校目前抓的几项中心工作目标都指向一个：让学生感到幸福。"、"学生只有学会了如何做人、如何做个对社会对家庭对自己有责任心的人，才有可能获得真正的幸福。知识和技能可以帮助学生就业，但不是幸福的源泉。"任校长是这样说的，学校也是这样做的。虽然没有大见成效，但学校一天天地在为实现"让学生幸福"这个愿景而不懈地努力着。

　　另一所学校是北京育英学校。这所当年毛泽东为之题写"好好学习"的名校，"因为一场深入人心的教育改革，让人们的目光再次聚焦到这里。"(2013年 11 月 6 日《中国教育报》，下同)这场教育改革的目标真够别致的，他们不是要"做大做强"，也不是"创全国一流"，而是"办一所学生放学后不想回家的学校"。思路决定出路，目标决定方向。如何才能让学生放学后不想回家呢？从这个视角看校园，多年来司空见惯、无可非议的一些现象似乎都不顺眼、不对劲了。于会祥校长发出了动员令："学校应该是学生的！我们没有理由不把校园还给学生！"于是，校园里的冬青树围全部移走，变成了学生活动的空间；作为 12 年一贯制的学校，小学、中学一直是各走各的门，相互不能过界，现在的校园打破了这个界限，小学、中学融合成了一个和睦的大家庭；"小学部广场上设计了专门供小学生玩耍攀爬的人造小山；图书馆前的松树树围，被设计成上下两层的木质写字台兼靠椅；校园里的石头连廊全部换成了木质的，让学生在冬天坐上去不再冰冷；学校世纪之林里，用整块石头雕刻成精美的棋桌、白石沙代替了原来丛生的杂草，学生可以自由出入其间，快乐嬉戏；小花园内的环岛改建成了森林音乐广场，圆形的平台、梯田式的座椅，使这里成为学生展示才艺的舞台；围绕山楂树 1 米多高的围墙被改造成 50 公分高的座椅，学生可以坐在山楂树下谈古论今……"，"思明楼是育英学校的主楼，其正门两侧

"师"一级的证书足以证明一个教师具备了两种素质和两种能力。但为什么现状不是如此呢？结论只有一个：现有的职业资格证书制度并不能有效地解决教师的"职业能力"问题。

诚然，如果我们因此全盘否定现有的"证书"制度，认为所有考证都没有意义，所有"发证机构"都不负责任，这也是有失公允的。因为无论何种职业资格证书的落脚点都是"资格"而非"资历"，甚至也不能等同于"能力"。譬如考驾照，就颇能说明这一问题。驾校按照规定的要求和程序对学员进行培训，经过考核合格，发给驾驶执照。这意味着持照者有"资格"驾驶机动车辆了。但有"资格"并不代表有"能力"，更不代表有"资历"。有的人考取驾照多年仍不能开车上路就是最好的例证。即使成绩优秀，反应敏捷，俗话说"上手快"的人，从获取驾照到成为一名合格(且不说老练)的驾车人，至少也需要几千公里行程的锻炼(有人把 5000 公里作为"新手"和"熟练"的分界线，笔者认为不无道理)。

(二) 教师追求"双证"而忽视"双能"

"楚王好细腰，宫中多饿死"。既然学校把"双证"等同于"双师"，教师自然就把追求"双证"作为自己的奋斗目标。一旦考取了"双证"也就万事大吉了。如前所述，"双证"不等于"双能"，教师忽略"另一种能力"的提升，其直接的后果是，既耗费了很多宝贵的时间去"考证"，课堂教学效果又并没有相应的改进。这种劳"师"伤财的做法实在应该休矣。

(三) 即使是"双证"，也没有做到名副其实

当前的"证书制度"存在着严重的不均衡现象，有的"证书"相当难考，有的则相对容易。既然有了"双证"就可以认定为"双师"，那么，在可能的情况下，教师当然避"难"就"易"。比如，会计专业教师本应去考"会计师"、"注册会计师"等证书，但有许多会计专业的教师都是考取了"审计师"、"经济师"一类的证书。

(四) "证"出多门，导致部分专业教师无所适从

目前，我国的"证书制度"尚不完善，有政府部门主管的证书，有行业主管的证书，还有的专业没有相对应的证书，导致有的专业教师无所适从，有的专业教师无"证"可考。

二、职业学校需要什么样的"双师型"教师？

既然现存的"证书"制度并不能有效地解决教师的"双师"问题，我们就有必要重新审视"双师"的认定标准、要求比例、培养过程、培养机制、成长路径等基本问题了。

在重新审视上述问题之前，笔者认为有必要先对那些在实际教学工作中真正发挥了"双师"作用的教师进行一番考察。

在职业学校中，真正发挥了"双师"作用的教师可以分为两类，一类是先有专业技术工作经历，然后进入职业学校任教，经过一定时间的教学实践，完全胜任了教学工作后，其"双师"作用才逐步显现出来。另一类是先有教学工作经历，并晋升为中级以上教师职称，而后到企业相关职业技术岗位实践锻炼，当这位教师完全胜任了这一岗位工作后再回到学校任教，就能较好地发挥"双师"的作用。

如果把这两类情况放在一起加以综合分析、归纳概括，我们就可以发现其共同点：

第一，"双师"不是"双证"，而是要具备教学和相对应的职业岗位两种能力；

第二，无论是先从事职业技术岗位工作再从教，还是先从教再从事职业技术岗位工作，都要先成为这一个领域的"行家"，然后再成为那一个领域的"里手"。在自己原有的岗位上都不是"行家"，也就很难成为另一个岗位的"里手"；

第三，无论教师通过何种途径成为真正的"双师"，不但需要"实践"，更需要"时间"，这是客观规律，是不以人的意志为转移的。

因此，职业学校需要的"双师型"教师是具有两种证书，两种能力，两种素养的教师，这样的教师不仅有"两手"且"两手"都要硬。也只有这样的教师，才是真正的"双师型"教师，才是职业学校所急需的。

三、关于"双师型"教师队伍建设的两点思辨

(一) 是不是每个专业教师都能成为"双师"？

笔者对这个问题的回答是：由于人的"智能"不同，并不是每一个教师都能成为真正的"双师"的。恕我直言，有的教师并没有做好某一职业技术岗位的"天分"和"潜质"，譬如，有的教师讲会计基础理论是一把好手，但却未必能做好会计岗位工作，有的教师讲电子商务概论头头是道，但做"淘宝"未必就比学生做得好。反过来更是如此，一些企业的行家里手、技术骨干甚至是技术精英，到学校任教，则大多不能胜任。这是因为教学工作不但是一种技能，更是一门艺术。教师职业本身同医生、律师一样，也是一种专业工作者，不经过专门的训练和实践是很难独立"执业"的。譬如有的财务科长甚至是财务总

监登上职业学校讲台后，尽管"满腹专业"，学生却不知所云、昏昏欲睡。笔者看到过加拿大职业学校的教师培训计划，其中，对企业引进的教师通常要花两年甚至更长的时间帮助这些人胜任教学工作。

（二）是不是每一位专业教师都需要成为"双师型"教师？

笔者认为，这是一个值得探究的问题。京剧中有"生旦净末丑"五大行当，观众各有偏好。五大行当相互配合，才能成就一出好戏。职业学校培养专门人才是否也需要几大"行当"相互配合呢？既能"动口"又能"动手"的专业教师固然深受学生欢迎，但有的教师擅长讲基础理论有何不可？有的教师口头表达能力有所欠缺，但动手能力很强，不是同样为学生所拥戴吗？还有的教师只能为学生实习实验提供服务和指导，同样也是教学工作不可或缺的。要求每一位专业教师都成为"双师型"教师，现实吗？可能吗？有这个必要吗？

四、职业学校培养"双师型"教师的基本途径

在对上述问题进行分析后，职业学校培养"双师型"教师的路径也就浮出了水面。

（一）要慢慢培养，不要急于"打造"

首先，笔者想对司空见惯的一种说法提出质疑，即"打造双师型教师队伍"。笔者以为，无论是优秀教师，还是"双师型"教师，他们都不是我们"打造"出来的。在一所学校的教师群体中，一些教师原本就具有"双师"的潜能，甚至原来就有"双师"的基础，我们要做的工作不是从外部把"双师"的要求装进他们的脑袋，更不应是一刀切地强行要求教师成为"双师"，而是要对教师队伍的专业发展进行统筹合理的规划，在教师专业发展过程中，注意发现有"双师"潜质的教师并予以重点培养。

重点培养不等于提要求、下任务，甚至也不等于安排进修、培训等，而是应该顺应每一位有潜质教师的专业发展愿望和需求，为需要进修的提供机会，为需要提高教学水平的提供帮助和指导，为需要下企业锻炼的提供政策支持，为需要从事科研的提供经费和条件。教育是慢的艺术，教师培养也不例外，上述所有举措都需要一定的时间。国内外关于教师专业发展的阶段和周期早已有研究成果，无须笔者赘言。

（二）要"双轨并行"，不要"独木桥"

如前所述，"双师型"教师来自于学校培养和企业引进两个渠道。尽管这

两个渠道都存在这样或那样的问题，但在当前情况下，培养"双师型"教师的主渠道无疑是"学校培养"，即如何在现有的专业教师中培养"双师型"教师。因为"企业引进"渠道的成本较高，成功率较低，政策层面障碍较多。

　　笔者所言的"双轨并行"是指，我们不能因为"企业引进"难度大、障碍多，就忽略、放弃了这一渠道，只走"学校培养"的"独木桥"。从发达国家职业教育的发展趋势看，承担职业学校专业教学任务的主力军不是"在编教师"，而恰恰是"企业引进"的专业教师队伍。笔者去年曾到加拿大考察职业教育，加国的每一所社区学院(加国没有中职，社区学院相当于我国的高职高专)的兼职教师(即企业的专业技术人员)数量都超过了"在编教师"。即使在"在编教师"中，也有相当一部分是从企业引进的。随着我国人事制度的不断深化和职业教育改革的不断深入，加拿大社区学院的今天或许就是我国中高等职业教育的明天。因此，坚持"双轨并行"是职业院校加强师资队伍建设的战略性选择。

　　(三) 要用机制促进，不要用规定推进

　　职业教育发展到今天，我们需要对"双师型"教师比例不断攀升但课堂教学依然如故的局面进行深刻的反思。以笔者所见，教育行政部门和职业学校的"急于求成"是导致这一现状的根本原因。简单的发文件、出台规定，并不能解决"双师型"教师队伍建设的问题。我们需要做的是建立良好的机制，促进、激励专业教师自觉地向"双师型"教师方向发展。

　　比如，教育部明确规定，专业教师下企业实践每两年不得少于两个月。但在操作层面，学校因为师资紧张只能把教师下企业实践安排在寒暑假。很显然，教师是不愿意放弃寒暑假的休息把全部时间用于下企业实践的。加之寒暑假期间教师还要参加各种培训，从时间上也无法得到保证。因此，比较理想的是拿出专门的时间，安排教师脱产到企业实践或者挂职锻炼。有关省份也出台了相关的规定，甚至在国培、省培计划中也增加了青年教师下企业实践的项目。但据笔者考察，这个培训项目落实情况很不理想，甚至出现了教师、学校、企业三方都不满意的情况。教师不满意是因为离开教学岗位一学期，意味着在不能照顾家庭的同时，还面临着收入(课时酬金以及有关奖金)减少的窘境；学校不满意是因为教师紧缺，教学任务安排不开；企业不满意是因为下企业的教师没有积极性，不能真正做到顶岗和挂职。很显然，三方不满意的现状与缺乏相应的政策支持和机制促进有着密切关系。比如，如果政策规定，到企业实践的教师所有待遇不变，并给予必要的补贴，教师没有了后顾之忧，自然会全身心地投入到顶岗或挂职中去。教师有了积极性和工作热情，企业自然欢迎。至于学校层面的意见，只要有了明文规定，也就必须执行了。以上仅仅是举例说明，可以考虑的机制建设内容还有许多，比如，把在一定的时间段里教师下企业不少于一学期列入教师职称评审的硬条件等。

一些发达国家还对职业学校的专业教师做出硬性规定：必须具有五年以上的实际工作经验，且具有三年以上教龄的教师才能晋升教师职称。诸如此类的一些政策都值得我们借鉴。

（四）要通过课程改革拉动，不用通过指标考核驱动

"双师型"教师不是获取待遇的一种资格，更不是一个荣誉称号。现在许多学校出台规定，成为"双师型"教师的给予奖励或考评加分，这是有失偏颇的。从深层次来看，"双师型"教师应该是一种回归，即回归职业教育的本质。职业教育的本质是理实一体，学做合一，在一些专业课程中，教师理所当然地应该具备两种能力、两种素养。

当前，众多不具备两种能力、两种素养的教师之所以充斥职业学校的课堂，其问题的实质是职业学校的课程改革不到位。职业学校的课堂不能做到学做合一，"南郭先生"就可以高枕无忧地继续"充"下去。不仅如此，长此以往，恐怕连真正的"双师型"教师也会慢慢变成"南郭先生"的。

因此，"双师型"教师队伍建设迫切需要深化课程改革。如果仅仅通过"评估指标"来驱动，只能造成职业学校弄虚作假、"逼良为娼"的严重后果。

2012 年 10 月 24 日

把学生培养成他自己，这很重要！

没有一个企业是不重视产品销售情况的，也没有一个企业是不重视用户反映的。当产品销路不佳甚至遭到退货、"召回"时，对一个企业来说无异于是一场灾难。然而职业学校却是个例外——如果可以把职业学校比作"企业"，把"学生"比作"产品"的话。

现在的职业学校似乎只负责"来料加工"，至于加工质量如何、产品是否受到欢迎，职业学校很少关心。原因十分简单，从"产品"出厂(毕业生领取毕业证书)的那一刻起，就与"企业"(职业学校)没有任何关系了。在不担心退货、曝光、"召回"的前提下，还有谁会在乎产品质量的高低呢？

我这样说，我们的各级教育行政部门以及职业学校可能会感到委屈，因为在职业教育领域似乎从来没有放弃过对教育教学质量的强调和追求，这是不可否认的事实。但另一个不争的事实是，教育教学质量一旦落实到操作层面就变成可有可无的事情了。

其实，要解决这个问题并不难。我设想，只要委托一个第三方的调查咨询机构，定期对职业学校的毕业生进行一次全面的调查，看看他们都在做什么，想什么，对母校的建议是什么？然后将调查结果向全社会公布，我相信，职业学校一定会高度重视教育教学质量的。

由这个问题我想到了另外一个问题：在没有外部监督、检查、曝光的情况下，我们的职业教育就可以只管加工、不问质量了吗？如果是这样，以育人为目的的职业学校，同以营利为目的的企业，其区别何在呢？教育的高尚性、崇高性、理想性又体现在何处呢？

注重人的发展，是教育的应有之义，职业教育当然不能例外。但是长期以来，我们为什么没有做到呢？从根源上说，是不是我们已经偏离了教育的本质和方向了呢？

仔细梳理一下便可以发现，偏离教育本质和方向的现象还真不少。其中，对个体生命的尊重不够就是一个比较突出的问题。

我以为，对个体生命价值的尊重，对个体生命尊严的维护，或者简单到对每一个学生个体的尊重，是一切教育教学工作的核心。宏观方面如素质教育、素质培养、道德教育、文明教育、品质教育，具体方面如养成教育、不说脏话、拒绝毒品、告别暴力等，九九归一，都应该归结为对每个人生命价值的尊重，对每个人生命尊严的维护。如果丢失了这个核心，我们的德育工作就无所依附。

为什么我们做了这么多的德育工作而效果极不理想？追根溯源，我觉得与我们传统文化轻个人、重集体，轻个性、重统一，轻自由、重规矩有关。

个体的不被重视、不被尊重，已经渗透到教育教学领域的方方面面。如果我们的教育是一架机器，那么我们加工出来的产品就是整齐划一的、缺乏个性色彩的。比如，我们非常关注学生的安全，但不怎么关注学生是否快乐；我们非常关注学生是否守纪律，但不怎么关注学生的个性发展；我们非常关心学生的成绩和技能掌握，但不怎么关注学生的兴趣、爱好和天分。

学生是否快乐，这很重要。

学校教育是否照顾到学生的个性差异，这很重要。

育人环境是否给学生的兴趣、爱好和天分发展提供条件，这很重要。

上述这三个"很重要"集中到一点就是：教育要为学生成为最好的自己做出最大限度的努力。

华中科技大的一位研究生，毕业后曾在一家 IT 公司工作。几年以后，她把工作辞掉了，和朋友做伴到尼泊尔的贫穷乡村教书。她对教育的认识是：教育就是要使学生成为他自己。她的这句话，连著名的"根叔"(华中科技大校长李培根)都大为震动。反观我们的教育，很多时候是花大力气在做一件事，让全体学生按照一个模式培养出来，成为素质一样、知识结构一致的人。

北京大学的资深研究员饶毅也曾经说过类似的话。他说："我在中国读大学后，突然意识到我跟大家一模一样。我心里有点害怕。因而我大学毕业以后的历程，就是在努力把我自己变得跟别人不一样，可能有些人会认为我现在太不一样了。但国家、社会、学校鼓励学生个性化发展，才有各种人为社会做不同的工作。每一位青少年都能积极地找到自己愿意做的事情，每个人都能拥有一个阳光的人生，在现在的社会环境下，这是不容易的。"(2013 年 4 月 16 日《中国教育报》，饶毅：从美国梦到中国梦。)

李开复写过一本书，书名就是《做最好的自己》。

那位研究生说的"教育就是要使学生成为他自己"、饶毅说的"努力把我自己变得跟别人不一样"以及李开复的"做最好的自己"有异曲同工之妙。

其实不只是学生，不只是青年人，任何一个人只有做自己才会真正感到幸福。甚至可以极端地说，只有做自己，才算是真正的活着、真正的生活。

然而"做自己"谈何容易！在很多情况下，一个人面对种种诱惑，面对现实困扰，"做自己"反而成了一件奢侈的事情。太多的"浮云"总是试图让人们"遮望眼"，又有几人能拨开"浮云"看清眼前的世界呢？又有几人能"身在最高处"而"不畏浮云"呢？如果我们的教师都不能干干净净、利利索索、痛痛快快地"做自己"的时候，我们还能奢望学校培养出"做自己"的学生吗？这是教育的悲哀，也是民族的隐患，我们必须正视这个问题，必须解决这个问题，因为这是任何一个有良知的知识分子义不容辞的责任和光荣的使命。

把学生培养成他自己，这很重要！

2013 年 11 月 6 日夜

透视:"例行公事"消解"课程改革"

　　我曾经撰文对学生为什么不记笔记的问题作了分析。最近,我对这个问题有了新的发现:绝大部分教师就教材讲教材,没有扩充,没有点拨,没有自己的思考,更没有带有鲜明个性的独到观点,翻来覆去都是教材上的内容。在这样的课堂上,学生还有记笔记的必要吗?即使有学生想记笔记,也无内容可记,因为许多教师常说的一句话就是:把这个定义划下来。学生上课,一本教材一支笔就足可以应付了。

　　这个现象如果再深入探究下去,其实学生带不带教材也是无所谓的。据我观察,职业学校教师上课,鲜有补充课外知识的(偶有补充,也不是考试内容),基本的套路都是把教材上的内容搬到 PPT 上,然后教师煞有介事地归纳出结论(所谓的结论无非是教材上的定义、分类、要点等)。也就是说,如果学生缺了几节课,只要有时间看看教材,理解教材,做做教材上的练习,是一点也会不耽误功课的。

　　遥想我们当年,看看现在的学生,真觉得他们的学习生活太轻松了。

　　太轻松的学习生活,给学生带来了什么?带来了愉快吗?带来了对知识的渴求吗?带来了成功的体验吗?带来了克服障碍后的喜悦吗?这些本来都可以有,但现在真的都没有。太轻松的课堂给学生带来的是无聊、无趣。一时的轻松,是以失去学习的动力为代价的。而一旦失去了学习的动力,学生就会变得懒散、呆滞、麻木、庸俗。

　　轻松的课堂,使得学生对学习、课程、教师失去了期待。每天到教室,成了"例行公事"。许多教师的"例行公事",和学生的"例行公事","完美"地实现了对接。

　　面对这样的职业学校课堂现状,一切课改理念、课改要求,都被师生双方的"例行公事"给消解了。消解不是对抗,不是抵制,而是一种杀伤力很强的武器,一切外来的干预一旦遇到"消解"这个强大的武器,无不败下阵来。不是要求师生互动吗?师生果然就教材上那点内容"例行公事"地"互动"起来;不是要求教师运用现代化的教学手段吗?于是教师们连讲稿也不用准备了,一个 U 盘在手,就可以对付一学期的教学;不是要求建设教学资源吗?教师就"例行公事"地把一些提问和解答由课堂上转移到了网络上,冠之以"在线问答";不是要求学做合一吗?教师就把学生带到了实训现场,照例先讲解一番,然后学生动手操作,教师在一旁逐个指导······ 总之,无论什么教学模式和教学改革,"例行公事"这个"超级武器"都可以处变不惊,应付自如。

是什么原因导致了职业学校师生的"例行公事"?显然我们不能简单地归因于教师的不负责任和学生的不思进取,因为这样简单的归因都不是真正的回答问题,这些问题还都可以继续追问下去,继续追问的结果只能是同义反复,得不到我们想要的确切答案。作为从教三十多年的职教工作者,我自认为有义务、有责任去破解这一难题。即使凭一己之力无力破解,我的思考和探索也可以为更多的有识之士提供参考和借鉴。为此,我做过种种努力和尝试。我尝试过从学生的角度解决问题,劝告他们反思自己,激发起学习动力;我也尝试过从教师的角度解决问题,鼓励教师全身心投入工作,走进学生心灵,激励学生成长。应该说,这两种尝试都有一些"即时"的效果,教师和学生都反映,我的讲座、报告、文章、著作对他们有启发、有触动、有帮助,给了他们正能量。但我所能给予他们的正能量正像一些质量不高的电池一样,用不多久就没电了。如何激发学生的学习动力?如何激发教师教书育人的热情?这两个问题仍然像一道深不可测的鸿沟出现在我们面前,尽管能看到彼岸的坦途,但眼前的鸿沟却无法逾越。

经过深刻反思,我以为,自己在方向上、着力点上出了问题。无论是激发学生学习动力,还是激发教师的工作热情,实质上在我张口讲话、讲课动笔写文章之前,在我的内心深处预先就有了一个框架或蓝图。在这个框架或蓝图中,我早已预设好了职业学校师生应该呈现出来的某种状态,比如,学生求知若渴,积极地学知识、学理论、学技能、学做人、学做事,教师诲人不倦,热情地教书育人、钻研业务、关爱学生、引领学生成长等。这样的框架或蓝图不能说是错误的,但对于当下的职业学校来说却是不现实的。就我国目前的教育体制而言,如果学生是求知若渴的,他们也就不会到职业学校来了;如果学生不是求知若渴的,教师的钻研业务、诲人不倦又有多少价值和意义呢?按照皮亚杰的观点,教师的知识水平(指教师达到一定学识水平后)对教学效果并无直接的影响。基础教育尚且如此,更何况是职业教育呢?

我所说的"在方向上、着力点上出了问题"并不单指我自己。在职业教育中,处在"教育者"的一方都存在这一问题。换言之,职业学校师生的"例行公事",问题出在教育者(主要是指教育领域的顶层、管理层,当然也包括教师)

一方。依个人浅见，教育者一方存在的问题主要有以下三个方面：

问题一，我们总是认为，学生的天职是学习。不爱学习的自然就不是好学生。但我们在职校生需要学习什么以及他们适应怎样学习等方面出现了问题。

"学习是学生的天职"这句话本身并没有错，错就错在我们赋予学习这一词语的涵义过于程式化、过于窄化了。所谓"程式化"和"窄化"是指，既然学生的天职是学习，我们当然要为学生设置课程，编写教材，配备教师。被赋予"天职"的学生也就没有理由不学好课程，不掌握教材，不尊重教师。这里，我要质疑的是：我们设置的课程是学生所需要的吗？是符合职校生认知特点的吗？我们编写的教材学生感兴趣吗？一言以蔽之，我们在开设课程、编写教材、实施教学的过程中，有没有从职业学校学生实际出发呢？他们能够学些什么、需要学些什么、愿意学些什么，这些因素不应该是职业学校一切工作的出发点和着眼点吗？

我坚持认为，职业学校学生是需要学习的，是能够学习的，也是愿意学习的。但这里的"学习"是从学生的角度来讨论的，因为无论是学习还是成长，都首先是"学生自己的事情"。只有满足了学生的"需要"、"能够"、"愿意"这些条件，这样的"学习"才能真正成为学生的"天职"。我相信，从这个视角看问题，学习领域和教育教学领域的许多问题都会变得不同。正是这些"不同"，将会引发职业教育来一场深刻的变革。担负起变革的使命，正是所有职业教育工作者义不容辞的责任。

问题二，我们总是希望学生成才，但学生是个什么"才"，与我们主观地想把他们培养为什么"才"，二者之间常常是不相吻合的。

才，即人才。人才是指"具有一定的专业知识或专门技能，进行创造性劳动并对社会作出贡献的人，是人力资源中能力和素质较高的劳动者。"不仅人才的定义如此，我国在人才统计的口径上，也是以中专为起点的。从这个意义上说，我们把培养目标确定为高素质技能型人才是毫无问题的。

问题出在我们的学生进入职业学校，走上这条"成才"之路并非他们的主动选择。我们整个义务教育阶段都没有进行过"技能型人才"的教育，我们整个社会也没有形成对劳动的尊重，对技能型人才的尊重这样的健康环境。不仅如此，凡是跟不上"应试教育"大军的，都被定义为"不争气"的学生(虽然不是官方定义，但社会现实如此，家庭教育如此)。由"不成器"到读职校也可以"成才"，我们的学生显然缺乏这个思想基础。

我不理解的是，我们为什么要把中专毕业生作为人才统计的起点？我的观点是，凡凭借自己的劳动(每一种劳动都需要技能技术)对社会作出贡献的人都是人才。可以支撑我这一观点的事例比比皆是，比如，月嫂不是人才吗？保姆不是人才吗？建筑工地上的瓦工、钢筋工、管道工、安装工不是人才吗？营业员不是人才吗？服务员不是人才吗？假设同样是这些人，同样都能胜任甚至出色地做好本职工作，如果有中专及以上文凭就是人才，如果没有就不是人才，这符合逻辑吗？

学生是个什么"才"，不是由我们的人才培养方案决定的，而是由学生的天分、兴趣、生理心理、成长经历等自身条件决定的。我们希望学生成才的愿望是美好的，但我们的职业教育在多大程度上顺从了学生的自身条件呢？

问题之三，我们总是激励学生，把"成功"作为自己人生的奋斗目标。帮助学生走向成功没有错，但我们所说的成功往往是带有功利性质的、世俗意义上的成功，这样的导向符合教育的本质吗？

汉语中对成功的解释是很"宽容"的，诸如"成功就是指定时间达成所设定的目标"、"成功其实是一种感觉"、"成功是在不侵犯他人权利的前提条件下，从生活中获取自己想要的成就的结果"等。但现实中对成功的诠释是很"苛刻"的：没有房子、车子、票子、位子，算得上成功吗？社会现实影响着、裹挟着教育。于是，在我们的宣传中，在职业学校的课堂上，但凡说到成功，大多以"社会现实"诠释的成功为参照物，于是，教育领域中的成功不可避免地沾染上了功利的色彩。比如，我们较少地关心学生是否快乐，更多地关注学生的成绩；我们较少地顾及学生的天性，更多地强调"不能输在起跑线上"、"稳在起点，赢在终点"；我们为学生提供的成功的范例，大多是事业有成的老板、老总、官员、学者而鲜有普通劳动者。在这样的教育环境下，只有极少数职校生被刺激起了"成功"的欲望，绝大多数职校生觉得自己与"成功"无缘，于是，他们沿着"不成功"的道路继续"不成功"地走下去。这就是我们今天面对的职校生的现状。

公正地说，我们并非没有在职业教育领域结合职校生的实际诠释成功的含义。为了让职校生重塑人生的信心，走向成功的彼岸，在顶层设计层面就为职校生铺设了多条道路，但坦率地说，这些道路在操作层面有许多值得商榷之处。

比如技能大赛。技能大赛本应是一种展示职校生风采的舞台，是宣传职业教育的一个窗口，是让社会了解职业教育的一个契机。但我们却赋予了技能大赛极其浓重的功利色彩。诸如"技能让他走向成功"、"成绩优异者可以直升本科"等宣传和举措，使得技能大赛成为职校生走向世俗"成功"的跳板。各省市按照金牌排名的做法更是使得技能大赛异化为教育行政部门政绩的角逐。

再比如对口单招、搭建现代职教体系立交桥等举措，其初衷是为了消除基础教育、高等教育与职业教育之间的鸿沟，但我们的媒体没有把宣传重点放在"职业教育不是大专学历层次为终点的教育"上，而是突出了"读职业学校也可以上大学"这个功利的目标上。我之所以把这个目标称之为功利的，其一是因为这里的"大学"概念有意无意被含糊了，含糊的用意是想向社会传递这样一个信息：原来的职校生最高学历只能是大专层次，现在国家政策开了绿灯，职校生也可以像高中生那样上大学了，这样的宣传显然是不准确的；其二是现有的应用型大学对外无不号称自己是综合性大学，此举也同样把研究型大学、综合性大学和应用型大学混淆了。其效果是职业教育被异化了。真正地办职业教育，办真正的职业教育，被异化为另一条通往大学的"罗马大道"，从而消解了应用型大学存在和发展的必然性和现代职教体系的前瞻性和先进性。

笔者认为，就今天的职校生而言，与其强调成才、成功，不如强调成人、成长。一切回归到人的发展，回归到顺应职校生的自身成长需求，才是职业教育发展应该选择的路径。

写于 2013 年 10 月 18 日夜，19 日、20 日修改，11 月 6 日再修改

教学督导也需要温情

教育是一个特殊领域，需要特殊的环境和政策。为了照顾教育的特殊性，有的时候，就必须付出一些代价。

据说，美国的教师是终身制的，一旦聘用，没有特殊情况，校方是不可以随便解雇的。德国的教师是不是终身制，我没有调查，自然没有发言权，但在德国，教师也是不能随便解雇的，这的确是事实。

不会被随便解雇，不担心自己的饭碗随时让校长砸了，这等于解除了教师的后顾之忧。教师可以心无旁骛地投入到教学工作中去了。我以为，教师工作是需要这样宽松的环境的。如果教师的心境不宁，经济窘迫，还要承受竞争压力，他又怎么可能全身心地投入到教书育人工作中去呢？

去欧洲或美国考察教育的同行发现，在那些国家里，教师们的生活都是稳定的，神态都是安详的，待人都是亲切的，节奏都是从容。笔者去过欧洲几个国家以及加拿大，也有同样的感受。

当我们问及"教师不会被随意解雇了，会不会出现不负责任、学生不满的教师呢？"得到的回答是肯定的，也就是说，在发达国家的教师队伍中，也有一些不那么符合条件的人。我想，这就是这些国家为了照顾教师职业的特殊性而付出的代价吧。

由于种种原因，要在我们国家实行教师职业的终身制，恐怕还有很长一段路要走。

首先，我们遇到的一个瓶颈就是高质量的教师来源问题。如果所有学校都坚持要高质量的、具有较高学术水平和教师专业能力的教师，那么，恐怕一半以上的学校就要关门。因为国家没有能力在短期内提供足够数量的高质量的教师。

其次，既然教师的门槛不能提得过高，如果对教师职业网开一面，手捧铁饭碗，那就是对其他行业、职业的不公平。

由于以上两个原因的存在，在教育领域引入竞争机制，对教师队伍进行严格的考核，甚至建立必要的退出机制，都是可以理解的。

因此，在各类学校中推行教学督导就成为必然。没有教学质量监控体系，也就很难保证教育方针、培养目标的落实。我想，即使在发达国家，也会采取相应的措施用来监测、监控教学质量。

前不久，笔者参加了一个教学督导工作研讨会。分组讨论时，众多代表都在畅谈如何加强监控，如何健全监控体系，如何实现有效监控。笔者分管教学工作多年，也一直是沿着这个思路考虑问题的。唯恐监督不力，唯恐监督不到位，唯恐督导无效果。于是，便想方设法地优化督导工作队伍，实行推门听课，推行教学督导一票否决制等等。因此，笔者在发言时，谈了四个关键词：

一是定好调。即教学督导要由一把手亲自抓，这样才能对整个教学系统形成威慑力量。

二是选好人。即教学督导机构负责人要选好，要选择铁面无私、公平公正、坚持原则、不怕得罪人的干部担任教学督导室主任。

三是要超脱。即教学督导在校长的领导下，站在教学系统外的角度实施检查和监控，不能陷入具体的教学事务。

四是要管用。即教学督导机构所做的工作要与教师考核、班主任考核、系部主任考核挂钩。凡被评为优秀教师、优秀班主任的，如果教学督导部门提出异议，随即一票否决。以此树立教学督导机构的权威。

笔者的发言也得到了许多教学校长的附和及认同。

当主持人宣布讨论结束时，有一位教学校长主动要求发言。在得到主持人的同意后，这位教学校长十分简洁、清晰地谈了自己对教学督导的看法。他的发言可以说是由一系列的问句组成的，大意是：我们教学督导的目的是什么？难道不是帮助教师提高水平、提高教学质量吗？如果是这样，为什么非要用强大的压力迫使教师被督导、被监督呢？教学督导的重点不应该放在指导教师、关心教师方面吗？教学督导难道不需要温情吗？我不能同意教学督导动辄要与教师考核挂钩，这样做能达到教学督导的真正目的吗？

由于时间关系，这位教学校长的发言被主持人打断，只好草草结束。但他的简短发言，让我思考良久。

好一个"教学督导难道不需要温情吗？"说心里话，从这个角度看教学督导，是我从来没有考虑过的。

我长期从事教学管理或者说领导工作，或许已经形成了一些思维定势，而且自己还浑然不觉。比如：

当我去查课时，关注的重点是看看有没有教学秩序混乱的现象，学生玩手机、睡觉，教师坐在前面不讲课，不管理课堂等，一定逃不过我的眼睛；

当我去巡考时，关注的重点自然是学生有没有作弊的，教师有没有不认真监考的；

当我去听课时，关注的重点或许就是教师的破绽⋯⋯

如果换一种身份、换一个角度，其内心感受可能就完全不同了。

当我在上课时，我希望有查课人员频繁从窗外过往吗？

当我在监考时，希望随时有巡考人员进入我的考场吗？

当我被听课时，我是希望听到鼓励的话语、看到温和的神态还是希望听到严肃的批评、看到挑剔的眼神呢？

换一个角度看问题，使我自省、反思。

人是有惰性的，需要通过一些制度、规范甚至是法律来约束人的行为；人也是向善的，因此需要一种力量把人的向善的一面激发出来。这种力量应该是鼓励、激励、温情、热情，而不是强迫、恐吓、威慑和冷漠。马云说，管理的秘诀就在于把人性中善的一面激发出来，恶的一面管理起来。

这些道理，值得我们借鉴。

近日公安部就闯黄灯是否该罚的问题三次表态就颇耐人寻味。第一次表态，对闯黄灯者绝不迁就，坚决处罚，结果，网络上反对声四起，就连新华社也提出质疑；第二次表态，已经轧到黄线的只要停车就不再处罚，网络上依然嘘声一片；于是有了第三次表态，闯黄灯者暂不处罚。对公安部的三次表态，我不认为是软弱、是无序，恰恰相反，我认为公安部能够顺应民意，反思自己，非常了不起。说到底，公安部三次表态，逐步妥协、让步，是在向着人性的方面前进，是想弘扬人的向善的一面。这种思路和工作作风是应该提倡的。

威风凛凛的公安部尚且有温情的一面，我们的教学督导不应该从中借鉴些什么吗？

2013 年 1 月 6 日

职业教育为什么需要教育理念?

　　请专家作报告，是职业学校常做的事情。在私下里我常听老师们说，专家报告讲得很有道理，但我们最需要是的操作层面应该怎么做，光谈理念有什么用？甚至有的校领导也持有这样的观点。我也曾作为专家到一些学校作报告，每当要求我讲讲在操作层面如何进行课改、如何上好每一堂课的时候，我就会告知对方，这个问题我讲不了。

　　我以为，如何上好每一堂课，是教师个人的事情，是非常个性化的，别人无法替代。如果通过专家报告能解决这么具体的问题，那么，教师的教学工作也就变成一种技艺了，这显然是不符合教育规律的。面点师通过一场报告有可能教会你烘烤蛋糕，但你不能指望音乐家一场报告教会你作曲。烘烤蛋糕只要知道程序和方法即可，音乐创作固然也需要方法和技巧，但更多的要依靠个人的生活积累和音乐天赋。艺术和技艺的区别就在于此。教学是一门艺术，而艺术是需要天赋和熏陶的。

　　对教师来说，听专家作报告，就是一种理念的熏陶。

　　何谓理念？《辞海》解释说，理念是看法、思想、思维活动的成果。也就是说，理念不是一般的看法或思想，而是从一般的看法或思想中提炼抽象出来的成果性的思想。凡是经过抽象提炼出来的思想，就有了普遍的意义。

　　对教师的课堂教学来说，理念解决不了"如何上好一堂课"这类具体的问题，但却会深深地、潜移默化地影响教师的教育教学行为。这当然是针对有追求、有悟性的教师而言的，对于没有追求和悟性的教师来说，即使听100场报告也是没有感觉、毫无长进的。

　　不知哪位名人曾经说过："一切比喻都是蹩脚的"。为了说明问题，我还是想打个蹩脚的比方。

　　现在的许多农村，真正的农民早已不在家种地了。若干年前，农民没有外出打工都在家种地的时候，谁家的庄稼长势好，收成好，那是一目了然的。剔除土地本身的厚与薄这个客观原因不说，假如全村一二百户人家就属"张老汉"

的地种得好，那肯定与"张老汉"的勤快、精细、对农活各个环节的高标准严要求以及对农时、气候等因素的及时把握有关。以上所有这些，就构成了"张老汉"种地的"看法或思想"。如果"张老汉"家的地都由他一个人来种，他的"看法或思想"也就停留在"个人经验"的阶段。而事实上，"张老汉"家的农活是依靠他全家的劳力来完成的。这时，"张老汉"就会把自己种地的"看法或思想"提炼概括为"成果"性的东西，要求全家人共同按照这个"成果性的东西"去干每一样农活。于是，"理念"随之产生。也就是说，无论"张老汉"家的哪个劳力干哪一样活，都有一只"看不见的手"在指挥着他们的大脑。这只"看不见的手"，我们就可以理解为"张老汉"的理念。

"张老汉"的理念在教育领域就是"十年树木，百年树人"。既然是"百年"，可见教育既不是"形象工程"，也不是"短期行为"，而是着眼于人的终身发展的，再往大处说，是着眼于人类社会的长远的发展的。

"理想很丰满，现实很骨感"。在教育领域，"张老汉"的理念并没有被"每一个劳力"所实践，尽管"每一个劳力"无不赞同"张老汉"的正确性。从宏观层面来说，当"百年树人"在普教领域遭遇应试教育，在职教领域遭遇"就业导向"时，就被异化为对考试成绩的"顶礼"和对技能的"膜拜"。从微观层面来说，"百年树人"被肢解为零碎的学科教育。一门学科的教学时间长则一学年、一学期(普通中学有可能跟班三年)，短的只有几个星期。担任学科教学的教师接受的不是"树人"的任务，而是非常具体的学科教学任务。按照教学规范的要求，学科教学任务又要分解到每一周、每一堂课要完成哪些"章节"、"单元"或"课文"的教学。因而，在学校教育的实践中，"百年树人"成了写在墙上的空洞口号，完成教学任务才是决定教师行为的行动指南。

缺失了"张老汉"的理念之后，"每一个劳力"虽然仍在辛勤耕耘，但再也种不出好庄稼了。面对这个"悲催"的结果，"劳力"们以及掌管劳力的有关部门，要么抱怨是"地太薄"，种不出好庄稼；要么抱怨是活太重，体力不支；要么抱怨工具陈旧，不好使；要么抱怨方法不对，要改革。于是，职教领域便开始了大规模的系列改革工程：改革课程，改革方法，改革校企合作模式，改变专业建设思路，评选示范专业、品牌专业、特色专业，建设实训基地，减免学费，加强师资培训，提高教师职称等等，改革的花样年年翻新，可就是庄稼还是那个庄稼，不见多少起色。没有起色就再改，甚至连"张老汉"的思想成果也要改，职业教育由于其特殊性，可以不遵守"百年树人"的"游戏规则"，不谈树人，只谈就业；不谈素质，只谈技能；不谈一生的发展，只谈一技之长。

职业教育不再是围着"人"这个中心做文章，而要围着市场、围着行业、围着岗位、围着"资格证书"转。看到这种情况，"张老汉"一筹莫展，唯有一声长叹而已。虽然到处都在喊着"张老汉"的名字，但实际上"张老汉"早已被人们忘却。

　　职业教育呼唤"张老汉"归来，这就是我对"我们为什么需要教育理念"的回答。

2013 年 3 月 10 日

职校生个性化的成长给我们带来哪些启示？

一

凡是养过花草的人都有这样的体会：你越是急于让它开花，它越是没有动静。你能做的只有松土、通风、采光、施肥这些看似与开花无关的事情。当你做了该做的一切之后，剩下来的也就只有等待了。也许就在你不经意间，花骨朵开始绽放，慢慢地、不急不躁地直至绚丽盛开。

凡是带过孩子的人都知道：你急于教给孩子的一些重要知识，孩子总是掌握得比较慢，尽管你一遍一遍地重复；而有些知识或生活常识你并没有打算现在就教给孩子，甚至你认为和孩子是无关的，但孩子通过观察、模仿获取了相当多的在成人看来是"教育范围以外"的知识。孩子的学习模仿能力，总是给大人惊喜。

凡是五六十年代出生的人大都有这样的回忆：父母对我们将来会成为什么样的人并没有什么特别的期待，但对我们怎样做人却有着明确的要求。现在的情形似乎正好相反：从孩子还在娘胎里开始，做家长的就开始实施"赢在起点"的巨大工程。"你虽然不是天才，但你完全有可能成为天才的家长"。这句话被所有孩子的爸爸妈妈奉为圭臬。与此同时，孩子有没有玩伴，有没有朋友，怎样与人交往等，却被父母看成是无关紧要的事情。我们小时候，不仅是自己的父母，包括所有亲戚在内，都把我们看成普通的孩子，任由我们发展和成长。在我家居住的大杂院里，有的进工厂做了工人，有的到部队参军，有的读了中专后做了技术员，当然也有个别的念了大学后做了干部。但孩子与孩子之间，家庭与家庭之间，似乎没有拿这个来说事的。做矿工的家庭也没有因此低人一等，有大学生的家庭也没有趾高气扬，只有孩子参军的家庭，街道办事处会每年都会给这些家庭贴上"一人参军，全家光荣"的对联，算是有些殊荣吧。现在的情况就大不相同了：孩子与孩子之间从幼儿园阶段就开始了竞争，然后是小学、中学、高中阶段的竞争。所以会有竞争，是因为每个家庭的目标都是相同的——让孩子考取重点大学。有竞争，就会有成功和失败。一路拼下来，能上大学、能上重点大学的当然是公认的成功者，其他的自然是失败者。人有成功和失败之分，相应地，职业也就有了高低贵贱之分。当职业有了高低贵贱之分的时候，职业教育就彻底失去了吸引力。

二

不是人老了喜欢回忆，而是回忆过去可以更清晰地辨析现在。以上三个方面的话题是否相应地给了我们这样三方面的启示：

其一，在育人方面，我们可以直接对学生施加影响的地方并不是很多。从事育人工作，我们常常很忙碌，我们几乎每个人都在勤奋地工作着，但面对学生的成长和成熟，我们常常感到束手无策。等待，反而成了我们工作的常态。我们常常犯的错误是：在我们眼里，学生是幼稚的、不健全的、不完整的人，是应该被管理、被约束、被矫正的人。于是，管理、约束、矫正便成为我们主要的工作内容，我们忙碌于斯、勤奋于斯，工作不见成效，我们又焦虑于斯、抱怨于斯。

其二，在学习方面，学生是有学习能力和学习愿望的，但教师的直接传授，并不是他们获取知识的主要方式(尽管课堂是传授知识的主要阵地)，他们更习惯、更依赖也更愿意用自己的方式去习得那些他们认为应该拥有的知识和本领。在学习领域的很多方面，学生是可以无师自通的。而我们常常犯的错误是：把学生仅仅看成"接受者"而非"学习者"。既然学生是"接受者"，教师自然就成为"给予者"。既然教师是"给予者"，自然就有责任把大量的、重要的知识和能力教给学生。久而久之就形成了一种假象，好像学生的知识的确是教师教会的，而不是学生学会的。学生原本存在的求知欲、好奇心，被填鸭式的教学一点点地磨灭了。学生变成了纯粹的"接受者"，本来是教育的失败和悲哀，但从表面上是看不出来的。我们所能看到的现象是，教师成了学科知识的代言人，成了"燃烧自己照亮别人"的红烛，成了"到死丝方尽"的春蚕。

其三，在成长方面，教育的功能是开发每个学生的潜能，帮助每一个学生健康发展、愉快成长，而绝不是按照一个模式把不同的学生培养成相同的人。

我在果园当知青时，每到冬季，我们都要给果树剪枝。我最喜欢的一个环节就是果园的技术员为我们做示范。非常有幸的是，我所在的第一组有一个非常棒的"土技术员"(不是科班出身)，姓王，印象中叫王以春，中年男人，个头中等偏上，面容清癯，眼神温和，平时话不多，但做事心灵手巧。据我观察，王师傅在做剪枝示范时没有一次是毫不犹豫地马上动手下剪子的。他总是先点燃一支烟，然后一言不发地围着果树转几圈，边转边看，转了几圈以后，只见他扔掉烟蒂，开始了修剪。王师傅剪枝常常让我们感到意外和不解：某一个枝干我们以为是这棵树今年结果子的主要部位，但技术员却毫不犹豫地把它锯掉了；我们以为应该去掉的一些细小的枝条，技术员却小心翼翼地进行梳理，对有的枝条毫发未动，对有的枝条只是轻轻地剪掉末梢；还有一些长势良好的枝干，王师傅往往用力将其扭伤。我们询问了王师傅若干个为什么，王师傅嘴里含着香烟眯起眼睛告诉我们：为了这棵树的成长。后来我私下里给王师傅递烟点烟，他才对我的疑问一一作了解答：凡是锯掉的树干都是长势不对的，不锯掉它，整棵树都长不好；凡是把树枝扭伤的，是因为长势太疯了，果树一旦长疯了，就会只长枝干而不结果子了；凡是下剪子很轻的，是因为这棵树比较弱，剪子下重了，它反而不再生长了，只能轻轻刺激，等待它慢慢恢复元气。我跟着王师傅学到了给果树剪枝的真谛。

我在从事职业教育以后，常常不自觉地想起王师傅对待每一棵果树所采取的不同的态度。因为我们的教育工作也需要用不同的方法去对待每一个不同的学生。

我们常常犯的错误是：忽视了学生的个体差异，按照一个模式去培养学生，不仅如此，判断学生优劣的标准也只有一个，那就是学习成绩的高低。这样的做法真的不能称之为教育，最多只能算得上培训。事实上，好的培训机构也不是这样简单对待学员的。

三

我所以不厌其烦地唠叨上面三个问题和三个启示，主要是想说明一个问题：教育的主要功能是帮助学生成长，而不是代替学生成长。由于学生存在着个体差异，因而，我们在帮助学生时也应该区别对待。这就要求我们教育工作者要清楚地知道，每一个学生都是独一无二的、不可替代的生命个体，尊重每一个生命个体的成长需求，成全每一个生命的发展，是教育的应有之义。尤其是职业学校，由于没有了高考的"独木桥"，学生的发展就具有了多种可能性。但学生发展多种可能性的基础或前提，是在职业学校里得到了个性化的成长。没有个性化的成长，就谈不上多样化的发展。

职校生个性化的成长需求，对我们教学工作有哪些呼唤呢？换言之，面对学生个性化成长的需求，我们面临哪些亟待解决的问题呢？

第一，从理论上说，我们应该关注每一个学生的成长，但在班级授课制的条件下，教师担负着繁重的教学任务，而且一个班级有几十个学生，根本就无法做到关注每一个学生的成长需要。学生需要教师帮助，教师又没有精力照顾到每一个学生，这个矛盾应该如何解决？

　　第二，学习首先是学生自己的事情。如果学生自己没有学习动力，我们的教育教学怎么可能是有效的呢？在这种情况下，我们是应该依然坚持早先就制定好的教学计划，依然坚持学科教学的进度，还是应该首先解决学生的学习动力不足的问题？解决学生的学习动力不足问题如果影响了教学进度和教学计划的完成，我们应该如何取舍？

　　第三，如前所述，学生是有学习能力和学习愿望的，即使是职业学校学生，也是有上进心和求知欲的。什么都不愿意学，一点求知的欲望都没有，这样的学生是罕见的。既然如此，我们对学生原本存在的求知欲发现了多少，保护得如何，充分利用了没有，进一步激发了没有？

　　笔者提出了上述问题，却开不出相应的药方，更没有什么灵丹妙药。或许就像一位名人说得那样，职业教育领域越研究问题越多。笔者的体会也是这样的，无论教育教学的哪一方面，都有无数的难题需要我们去解决、去破解。我想，这既是时代赋予我们职教工作者的庄严使命，也是教师这一职业不容推卸的责任和义务。

　　职教尚待发展，同志仍需努力。

2013 年 4 月 1 日

由教师评价标准所想到的

应该如何看待教师和学生的关系？

在职业学校，如何评价教师，既是一项常规工作，也是一件十分敏感、复杂、极具争议性的事情。争议的焦点恐怕就是评价标准了。"楚王好细腰，宫中多饿死"，有什么样的评价标准，也就必然产生什么样的优秀教师。评价标准的重要性无需我赘言。

评价标准从哪里来？按说这不应该是个问题。我们不是要办社会(用人单位)满意、家长满意、学生满意的职业教育吗？那么，社会、家长、学生的标准，也就理所应当地成为职业学校评价教师的标准。然而事实显然不是这样的。考察现在职业学校对教师的评价标准，我们不难看出，学校领导成了社会、家长和学生的代言人，因为评价标准无一不是体现了学校领导意志的。这里就有几个问题需要说说清楚了。

第一，对于一个企业来说，用户是上帝。但产品的质量标准显然不能用户制定，只能由企业代表用户制定。因此企业在制定质量标准时，应当把用户的需求放在首位。多数企业正是这样做的，职业学校也应该如此。

第二，如果学校把社会、家长和学生的需求放在首位，那么，学校当然有资格成为他们的代言人。

第三，如果学校全然不考虑社会、家长和学生的需求，那么，学校就没有资格成为他们的代言人。学校在这种情况下制定出来的教师评价标准，显然是与社会、家长和学生的愿望不一致的。

第四，学校在制定教师评价标准时，充分听取学生的意见应该是不难做到的。

第五，据我所知，职业学校在制定教师评价标准时，"听取学生意见"至多表现为"学生评教"这一条目，所占比重一般不会超过教师考核得分的30%，其余70%以上的标准就与学生无关了。

第六，在这样的评价标准下，我们还能指望教师把与学生的关系处理放在重要、突出位置吗？因此，按照考核标准评出来的优秀教师，学生未必认可；学生称赞的教师，往往评不上优秀教师。

从上述分析中，我们可以抽象出来一个值得研究的问题：究竟应该怎样看待教师与学生的关系？

这两类应聘者，我们该如何选择？

参加学校对新引进教师的面试，有几个应聘者是在我们学校做代课教师的。对这几位教师，我都问了一个相同的问题："你是我们学校的代课教师，请你说出你代课班上最优秀的学生和相对较差的学生，各说出 3 名学生即可。"

这一道题目看似简单，对熟悉学生情况的教师来说简直就是送分题，但对于不了解学生的教师来说就有点"要命"了。

对于这个问题产生的效果，同事们大多露出会意的微笑。

我之所以要提出这个问题，是因为我觉得在这个问题中蕴藏着丰富的含义。

首先，作为一名代课教师，不熟悉学生的情况、叫不上来学生的名字纯属正常。但问题在于，为什么同样是代课教师，有的教师说起学生来如数家珍、对答如流，而多数教师却支支吾吾、"顾左右而言他"呢？在一般的岗位上，人与人之间本来是区别不大的，为什么工作一段时间后有少数人就会脱颖而出呢？我想，贵在用心，贵在投入，这就是问题的答案。

其次，能够回答上来这个问题，未必能够证明自己的优秀，但如果回答不上来，就很难说明自己是优秀的。最起码作为"面试官"的我是非常看重这个问题的。我以为，在职业学校，如果教师叫不出学生的名字，就很有可能说明教师没有把学生看做是活生生的人，他的教学只是完成"公务"——也许他的教学能力很棒。

最后，假设一位教师的教学能力处在一般水平，但他非常喜欢学生，熟悉每一个或大部分同学的兴趣爱好和特长，说起学生情况他就滔滔不绝。在我看来，这位教师已经具备了优秀教师的潜质。

如果招聘教师，我们该如何选择呢？

这两类班主任，我们该如何评价？

每一所职业学校几乎都会有这样两类班主任：一类是，无论什么班级交到他手里，都能让学生服服帖帖的，班主任考评也能够获得高分，但学生在背后颇有怨言，只是敢怒不敢言罢了。另一类是，班主任考核分数不高，但在学生中威信很高。

在前一类班主任的班级中，学生很少犯错误，因为班级纪律严明，惩罚办法齐备，犯错误的成本很高，所以学生不敢犯错误。但不犯错误并不等于没有错误，对于一个十五六岁的孩子来说，甚至不犯错误本身就是一个问题。学生没有了犯错误的机会，也就缺少了生活体验，从表面看似乎免去了成长的烦恼，但实际上这是不符合他们这个年龄心理发展和精神成长规律的。

后一类班主任顺应了学生成长的规律，不怕学生犯错误，而是把精力放在引导学生正确认识错误上来。

前一类班主任关注的是纪律、是稳定，这样的班主任多了，学校显然要省心不少；后一类班主任关注的是学生、是成长，这样的班主任多了，对学生是个福音，但显然会给学校带来一些管理上的麻烦。

对这两类班主任，我们应该如何评价？

我的观点是，把管理等同于教育或认为教育排斥日常行为管理，都不是优秀班主任所为。优秀班主任一定是将教育和管理融为一体的。因为没有教育的管理是僵硬的，而没有管理的教育则是软弱的。二者都不是真正的教育。

这两类教师，我们该如何取舍？

根据我的经验，任课教师走进教室后五分钟之内的所作所为，大致分为两种情况：一种情况是，教师在认真地"履行公务"，这类教师关注的是学生到齐没有，有没有睡觉的、开小差的，投影仪是否正常，学生是否已经做好了上课准备等等，所有这一切，教师都是为自己的"履行公务"做准备。另一种情况是，教师满怀激情地走进课堂，为自己将在课堂教学中如何影响学生做准备。这类教师关注的是学生的精神状态，思考的是能否把学生的注意力引起到自己的学科上来。

上课前后的五分钟，是两类教师的分水岭。

一般情况下，第一类教师是以我为主的，是以传授知识为己任的。在他们眼里，学生是以学习为天职的，因而，从学习态度、学习成绩方面学生是有优劣之分的。第二类教师是以学生为主体的，是以影响学生为己任的，因而在他们眼里，每一个学生都是独一无二的，每一个学生的学习态度、学习成绩都是有着个体背景的。

第一类教师的行为中规中矩，认真负责，但极有可能自己的"生命不在场"；第二类教师则比较另类，甚至不合规矩，但他们富有情趣，在课堂上，他们将会把自己的喜怒哀乐思想感情传递给学生。他们的"生命"是"在场"的。

第一类教师对学生的错误要么视而不见，要么苛刻严厉；第二类教师对学生的错误则比较宽容，认为学生之所以为学生，必然会犯各种各样的错误，尽管自己常常忧心忡忡，甚至感到失望、绝望，但绝不会把这样的情绪带给学生。

在职业学校里，这两类教师带给学生的是完全不同的两种结果：第一类教师带给学生的是成绩、是考证、是就业；第二类教师带给学生的是情趣、是思考、是力量。第一类教师让学生知道，学习是考证的筹码，考证是就业的筹码，就业是生存的筹码；第二类教师让学生感到，学习是人的本能需要，是成长的需要，是生命价值的需要。第一类教师试图让学生登上成功的阶梯；第二类教师只是希望学生在生命的原野上愉快徜徉。

这两类教师，我们该如何取舍？学生又会如何取舍？

2013 年 11 月 22 日夜

有关课题研究的三个问题

职业学校教师积极开展科研课题研究，不仅应该，也非常必要。因为我始终认为，对职业学校教师而言，教科研水平是第一"教学力"。正像"言之无文行之不远"一样，如果职校教师不进行一定的课题研究，其教学水平的提高就会受到很大的限制。事实证明，近几年职校教师进行的科研课题研究，在很大程度上帮助教师开阔了视野，提升了水平，提高了素质。

然而客观地说，在职校教师的科研课题中，还存在着一些不容忽视的问题。

(1) 是源于需要，还是追求立项？课题即问题。科研课题的产生本应源于实际工作的需要，从问题出发，展开研究，自然就上升为课题。但据我考察，许多课题并非如此。我注意到，有些课题的申报不是源于需要，而是追逐热点问题，即，当前职业教育的热点话题是什么，我就申报什么。这样做的结果固然比较容易立项，但由于课题本身不是来自实际工作中面临的问题，因而，课题研究只能浮在面上。课题没有了"根"，无论有多少预期成果呈现出来，都是无源之水无本之木，对实际工作没有多少帮助。

有机会参加了不少省级以上课题的立项评审、开题论证、结题鉴定，但总有一种千人一面的感觉。我说的千人一面，当然不是指的课题内容，而是指的课题的形式以及表述问题的套路。省级以上课题大多有严格的规范格式，而任务事物一旦被规范为格式化的东西，都不免有"八股文"的味道。无论课题的内容如何，无论课题的大与小，都要填写什么"理论假设"、"创新之处"、"研究思路"、"文献综述"等。对一般教师而言，对有些课题而言，面对这些必须填写的项目往往感到一筹莫展。比如，有的课题非常具体，完全属于行动领域的，这样的课题就很难写出什么"理论假设"；有的课题研究的是新生事物，对这样的课题也要求要有文献综述就令研究者非常为难。

相对于省级以上课题来说，我对一些学校的校级课题更感兴趣。这些课题让我感到十分鲜活，富有生命力。这类课题多属于校本研究，而校本课题的特质就在于源于学校、基于学校、服务于学校、在学校中。在一些专家眼中，这类课题或许不怎么规范，不怎么讲套路，但它们务实、管用。

校本课题给了我这样的启发：我们应该对职业学校教师的课题研究重新审

视，少一些表面文章，少一些规定范式，多注入一些活力，多关注课题的实效。从而激发更多的职校教师加入到科研队伍中来。

(2) 是从大处着眼，还是从小处入手？相当一部分职教教师的课题，注重从大处着眼，追求课题的立意高度和理论深度，看不起或不屑于对一些具体问题的深入研究。但从实际出发，我觉得，有些课题是普通教师难以驾驭、难以研究、难以完成的。我认为，作为一线教师，更应该研究一些司空见惯、习以为常的教学事件和教育现象。类似这样的课题，只要进行深度的探究，就是非常有价值的。

在美国，不仅中学教师喜欢研究一些非常具体的问题，就是大学教授进行的课题研究，在我们看来也是难以登大雅之堂的。比如，一个美国大学教授研究的课题中，有一个课题就是专门研究如何尽快熟悉学生、记住学生名字的。这样的一个不像课题的课题，美国教授研究得非常投入，因而取得了得到同仁认可的科研成果。这位教授认为，记住学生的名字是一门艺术而且值得为之付出努力。因为"学生欣赏那些把他们当作独立个体的老师，而不是那些把他们看作一个群体的老师。"

(3) 依赖互联网有没有度的限制？写文章、做课题，要不要利用互联网？我的回答是肯定的。信息时代，不会利用信息的人，是笨拙的、落伍的。我就是一个笨拙、落伍的人，因为我写文章很少或者说基本上不会去知网之类的地方查询、收集资料。这既是一种习惯，也是一种落伍的表现。因此，当编辑要求我注明参考文献的时候，我常常感到十分为难。因为我没有参考什么文献，就是有话要说，有感要发。我的做法不值得炫耀，更不值得效仿。相反，青年教师应该充分利用一切可以利用的信息，为自己的科研服务。因为信息可以开阔我们的视野，可以避免走弯路，可以站在巨人的肩膀上。忘了在什么地方看到这样一句话，大意是：让金字塔再高一点的做法，是在最顶端加上一块石头，而不是在山脚大量堆砌石头。

新中国成立后，毛泽东有一句名言：我们需要外援，但我们绝不依赖外援。是的，当今时代，我们需要互联网，但我们绝不能依赖互联网。我注意到，一些教师离开了互联网，离开了文献检索，就不会写文章、不会做课题了。这是一个非常危险的信号。它的危险性在于，教师一旦成了互联网的奴隶，就失去了思考的本能。而教师一旦没有了自己的思考，无论是论文写作还是课题研究，都将沦为浅薄的议论，都将失去独立性和原创性。凭借这样的科研成果固然可以评职称，但最终的恶果是知识的贬值和创新能力的消失。

2012 年 12 月 19 日

职业学校教师写不写论文，是个问题！

职业学校教师喜欢写论文的不多，这恐怕是人所共知的事实。然而，对职校教师来说，写不写论文不是自己喜欢不喜欢写的问题，而是不得不写的问题。因为写论文是和教师考核、职称评定紧密挂钩的。

在这种情况下，以下几个问题就是不可避免的了：

第一，自身不想写，或感到没东西可写，可是因为"需要"又不得不写，于是，只能"硬写"。"硬写"的结果如何，就是不言自明的事情了。著名学者陈乐民曾撰文批评这种现象，他说："最常见的是，急功近利，为写而写，急于出'成品'，东拼西凑，率尔成文；拾人牙慧，嚼别人剩下的馍。"清华大学中文系教授谢思炜针对一些为写而写，为发表而写，为邀名而写的人，在《读书》上撰文说：写这样文章的人在写之前不妨问问自己："不写行不行？"不能不说，陈先生的话是有道理的；谢教授的话，也是令人警醒的。但是，据我所知，职业学校教师写论文真的不是"急功近利"，真的不是"为写而写"。如果说有"拾人牙慧，嚼别人剩下的馍"的现象，那也是没有办法的事。回应谢教授的话，"不写"还真的"不行"，不然考评末位怎么办？晋升职称怎么办？

第二，不独大学教师、职校教师要发论文，就是中小学教师也有发论文的需要。期刊的版面又有限，因此，发论文难就成了职校教师的心头之痛。在学术期刊、专业杂志处在极其主动地位的情况下，职校教师发论文，托关系、找熟人的有之；交版面费的有之；学校出资在期刊上花钱做广告，顺便给教师刊登论文的有之；学校出钱，获得期刊理事、常务理事资格，然后帮助教师登论文的有之。如此等等，不一而足。

第三，上述情况是说教师写了论文发表困难，在职校教师中，还有相当一部分教师写论文不太在行。这部分教师要写论文别无他途，只好采用"剪刀加浆糊"的做法。更有甚者，还有直接抄袭、剽窃他人论文的。这些行为固然应该批评，但如果不是为了应付考核、晋升职称，他们愿意这样做吗？

有一种观点认为，作为教师，除了教学之外，进行一些必要的教科研工作也是应该的，甚至是必须的。这个观点我完全同意。但是，做一些研究工作就一定要以论文的形式表达吗？以论文的形式表达也可以，一定要公开发表吗？没有发表的论文质量就一定不行吗？发表的论文就一定比未发表的论文质量高吗？果真如此的话，依我泱泱大国论文的数量，我们在全世界早已居于遥遥领先的位置了。但遗憾的是，虽然我国的论文数量已居世界第五，但这些论文的平均索引率仅排在世界第一百二十位。这两个数据的对比，难道不能充分说明问题吗？

对于这些疑问，教育界、学术界的确有很多人颇有真知灼见。但是这些不同声音，在操作层面只不过是"小小寰球，有几个苍蝇碰壁"。近日就有一则新闻，说的是北京一所高校某学院规定，硕士研究生要在业内"核心"期刊上发表研究论文方可毕业。尽管舆论界一片谴责声，但现存体制是强大的，"蚍蜉撼树谈何易？"

当下的这些做法，不由地让我顾盼：我们过去是怎么做的？国外的学校是怎么规定的？

先说大陆的例子。据说，当年梁启超向清华研究院推荐陈寅恪为导师，校长曹云祥问：他是哪一国博士？梁答：他不是博士，连硕士也不是。问，那他总该有大著吧？答，没有著作。曹为难，梁大怒，说："我梁某也算是著作等身了，但总共还不如陈先生寥寥数百字有价值呢！"。于是，曹即聘陈为导师。

再说香港的例子。经济学家张五常说："我认为真正有分量的论文，发表在不见经传的刊物上也会受到重视；没有真才实学的论文，就算发表于天下第一学报，也只可能是得谈笑耳！"他还举例说："一九六八年，年轻的我在芝加哥大学向一位前辈教授问及升级的准则。我问：'升级要有多少篇在一流学报发表过的文章？'答曰：'没有规定，我们主要是看文章的内容。'我再问：'那么只发表过一篇重要的论文也可以升级吗？'答曰：'不是的，连一篇也没发表的也行。我们只要看还没发表的文稿内容如何就可以决定了。'"正因为此，张五常后来在香港大学当系主任时，对"同事们的去留、升职，或聘请新人，我的衡量准则，连一页也不要。我需要知道的，是他们有没有说过一两句创新而且大致上可以经得起时间考验的重要的话。同事们向我推荐任何人，我总是问：'简单地告诉我，这个人说过些什么？'"

还有国外的例子。美国耶鲁大学素来以严格著称，就是这所世界著名大学也没有硬性规定只有发表论文才可以获得学位。

值得深思和追问的是：过去能做到的，现在为什么做不到了？香港能做到的，大陆为什么做不到？国外能做到的，我们为什么做不到？

我和众多的职校教师一样，也是不愿意写论文的。所以不写论文，有两个原因：第一，因为我知道，论文即使发表了，也没有几个人去看。第二，现在的论文限制太多，程式化严重，写的过程就让人心烦。就像陈乐民先生说的那样："有些杂志里的'规范化'学术论文，之所以叫人读不下去，'没有面孔'是原因之一。那些文章都如一架机器里制作出来的，使人看了就犯困。"这样的论文"矜张作态，如同重施脂粉的妇人，鼻子眼睛都变成了笨拙的泥塑，成了没有生气的摆设。"

写作有写作的门道，这是一科专门的学问，我不是行家，没有资格说三道四。但是一些名人、专家、学者说出了我要说的心里话。

比如，欧阳修说："万事以心为本，未有心至而力不能者。"醉翁先生的这句话，肯定是在没有喝酒的状态下说的。我理解他的意思是，写作只要心到了，就不怕写不出东西来。我们常说的"意在笔先"、"袖手于前，始能疾书于后"，恐怕也是这个道理。

再比如，周国平先生也说过："写作应该以自己满意为主要标准。一方面，这是很低的标准，就是不去和别人比，自己满意就行。另一方面，这又是很高的标准，别人再说好，自己不满意仍然不行。"

至于鲁迅的"不要硬写"更是我们耳熟能详的名言。

说到这里，平时从不写论文的教师可能要为我暗自鼓掌了。且慢！我反对"硬写"、反对为了考评、晋升职称拼凑地写，但我绝不反对教师在教书之余，多写些文章。这是一个教师应该做、也必须做的功课。至于文章写成什么样子，那倒是非常次要的事情了。反思也好，随笔也好，日记也好，总之，教师必须动笔写点什么。哪怕是写一点"碎片"也是好的。台湾作家南方朔就高度评价过这样的"碎片"写作。他说："所谓的碎片书写，它不意图虚构出一个削足适履的整体，而是要在大珠小珠落玉盘的叮叮咚咚里，呈现出世界和生命的多重颜色和切切声响。"

因对职校教师写论文难、发表论文更难有感，故写下上述"碎片"。

2012 年 6 月 19 日写，2012 年 6 月 20 日修改

我为什么如此关注职业学校课堂?

——不是后记的后记

这本书,从严格意义上来说,算不上是一本书。因为它的内容芜杂烦乱,不讲逻辑,零散细碎,不成体系。作为著者,我感到汗颜。我没有能力写出一本极具理论性、思想性、实用性,且自成体系、自成一说的有关课堂教学的专著。但我为什么还要出版这本小册子呢?

一切的一切,都源于我对职业学校课堂教学现状的深深忧虑。

职业教育作为教育大家庭的一员,向来地位不高。直到今天,这个问题依然横亘在我们面前,让所有的职教人倍感堵心。如果说教育存在着"混乱"和"芜杂",那么,职业教育在"混乱"和"芜杂"后面还需加上两个字——"尤甚"。基础教育存在的问题,职业教育无一能幸免,与此同时,职业教育还存在着自身独有的严重问题。其中最为突出的就是课堂教学中的"学生没有动力,教师束手无策,教学内容简单,课堂气氛沉闷,教师职业倦怠,课堂生态恶化"。

我近年来所写的文章,绝大部分是从这里——职业学校的课堂教学现状出发的。

对职业学校的课堂教学现状,所有的职校同仁是非常清楚的。我这里说的是"职校同仁"而非"职教同仁",这就把基层的职业学校和上层的教育行政部门以及职教专家区分开来了。为什么要作这样的区分?且看下文。

我发现,在职教领域有一个怪现象:几乎所有的职业学校都干着同样的事,说着同样的话,甚至连抱怨、牢骚都是惊人地相似。这个怪现象从何而来?因何产生?作为普通职教人,我不敢妄言。我只能谈谈自己的直觉。

众所周知,中考、高考是基础教育的指挥棒。这个指挥棒是对"结果"的评价指标,就其"过程"而言,各个学校可以"八仙过海,各显神通",最终以考定论。因此,基础教育的各级各类学校也就有了优劣之分、重点和一般之分。无须赘言,基础教育的应试教育体制当然是需要改进、改革的。

职业教育有中考、高考的指挥棒吗?没有。没有了指挥棒的职业教育应该怎么办?怎样才能办好?尤其是在国家决心大力发展职业教育的大背景下,如果任凭职业学校各行其是，岂不乱套？在这重要的"历史关头"，教育行政部门义不容辞、责无旁贷地担当起了"重任"：指挥、协调、掌控职业教育的发展。于是，从招生计划到就业比例，从师资培训到实训基地建设，从校企合作到专业建设，从基础管理到数字化校园，无一不是教育行政部门在"操劳"。于是，对职业学校来说，在摆脱了中考高考的指挥棒后，迎来了更多的"指挥棒"：国家示范校建设、品牌特色专业评审、实训基地建设立项、职教集团组建、师资的国培省培、技能大赛、信息化大赛、文明风采大赛、信息化建设、省市课题立项评审等，哪一项不是职业学校办学的抓手？哪一项不是职业学校办学的"指挥棒"？别说这些项目多有经费支持，就是没有经费支持，有哪一所职校敢于自动放弃这些项目？没有参与到这些项目的职校还有存在的可能性吗？由于这些项目贯穿了职校办学的全过程，于是，这就难怪职业学校从开学到放假，每个学期、每个学年，在相对固定的时间，做着同样的事了。既然不同的学校做着同样的事，校长讲话、学校文件当然也就说着同样的话题了。

教育学者程红兵在《做一个自由的教师》一书中把教育界(主要指基础教育)存在的问题概括为四个方面，即"千人一面，万人同语，全能制度，外力制动"。他对这四个方面存在的问题及根源进行了系统的分析，见解独到，说理透彻，针砭时弊，入木三分，处处引起我的共鸣。由此看来，我所说的"怪现象"不独职业教育有，基础教育也同样存在。但仔细分析起来，两者还是有所不同。

基础教育的"指挥棒"是显性的，受人诟病，成为众矢之的，是可以理解的。正因为如此，作为回应社会批评，加之基础教育工作者的革命自觉，我们可以看到，基础教育在艰难改革，每年都有新变化。就连高考制度也在逐步改进，力求公平合理完善。

职业教育的"指挥棒"是隐性的，不仅免遭诟病，而且成绩赫赫，从上到下，交口称赞，大有彪炳史册之功。客观地说，教育行政部门从来没有把正常的工作举措作为"指挥棒"来使用，众多措施的出台旨在推进、推动，旨在规范、提升。从发展的眼光看问题，无论是教育行政部门的"操劳"，还是职业学校的"跟随"，都是值得充分肯定的。没有这些"操劳"和"跟随"，就没有今天职业教育的迅猛发展。

但是，有一个问题我始终想不明白：为什么职业教育一方面"形势大好"，另一方面，职业学校的课堂还是老样子？我本愚钝，且是草根，我只能从朴素的、直观的、直觉的、看得见摸得着的方面去看待问题、思考问题。我认为，无论是基础教育，还是职业教育，不应该从课堂出发吗？不应该把师生的生命状态作为教育本质来对待吗？不应该把学生的健康发展和成长放在首位吗？职业教育培养的人不应该首先是合格的公民，其次才是技术技能人才吗？要解决好这个问题，不应该把课堂教学作为职业教育的核心工作吗？如果这些问号的答案都是"应该"，那么，为什么鲜有人关注职业学校课堂教学呢？

　　说到这里，我前面把职校同仁和职教同仁加以区分就有了意义。职校同仁没有理由不关注课堂教学，但据我所知，他们实在没有精力了。他们的精力都用在了事关学校生存与发展的大计上了，而且已经疲惫不堪、疲于奔命了。教育行政部门同样没有理由不关注课堂教学，事实上，在教育行政部门已经出台的文件中，有不少就是直接对提高教育教学质量作了明确阐述，提出了明确要求的。但可以理解的是，教育行政部门没有精力和可能去关注具体学校的具体课堂教学。也就是说，教育行政部门在关注课堂教学方面是尽了责的。教育行政部门尽到了责任，职业学校却没有精力加以落实，于是，学校领导就像教育行政部门对学校提出要求一样，也对教师的教育教学提出了明确要求。接下来，需要对职业学校课堂教学质量承担责任的就只有一个群体了——职业学校教师。那么，职业学校教师群体愿意承担这个责任吗？显然是不愿意的。通常情况下职校教师会把课堂教学质量不高归因于三个方面：一是归因于学生。学生厌学，没有学习动力。二是归因于学校的评价机制。学校的评价机制不能够调动教师教书育人的积极性。三是归因于学校管理模式。教师们认为，学校对教师要求太多，条条框框太多，非教育教学占用教师的精力过多，导致教师不能把主要精力用于教育教学。

　　分析来分析去，职业学校的课堂教学质量成了"皮球"被踢来踢去的，谁都没有了责任。最后只好拿学生来说事：学生没有学习动力。

　　对于这一结论，本人无法苟同。我在分管教学期间，每学期都要召开大大小小的会议，无论是大会，还是小会，我是不允许谈学生方面存在的问题的。即便是大家可以畅所欲言的研讨会、座谈会，我也先出"安民告示"，不要谈学生。我之所以采取这样的强制手段，是基于一个基本认识：职校生在文化基础方面底子不好，学习习惯、自觉性有所欠缺，这是客观存在的，短时期内不会有所改变。因而，归因于学生不仅没有任何意义，而且还会遮蔽我们在教育教学方面存在的问题。打个比方，医院和医生面对医疗水平不高，社会美誉度不高，只能在医学研究、医疗服务上下工夫，而不能将问题归因于病人。没有疾病谁会到医院去就诊？同样的道理，学习自觉性强，学习成绩优秀的学生首选的还是读重点高中，考好的大学。正因为他们不那么爱学习、学习习惯不那么好、学习成绩不那么优秀，所以才不得已就读职校。尽管这个现状是不正常、不理想的，但就目前情况而言，这仍是不争的事实。据我了解，即使在发达国家，也基本上是这种情况。

因此职业学校教师将责任推给学生不爱学习，就如同医生将责任推给病人患病一样，是非常荒谬的。

这样推导下来，职业学校课堂就成了"皇帝的新衣"，谁都知道是个问题，但谁都不愿多说什么。"学生没有动力，教师束手无策"已然成为职业学校课堂教学的常态。

在做了以上分析之后，我要说，这正是我希望出版这本书的根本原因。

这本书的内容本身既没有多少理论指导作用，也没有多少应用参考价值，至多只能算一份"职业学校课堂教学观察报告"。我的目的是为了引起职教领域的专家、学者、管理人员以及职业学校自身对课堂教学现状的重视。因为它关乎教师和学生的生命质量，也关乎职业教育改革的成败。

2015 年 1 月 10 日夜